中国职业技术教育学会第五届理事会科研课题（ZJ2023A002）
江苏省教育科学"十三五"规划重点课题（YZ-b/2020/01）
江苏高校哲学社会科学研究基金（专题）项目（2022SJSZ0271）
"互联网+"思维下，思政课教育教学模式改革探究（商丘学院教改项目）
结项证书号:JGXM -2021-13）

# 融媒体时代高校
# 思政课教学模式创新的研究

洪 娟 著

山西出版传媒集团
山西经济出版社

图书在版编目（CIP）数据

融媒体时代高校思政课教学模式创新的研究 / 洪娟
著. -- 太原：山西经济出版社，2023.12

**ISBN** 978-7-5577-1032-3

Ⅰ. ①融… Ⅱ. ①洪… Ⅲ. ①高等学校—思想政治教
育—研究—中国 Ⅳ. ①G641

中国国家版本馆CIP数据核字(2023)第206269号

# 融媒体时代高校思政课教学模式创新的研究

著　　者：洪　娟
责任编辑：李慧平
装帧设计：万典文化

出 版 者：山西出版传媒集团·山西经济出版社
地　　址：太原市建设南路 21 号
邮　　编：030012
E－mail：scb@ sxjjcb. com（市场部）
　　　　　zbs@ sxjjcb. com（总编室）
网　　址：www. sxjjcb. com

经 销 者：山西经济出版社有限责任公司
承 印 者：山西新华印业有限公司

开　　本：787mm×1092mm　1/16
印　　张：13
字　　数：293 千字
版　　次：2023 年 12 月第 1 版
印　　次：2024 年 4 月第 1 次印刷
书　　号：ISBN 978-7-5577-1032-3
定　　价：88.00 元

# PREFACE　前　言

　　21 世纪是人类全面进入融媒体时代，现代信息技术不但大大提高了社会生产力的发展速度，并且对社会生活方式和社会结构产生了深层的影响。信息技术的飞速发展，带来了丰富的全球资讯与海量的互动资源，对大学生开阔认知视野、拓展知识广度、扩大交友范围、丰富求学生活具有重大意义。随着现代信息技术的不断发展和教学改革的持续深化，融媒体教学获得了前所未有的发展契机，同时也为高校思政课顺应信息化时代教学改革的要求，寻求教学模式的转型，提供了全新的思路和方向。

　　近几年，融媒体时代高校思想政治理论课教学模式的研究明显升温，其研究成果从不同维度、不同视角梳理了融媒体时代高校思想政治理论课教学模式的理论内涵，同时也对融媒体时代高校思想政治理论课教学模式的实践策略各抒己见。

　　然而，目前融媒体时代高校思想政治理论课教学模式仍处于探索发展阶段，其理论性有待提高，实践的操作性有待加强，因此，在这一阶段，我们有必要对融媒体时代高校思想政治理论课教学模式进行深入且全面的总结和反思。

　　本书综合教育学、政治学、伦理学、心理学等多学科的最新研究成果，从多个视角分析融媒体时代高校思想政治理论课教学模式，试图形成对融媒体时代高校思想政治理论课教学模式的系统认识。本书对融媒体时代高校思想政治理论课教学模式的理论基础、实践原则、教学主体、教学方法、资源应用和改革发展等方面的内容进行了探讨。

　　第一，在融媒体时代高校思想政治理论课教学模式的理论基础方面，分析融媒体时代高校思想政治理论课教学模式的深刻内涵、教学设计、优劣势和评价体系等；第二，在融媒体时代高校思想政治理论课教学模式的实践原则方面，提出了融媒体时代高校思想政治理论课教学模式应遵循亲和力原则、主导性和主体性统一原则、知识性和价值性统一原则，以及理论性、实践性和历史性统一的原则；第三，在融媒体时代高校思想政治理论课教学模式的主体方面，对融媒体时代高校思想政治理论课教学模式的教师与学生的角色、地位、职责等提出了新的要求；第四，在融媒体时代高校思想政治理论课教学模式的方法方面，探讨了融媒体时代高校思想政治理论课教学模式中案例教学法、故事教学法、问题型体验法、项目课程法和问题导向法等的优劣势及其运用；第五，在融媒体时代高校思想政治理论课教学模式的应用方面，提出将线上和线下的教学资源融入融媒体时代高校思想政治理论课教学模式过程中，形成优势聚合效应；第六，在融媒体时代高校思想政治理论课教学模式的发展方面，基于融媒体时代高校思想政治理论课教学模式的实施现状，提出融媒体时代高校思想政治理论课教学模式的改革路径，以推进融媒体时代高校思想政治理论课教学模式的发展。

无论采用何种教学模式都需要遵循大学生思想政治教育教学的规律，把握大学生的学习特点，根据不同的教学内容、教学媒体及教学环境的变化，以思政课教师为主导，大学生为主体，以提高大学生的思想素质为目的。因此，要真正实现信息技术与思政课教育教学的深度融合，必须强调教育与技术的双向融合，以解决实际问题应用和促进人的发展为核心——落实思想政治理论课在高校立德树人工作中的战略地位，大力推进现代信息技术与思政课教育教学的深度融合，坚持不懈用现代信息技术与高校思想政治理论课教育教学深度融合研究习近平新时代中国特色社会主义思想铸魂育人，全面推动习近平新时代中国特色社会主义思想进教材进课堂进学生头脑，把培育和践行社会主义核心价值观融人教书育人全过程，为实现"两个一百年"奋斗目标、实现中华民族伟大复兴中国梦发挥应有的作用。

当然，不管是从理论角度还是从实践角度，对于融媒体时代高校思想政治理论课教学模式的研究尚未完成希冀本书的出版，能够启发更多的后续研究，引起更多的分析探讨。对增强高校思想政治教育教学的丰富性、互动性、实效性也产生更多积极的影响。

# CONTENTS

# 目　录

# 第一章　融媒体时代高校思政课教学模式概述

习近平总书记指出："要运用新媒体新技术使工作活起来，推动思想政治工作传统优势同信息技术高度融合，增强时代感和吸引力。"在融媒体教学探索中，高校思政课将信息技术与教学有机融合，借助线上教学与线下教学相统一的技术，遵循理论、实验与实践相统一的规律，合理设计课前、课中与课后的教学环节，有效规避了单一的线上教学或线下教学的弊端，对于培养知行信与真善美相统一的"真人"具有重要意义。

## 第一节　融媒体的概念及特征

融媒体不是一个独立的实体媒体，而是一种运作模式，是一种科学方法，是在实践中看得见摸得着的具体行为，是传统媒体与现代新媒体的整合，促使融媒体功能更齐全、内容更丰富，尤其在传播、互动等方面表现更为突出。在"融媒时代"中，动态化媒体环境呈现出方法、过程、管理、服务的变化新趋势，这一融媒体设计框架为大学生爱国主义教育提供新的发展立足点与生长点，必然促使其在这场媒体转型浪潮中实现创新提升。

### 一、传统媒体和新媒体的特点及传播比较

媒体（media）一词来源于拉丁语"Medi-us"，音译为媒介，意为两者之间。媒体是指传播信息的媒介。传统的媒体形式主要为电视、广播、报纸、期刊杂志等。随着科学技术的发展，逐渐衍生出新的媒体，例如互联网站、微博、微信、抖音等，他们在传统媒体的基础上发展起来，但与传统媒体又有区别。

传统媒体专业化的新闻传播理念以及主流媒体特征，使其在权威性、影响力以及在新闻报道的深度、广度、高度方面，具备自身独到的优势。但随着互联网时代的到来，公众阅读习惯的改变，传统媒体难以避免存在应对能力不足，"用户思维"理念不够，内容形式落后，编辑力量薄弱的问题，对新闻的传播效果产生了较大的影响。在以手机等移动终端为主要载体的信息传播时代，新媒体天然地具有传播速度快、移动性强、互动性好、个性化足等优势，这是传统媒体所无法比拟的。

### 二、融媒体的概念及发展现状

"融媒体"是充分利用媒介载体，把广播、电视、报纸等既有共同点，又存在互补性

的不同媒体，在人力、内容、宣传等方面进行全面整合，实现"资源通融、内容兼融、宣传互融、利益共融"的新型媒体宣传理念。移动互联网时代，媒体融合成为媒介运营发展的重要方向之一。中共中央在 2014 年 8 月、2016 年 7 月、2017 年 5 月、2019 年 1 月、2020 年 9 月不断出台政策推动传统媒体和新兴媒体融合发展，将融媒体建设提升到了国家战略层面。

近年来，我国省及区县级融媒体平台建设进入新的加速时期。加快并完善融媒体中心平台建设的进程中，如何打通信息、文化与科技结合的通道，如何形成立体多样、融合发展的现代传播体系，如何弥合数字鸿沟、强化基层管理、提高全国文化建设效益和发展质量成为融媒体建设发展需要探讨的核心问题。

## 三、矩阵式行业融媒体的概念

随着各地融媒体中心平台建设已进入深水期，其内容建设不足已经形成阻碍。受限于内容采编人员数量及专业性不足、版权、行业壁垒等问题，平台内容以本域信息为主，无法涵盖各行各业老百姓关心的信息。而反观各行业信息平台，亦受困于信息传播对象垂直、传播渠道狭窄的问题。

因此，纵向层面上将行业级专业资讯、服务内容以"专业化、内容化"为原则支撑融媒内容建设，横向层面上，通过省及区县级融媒体中心的"移动化、智能化、服务化"的新媒体传播特征，实现平台内容交叉矩阵式融合，推动"社（传统期刊报社）""政（政府）""企（企业）""媒（新型媒体）"四大主体协同发展，提升信息传播力度和广度，推动新型行业融媒体平台建设，将会是一个前景十分广阔的发展方向。

## 四、矩阵式行业融媒体中心对科学传播的推动作用

### （一）科学传播的方式发生深刻变化

传统科普宣传工作方式主要为媒体平台宣传，线下活动组织，在过去传播方式有限的情况下，对最大程度普及老百姓发挥了极大的作用。但随着在现代社会已进入云计算、大数据这一新阶段的背景下，百姓获取咨询的方式趋于便捷化，多样化，传统媒体传播已经不能满足"快、准、广"的要求，及时转型，寻找更高效、更适合的传播方式已成为迫切需求。

中国互联网信息中心（CNNIC）发布的《第 47 次中国互联网络发展状况统计报告》（以下简称"报告"）指出，截至 2020 年 12 月，我国网民规模为 9.89 亿，较 2020 年 3 月新增网民 8540 万，互联网普及率达 70.4%，较 2020 年 3 月提升 5.9 个百分点。这意味着越来越多的人将互联网作为获取信息的主要渠道，在这种形势下，以媒体融合的形式，推动科学普及的传播成为顺应时代发展的必然举措。

## （二）矩阵式行业融媒体对科学传播的推广作用

### 1. 利宣传：丰富传播形式，增强传播效果，是讲好科技故事的宣传平台

如果说"融媒体+行业"是新型融媒体中心的"大矩阵"，"传统媒体+新媒体"就是内容生成的"小矩阵"。融媒体中心的媒体融合功能，能够将传统媒体和新兴媒体通过平台汇聚在一起，实现内容、媒介、技术的全面融合。内容方面，是文字、图片、音视频等内容形式的全面融合。传播媒介方面，是网页、微博、微信、抖音等第三方平台的全面融合。技术方面，是 VR、AR、H5 等新媒体技术的全面融合。利用新媒体扩大影响力，获取更多受众的关注。利用新技术手段丰富内容形式，吸引更多受众的持续停留。

通过运用"移动化、智能化、服务化"的新媒体传播特征使优质的科技内容更快更精准地抵达用户群，实现科技信息快速、高效、准确地传播，为用户提供更为全面、权威的科学知识普及，是融媒体平台拥有的巨大优势。

### 2. 促管理：形成科技知识数据信息中心，方便科普部门统一规划引导

融媒体中心通过汇聚融合各层级科技部门、科技平台以及民间新媒体科普平台等科普信息来源，实现海量资源的统一管理，并通过优化整合报、端、网、微一体化的运行架构，推进新闻"策、采、编、审、发、评"全流程再造，完善"一次采集、多种生成、多渠道传播"的新闻生产发布新形态，形成高效的内容采集生成平台，在完成优质科普信息传播的同时，还将通过大数据分析，实现科技系统舆情监控、舆论引导统一管理，为科普部门更好地优化科技信息内容传播提供指导。

### 3. 优服务：充分发挥"社、政、企、媒"主体作用，推动科技与社会服务相结合，以科技惠民生

融媒体中心的融合功能，不仅体现在全面融合传统媒体与新兴媒体等宣传阵地建设，还体现在通过将"社、政、企、媒"四大主体机构整合协调在一个统一平台之上，建成融媒体服务矩阵式融媒体总体框架矩阵，形成信息发布与政务服务于一体的综合性平台。融媒体平台能够实现政务服务，就业指导，职业培训，成果转化，技术交流等众多社会增值服务功能的接入，一方面促进大众创业，推动科技创新；另一方面推动科技信息传播，服务社会大众，便捷百姓生活。同时，通过创新成果的推广与发展，反过来服务于人民，实现科技和社会发展的良性循环可持续互动，实现科技惠民，推动共享发展成果。

基于矩阵式建设的行业（科技）融媒体中心，能够实现以下几大功能：一是传播信息、传播知识、实施教育；二是加强舆论监督管理；三是以人民为中心，提供全方位政务服务。

它不再是一个个分散的、功能单一的媒体机构，将成为依托互联网的现代化的科技信息+科技服务中心。为用户提供更为全面、权威的科学知识普及平台的同时，作为对外科普服务平台，为科普宣传及信息传播提供多维服务。

# 第二节　融媒体时代高校思想政治理论课教学模式

高校思政课，自开设以来，对培育大学生的世界观、人生观、价值观、政治观、道德观等，发挥了重要的作用，但教学效果仍有提高的空间。教学效果的影响因素虽然是多方面的，但教学模式非常重要，甚至是关键要素。因此教学模式的改革对教学效果的提高至关重要。

目前高校思政课的教学模式主要有三种：一是传统的线下教学模式，即以实体课堂教学为主，辅之以实践教学。这种教学模式以教师讲授为主，形式比较单一，有"满堂灌"嫌疑。二是新兴的线上教学模式，即以线上慕课教学为主，辅之以实践教学。这种教学模式以大学生自学为主，运用先进的网络技术实现线上视频学习和师生互动，形式比较灵活，但有"教师缺位"之感。三是线上线下融媒体教学模式，即线上教学与线下教学相结合，理论上可以吸取前面两种模式的优点、摒弃其缺点，但在实际操作过程中却相当复杂。比如线上视频的制作问题、线下教学的形式问题、线上线下的比例和衔接问题等。针对目前高校思政课线上线下融媒体教学模式改革和应用中出现的问题，笔者拟扬长避短，建构线上教学与线下教学相统一，理论教学、实验教学与实践教学相统一，知行信与真善美相统一的融媒体教学模式。

## 一、线上教学与线下教学相统一

线上教学与线下教学相统一，就是在互联网上进行的教学活动与在实体课堂进行的教学活动相统一。前者因在互联网上（即线上）进行故曰线上教学，后者不在互联网上（即线下）进行故曰线下教学。

### （一）线上教学

高校思政课线上教学主要由视频学习和线上互动两部分构成。前者是大学生自己利用慕课平台观摩教学视频，后者是大学生和教师在慕课平台上开展的问答互动。

#### 1. 视频学习

高校思政课理论性较强的特点，使得大学生在长时间连续学习过程中，一方面难以集中和保持高度的注意力，另一方面也不利于知识的消化和吸收，从而极大弱化了教学的实效性。因此，高校思政课线上教学采取视频学习的方式进行。首先，教师依据教学体系和大学生注意力最优集中时间长度，将教学内容录制成每小节15分左右的视频；其次，在录制15分钟左右的视频中间穿插若干个小问题，形成人机互动，使整个思政课富有吸引力，即在视频学习过程中采取通关模式，使大学生在观看教学视频的过程中必须回答视频提问才能继续学习，且每一部分有配套的测验题。

通过视频学习，不仅可以突破传统的课堂教学规模的局限，开展大规模的开放式教学，减轻教师的教学压力，符合信息时代的要求；而且可以突破时空限制，将多学科且理论性强的教学内容，按照知识点分割成若干个小部分，并制作成精彩的小视频，供大学生随时随地在线自学，让大学生自己掌握学习的节奏和进度，增强了学习的灵活性、自主性。

**2. 线上互动**

视频学习有助于大学生学习独立性的养成，但孤立的视频学习无法满足大学生对疑难解答和心得交流的需求，因此高校思政课教师通过慕课平台，在师生之间、大学生之间以问答的方式架设起沟通与交流的新桥梁，这种新的方式被称为线上互动。其目的在于帮助大学生解疑释惑，促进大学生对教学内容的接受与内化。线上互动，按照互动内容，通常可以划分为三种类型。第一种：巩固知识的互动，即大学生按照教学要求，对教师布置的课后思考题进行深入地思考，并根据自己的理解进行回答，而后教师对大学生的回答做出客观评价，其目的在于帮助大学生复习和巩固在视频学习中所学的理论知识。第二种：解答疑难的互动，即教师在慕课平台的讨论区，对大学生在各部分学习过程中遇到的疑难问题做出解答，及时引导大学生消除困惑。第三种：交流心得的互动，即大学生与大学生之间就教学内容和相关问题展开的互问互答，同时交流学习方法、体会和感受，互相切磋，共同提高，使互动性学习真正得到全面落实。

## （二）线下教学

尽管高校思政课慕课教学改革紧随世界教育技术革命的步伐，设置了大学生自主的视频学习和师生之间、大学生之间的线上互动，然而在线下进行传统的课堂教学仍是理论教学的重要方式。与线上教学相配合、相补充的线下课堂教学，主要包括线下讲授和线下讨论两个环节。

**1. 线下讲授**

线下讲授主要是对线上视频内容的补充、对大学生线上所提出的重大理论问题的讲解以及对相关理论知识的拓展。

第一，补充性讲授。由于线上视频是对教学内容进行碎片化处理的结果，因此存在打乱教学内容体系的风险。一方面可能影响教学内容的整体性，即教师在制作小视频时难以涵盖高校思政课教材的所有内容和知识点，而只能根据自己的理解，将自认为关键的知识点制作成小视频，或者受限于小视频的时间段，致使其出现知识点被肢解或者遗漏的情况；另一方面可能影响教学内容的逻辑性，即教师可能在切割教学内容并制作成小视频后，并没有将其按照一定的逻辑关系设置成如同游戏中的各个关卡，并使之呈现出清晰的逻辑顺序，这就可能造成大学生对教学视频之间逻辑关系理解上的困惑。鉴于此，教师通过线下讲授，帮助大学生厘清视频之间的逻辑顺序，更好地掌握各个知识点之间的逻辑关系和理论体系的整体性。

第二，解疑性讲授。大学生在视频学习过程中，可能对一些重大理论和现实问题产生困惑，需要老师解答，但线上互动和答疑限于篇幅，难以用一两句话讲清楚、说明白，更不可能全面、深入而透彻地讲解，因此教师需要将大学生提出的具有普遍性的重大问题，放到线下进行详细讲解，从而真正解决大学生心中的重大难题和困惑。

第三，拓展性讲授。教师结合当下社会重大现实和热点问题，利用实体课堂展开讲授，详细分解，引导大学生正确看待和科学对待现实问题，同时对教学内容进行适当的延伸性展开，深化大学生对教学内容的理解，拓展大学生的知识面和理论视野。

### 2. 线下讨论

线下讨论虽然在实体课堂中进行，但是改变了以讲授为主的传统教学方式，转向以讨论为主。首先由教师设计出讨论主题，然后让大学生课前收集好材料、积极准备，上课时在教师引导下展开分组讨论。在线下讨论环节，大学生不仅可以通过收集材料和参加讨论，加深对教学内容的理解，还可以提升自己运用已有的理论知识分析问题和解决问题的能力。由此线下课堂讨论成为师生之间最具亲和力和成长性的互动场所，这样便可以充分发挥线上线下的特点和优势，抛弃其弱点和不足，在线上线下的无缝衔接中实现真正意义上的"翻转课堂"。

总之，大学生通过自主视频学习和多种形式的线上互动，独立思考、消化与吸收教学内容，同时借助于教师在线下课堂的讲解、答疑与辅导，能够更好、更有效地掌握和运用教材的理论知识，达到既定的教学目的。

这种线上教学与线下教学的统一，无论是时空安排上的灵活性，形式搭配上的互补性，还是互动交流的成长性，都充分体现了融媒体教学模式的创新之处。

## 二、理论教学、实验教学与实践教学相统一

线上教学与线下教学的统一虽然较好地解决了理论教学的问题，但没有解决以往理论教学与实践教学相脱节的问题。为此，我们创设实验教学环节，插入理论教学与实践教学之间，形成理论教学、实验教学与实践教学相统一的融媒体教学模式。

### （一）理论教学

理论教学的目的在于帮助大学生理解教学内容中的思想、理论和知识，这些思想、理论和知识我们称之为"道"。整个理论教学过程就是要通过线上教学和线下教学，借助于视频学习、线上互动、线下讲授和线下讨论，使大学生接受和掌握这些思想、理论和知识，不但知其然，而且知其所以然，从而真正"知道"。

### （二）实验教学

为了帮助大学生将"知道"转化为"行道"，鼓励大学生尝试，我们创设灵境教学

法，将实验环节引入高校思政课教学。具体做法是从情境人手，由教师从现实生活中收集典型材料，创设富有德育意义的生活情境，吸引大学生投入到情境教学当中，让大学生在虚拟情境中自由地选择和感受，融情入境，与情境中的人和事产生情感共鸣。灵境教学法的核心是情境教学，其实验方式是借助德育情境教学软件（又称"德育游戏"软件），通过人机互动情境模拟的方式，开展高校思政课实验教学，使大学生在"德育游戏"中身临其境、自主选择、亲身体验、深入思考。由此大学生在实验教学中既可获得亲身体验，又不会导致现实生活中不可逆转的"后果"。可见，实验教学的核心和目的在于，大学生参加情景模拟实验，在"德育游戏"中被情景化的理论、知识和观点感动及感化，真正接受这些思想、理论和知识，并将它们内化于心，从而决心"行道"。

### （三）实践教学

为了引导大学生"行道"，将实验教学过程中产生的"行道"冲动转化为现实行动，我们与相关部门合作，每学年组织一次大规模的假期社会实践活动，采用课题招标、立项资助的方式进行。我们制定并公布调研课题指南，面向全校大学生，进行公开招标。要求每一个参与课题竞标的大学生团队由 10 人组成，我们组织专家进行评标，确定中标的大学生团队，签订调研协议书，并安排教师对大学生的调研活动给予指导。在大学生完成调研任务、提交调研报告后，组织专家对大学生的调研活动进行评比，表彰和奖励优秀调研团队。从而使大学生在理论教学中所接受的"道"，在实验教学中所体验的思想、理论和知识得到正面的强化，愿意投身于无限的"行道"时空，在反复的"行道"中检验理论、知识和观点，在将它们外化于行的过程中感受和感悟，从而真正"信道"。

可见，理论、实验与实践相统一的融媒体教学模式的实质在于，在理论教学中让大学生系统地学习思想理论知识，然后进行实验教学的"德育游戏"，在德育情境中做出选择，产生相应的"结果"，并在回顾和评价"结果"时获得亲身体验，犹如身临其境。同时大学生还可以获得在不同观念指导下重新"选择"的机会，从而深刻体悟教学内容。随后大学生带着在理论教学和实验教学环节学习和领悟到的思想、理论和知识投入社会实践，在实践中验证自己所掌握的思想、理论和知识，由内化于心到外化于行，从"知道""行道"走向自觉而自由的"信道"，促进大学生的知行统一、身心健康和人格完善。

## 三、知行信与真善美的统一

高校思政课的理论、实验和实践在整个教学过程中各司其职，各有侧重。理论教学主要帮助大学生获得真理，解决认知问题；实验教学主要帮助大学生感受情景，解决情感体验和情感认同问题；实践教学主要帮助大学生增强意志力，解决行为养成问题。三者不可或缺，而知情意是真善美的心理基础，从而决定了其价值目标应以求真、向善、爱美为归宿。可见，高校思政课理论教学、实验教学与实践教学的过程，展现了知行信与真善美的统一，反映了大学生对真善美的价值追求。

### （一）知一行一真知，体现了"真"

人不可能事事亲身实践，所以人们获得的知识并非全部来源于亲身实践的直接经验，更多的是来自间接经验，即他人的实践经验。但这些知识的真理性有待验证。我们只有在这些知识（"知"）的指引下去实践（"行"），并经过实践的检验方可确定其"真知"的成分。在高校思政课教学中，大学生获得"真知"的过程同样如此。例如：教师首先通过"社会公德"的理论教学，帮助大学生获得了爱护公物、助人为乐的间接经验（"知"）。其次让大学生在"阿欧街巷轶事"的实验教学中，获得犹如身临其境的助残扶弱、助人为乐的情感体验。再次让大学生在实践教学的亲身实践（"行"）中将这些"知"和"情"外化出来。如果"知"与"行"的结果相符，则证明这些"知"是"真知"，并对"情"产生强化作用。这样经过三个环节，关于社会公德的知识由间接经验转化为直接经验，变成大学生的"真知"。这里的"真知是指对客观事物及其规律的正确反映"。大学生获得的这些"真知"，不仅指引大学生"行"的合规律性，而且为判断其思想行为的善与美提供重要尺度。

### （二）行一真知一真行，体现了"善"

如前文所述，人的知识既可以来源于直接经验，也可以来源于间接经验，而"一切真知都是从直接经验发源的"。虽然大学生可以从亲身实践中获得直接经验（"真知"），然而获得"真知"的人不一定"真行"，即持之以恒地践行。因为"真知"的践行包括被动践行，如从众行为，不得已而为之；偶尔为之的践行，受情绪左右而为之；持之以恒的践行，自觉而自由为之。如果践行"真知"的行为与主体的情感体验（社会舆论的褒贬）相矛盾，那么主体助人的行为将难以持续。比如，在高校思政课教学和日常生活的助人实践中，大学生获得并验证了关于"助人为乐"的"真知"，但是社会上"好人被冤枉""好心没有好报"的负面报道，使大学生对助人为乐产生负面的情感体验，严重影响大学生助人行为的持续性。

对此，我们必须在教学过程中不断巩固大学生对"人人为我，我为人人"的真理性的认知，消解来自社会的负面报道的影响；同时在教学过程中还要强化大学生对"助人助己，得道多助"的正面情感体验，激发大学生"送人玫瑰，手有余香"的内在需求。当大学生为满足这一内在需求，将"真知"外化，即为"真行"。可见，"真行"是符合大学生需要之"善"，体现了大学生行为的合目的性。

### （三）真知一真行一真信，体现了"美"

知行统一是高校思政课教学的目的，是师生共同努力希望达到的境界。知行统一的最高层次既不是"真知"，也不是"真行"，而是"真信"，即"真知"与"真行"相融合后，在大学生头脑中形成了坚定不移的信仰和信念。"真信"是课堂内外合力的结果，是经过高校思政课教学的多个环节，经历知行之间的多次反复而形成的，绝非一蹴而就。它的形成将会为"真知"的获得与"真行"的落实，产生深远的影响，提供源源不断的内在动力。它还将使大学生的行为摆脱外在的束缚与诱惑，发自内心地践行真知，持之以恒地落实真行。例如：大学生一旦形成了"诚信"的信仰和责任意识，必然会在社会生活中将"诚信"的"真知"，自觉而自由地外化为习惯性的"真行"，并且从交往中感受到"诚信"所带来的快乐，即在交往中获得的从心所欲而不逾矩的舒畅和愉悦。可见，"真信"是"真知"和"真行"的升华，是"真"与"善"相统一自由的境界，即美的境界，体现了大学生行为的合感受性。

综上所述，在融媒体时代高校思想政治理论课教学模式模式中，线上教学与线下教学的统一体现了技术层面的要求，理论、实验与实践的统一体现了教学层面的规律，知行信与真善美的统一体现了价值层面的追求。三者共同构成融媒体时代高校思想政治理论课教学模式模式的内核，反映了高校思政课借助线上教学与线下教学相统一的技术，遵循理论、实验与实践相统一的规律，追求知行信与真善美相统一的境界，最终实现高校思政课的教学目的——培养知行统一、真善美全面发展的"真人"。

# 第三节　融媒体时代高校思想政治理论课教学模式的设计

冯友兰先生曾经说过，大学的课程分为两类：一类是教人做什么人的课程，一类是教人怎么做人的课程。高校思政课应属后者。2019年3月18日，习近平总书记在学校思想政治理论课教师座谈会上明确提出：办好思想政治理论课，最根本的是要全面贯彻党的教育方针，解决好培养什么人、怎样培养人、为谁培养人这个根本问题。习近平总书记的讲话再次明确了高校思政课归根结底就是要解决现代大学生究竟怎么做人、做什么样的人这一关键问题。而"怎样做人"中的"人"本身就可以分为两个层次去理解：一是作为物种意义上的人，即符合"人性"的人，这一层次的理解没有国家、民族的区别；二是作为国家、民族意义上的人，如中国人、华人等。高校思政课同时承担着教使大学生如何做两种意义上的人的教学任务，既应当教会大学生做一个符合"人性"的人，也应当教会大学生做一个国家、民族意义上的人，即做一个符合"国民性"的人。那么两者孰轻孰重？孰先孰后？在轻重的意义上，两者应是同样重要、不可分离的；而在先后的顺序上，应先教使大学生如何做一个符合"人性"的人。但"人性"的教育也必须放在"国民性"的范畴内。

"人性"不能够脱离"国民性"，否则培养出来的反而会是一个违背"人性"的人。这是因为，每一个人都是先作为家庭中的人活在世上的，然后才是国家中的人、民族中的人，再到世界中的人。所以我们可以看到，不论是哪个国家，不管是从法律上还是道德上，都认为背叛国家、民族的行为是违背"人性"的。

这也正是习近平总书记提出高校思政课要解决"为谁培养人"的重要原因。纵观高校各专业的培养方案、课程设计，不难发现，高校思政课外的大多数关于教"怎么做人"的课程（如伦理学、社会学等）都将教学重点放到了"人性"教育上，而不是"国民性"教育上。高校思政课可以说是"国民性"教育最重要的阵地，由此可见，高校思政课承担的任务之重可以说是比其他任何课程都有过之而无不及的。尽管国家一再强调高校思政课的重要性，但高校思政课的教学效果却不尽如人意。熊晓琳教授认为，如果说其他课程是从"零"开始，那么高校思政课就是从"负"开始。根据对授课班级大学生的调查，这个"负"主要来自于以下三点原因：一是大学生认为高校思政课和初高中的"思想政治"系列课、小学的"道德与法治"系列课并没有太大差别，没有重复学习的必要；二是大学生认为高校思政课的内容过于"高大上"，脱离实际、脱离生活，不能解决生活中实际存在的问题；三是高校思政课与专业课相比缺乏实用性，在将来毕业找工作时派不上用场。为了解决以上问题，全国的高校思政课教师进行了大量的探索和研究，改革教学内容和教学方法以提高教学成效。结合前人的教学改革成果，结合高校学生的特点，尝试从教学方法方面进行探索，以期对突破高校思政课教学困境有所借鉴和启示。

要突破高校思政课现存的教学困境，应当从两个方面进行着手：一是充分调动大学生的主动性，二是尽量消除大学生的惰性。从这两个方面尝试性地开展了高校思政课的教学设计探索，并将其分为课前教学设计、课中教学设计和课后教学设计三个部分。为了能够更加体现大学生的主动性和自主性，尝试将高校思政课总成绩按照以下比例进行分配：课外实践教学成绩占30%、平时成绩占40%、期末成绩（以论文的形式进行考核）占30%。其中平时成绩中的25%（总成绩10%）为课前学习成绩，75%（总成绩30%）为课中学习成绩。

## 一、课前教学环节设计

课前教学环节设计主要借鉴了翻转课堂的方式，以录制教学视频给大学生观看作为整个教学改革的第一步。翻转课堂是由美国教师乔纳森·伯格曼提出来的，其初衷是为了帮助因社团活动而缺课的大学生跟上学习进度，但却意外受到了大学生和教师的热烈欢迎从而风靡世界。它打破了过去传统课程宣讲式、独白式的教学方式，通过将以教师为主体转换成大学生、教师双主体，充分调动了大学生的主动性，提高了教学效果。但这种源自美国新潮的教学方式，由于各种原因并不能直接照搬到中国的课堂之上，这就迫使中国教师对其进行不断探索，以期通过本土化，使其能够有效地在中国课堂中开展。翻转课堂教学方式的重点并不在于是否将理论讲授与实践教学进行互换，而在于是否利用现代多媒体手段在课前将理论知识有效传授给大学生。高校思政课的一个非常重要的教学任务就是将教材的知识点完整地传授给大学生。知识的传授可以分为三个层次：一是知道，二是理解，三是践行。这里所强调的是第一个层次：知道。这也是翻转课堂在课前要解决的最主要的问题。知识点的传授一般有两种方式：一是通过严谨的逻辑推演，以理服人；二是通过共情，以情感人。在第一层次的讲授上，应当以第一种传授方式为主。而要实现"以理服人"，首先要求授课对象具有一定的逻辑思维基础和习惯，并对基础知识和前提知识有足够的了解。尽管有学者认为，应当充分相信大学生有足够的逻辑思维能力和知识基础，但根据已有的授课经验，高校学生常常习惯于用感性思维去思考问题和解决问题，同时他们的知识基础也是比较薄弱的。尽管有不少大学生认为大学阶段的思政课与初高中的"思想政治"系列课、小学的"道德与法治"系列课差别不大，而懒得去学，但实际上很多大学生也并未真正学好学懂初高中阶段的"思想政治"系列课。在一定程度上，我们也可以说，正是因为没有学好学懂，才导致对高校思政课不重视。这就要求我们在录制课前视频的时候，应当照顾到大学生的这两个特点。因此，授课教师不但要熟悉《思想道德修养与法律基础》（2018年版）这本教材的内容，也要熟悉初高中"思想政治"系列教材的内容，甚至了解小学的"道德与法治"系列教材的内容。在录制绪论的视频时，就应当向大学生理清不同阶段的"政治课"的区别与联系，让大学生认识到在大学学习思政课的必要性与重要性。在此基础上，再对高校思政课教材中的重点、难点及知识框架进行抽丝剥茧，用严谨的逻辑推理方法对这些内容进行论证，让大学生在大脑中先形成清晰的知识框架。

研究表明，成年人的注意力高度集中时间一般是20~30分钟，因此有不少教师将20分钟设为课前视频录制的时长，不过也有教师认为20分钟的时间难以将原本45~50分钟的课堂讲授内容完整压缩而应增加时长。笔者认为，首先，课前视频学习与课堂面对面学习相比，给了大学生很大的自主性，大学生可以通过各种方法去应付视频学习，如果要保持大学生对视频学习的注意力，避免大学生产生厌学情绪，不建议超过20分钟的视频录制时间上限。其次，课前视频不是对原本课中教学内容的简单压缩，而是对课中教学内容主体框架和逻辑理论的提炼，其目的是帮助大学生理清教材上各个知识点的逻辑关系，从而形成完整的逻辑框架，具体内容的开展不应放进课前视频中进行讲解。同时，根据一些学者的调查，有43.940-/0的受访大学生对学习内容中的"章节作业"最不满意，大学生普遍反映课业负担相对较重。在此次新型冠状病毒肺炎暴发的背景下，全国高校也开展了各种形式的线上教学，笔者在此期间也积极地进行了翻转课堂教学模式探索，在收集大学生的教学意见的时候，大学生也普遍反映课业负担较重（课前作业和课后作业较多）。由此可见，大学生特别是高职高专大学生对于教学视频观看时长的心理预期是较短的。笔者通过对大学生的阅读论文时长进行统计（之所以采用阅读论文时长作为参考，是因为论文本身具有较强的逻辑性，和课前视频的逻辑性特征较为相似，如果采取其他视频作为调查对象，大学生容易受到兴趣的影响，导致无法得出一个具有普遍性的结果），5~10分钟是一个大学生接受度最高的阅读时限，课前视频的录制也应该尽量控制在5~10分钟。因为大学生对于5~10分钟时限的厌烦敏感度是较低的，在此时限内大学生对于观看和阅读逻辑性较强的内容是可接受的，也更容易集中注意力。

尽管前文已经从多方面尝试通过解决大学生主动学习的障碍，希望提高大学生的学习主动性，但不可否认的是，大学生总是能通过各种手段来规避视频学习，这种惰性在线上学习时表现尤为明显，不少大学生反映在线上学习时，更容易转移注意力和走神。因此，如果要达到课前视频的教学目标和效果，就不得不通过一些强制性的手段去帮助大学生消除学习障碍。例如利用超星学习通等线上教学平台，在视频观看的过程中设置了知识点小测试，大学生必须选择正确的答案才能继续观看视频，否则就要重新观看。同时，在课前视频观看完成后，还根据课前视频内容设计了课前小测，共 10 道单选题，每道单选题的答案时间为 10 秒，必须 10 道题同时答对才能够获得此次课前成绩。10 秒的答题时间基本可以避免大学生直接从教材或者网络上查阅答案，迫使大学生只能够通过认真观看课前视频来形成有效记忆，从而通过课前小测。

最后，在大学生成功通过课前小测后，可以获得下节课的课前任务。

该课前任务通过两部分来实现：第一部分是以问答题的方式要求大学生针对课前视频所讲授的知识点，至少提出对其中一个或者多个知识点的疑惑，并填写在学习通等平台上，以此收集大学生想要了解的知识和迫切希望得到解答的疑惑（既可以是理论的，也可以是实际的）。第二部分是以问答题的形式，要求大学生针对课前视频所讲的知识点，收集自己的故事或者近期发生的热点事件，在课上进行为时 2~3 分钟的观点阐述，并适当提出自己的疑惑，并填写在学习通等平台上，以此作为课堂的第一导入的素材。总而言之，在课前学习部分，大学生起码要在规定的时间内"过三关"（观看视频—通过小测—提出疑惑），才能够获得相应的课前学习成绩，漏过其中任何一关都将导致课前学习成绩为零，以此推动大学生认真完成课前学习。

当大学生在规定时间内完成"过三关"后，教师要做的就是开始收集这些大学生在完成课前任务时所提出来的疑惑、问题以及大学生自身的故事或关注的热点事件，对这些内容进行汇总和筛选。筛选应当尽量充分考虑以下原则：（1）与知识点相关度较高；（2）与大学生自身相关度高；（3）与生活较为贴近，最好源自本地（本地指学校所在地和大学生生活所在地）；（4）具有代表性和广泛影响力。教师选出 3~5 个符合条件的问题和故事后，作为课堂第二导入的素材。

## 二、课中教学环节设计

课中教学的第一步就是进行课堂导入，此处采用的是双导入的方式。

第一导入是抽取 2~3 名大学生分享课前任务并提问，教师根据大学生的分享和提问进行回答和总结。第二导入是教师选取 3~5 个具有代表性的问题和故事，进行深入地分析和解答。希望通过这种双导入的方式使大学生意识到高校思政课本身的双主体的特点：大学生和教师都应当在课堂中担任主体，而不应是教师为主或者大学生为主的单主体。在此基础上，教师应当将那 3~5 个具有代表性的问题和故事重新与知识点相结合，进一步向大学生提出可供讨论或辩论的议题。议题的提出尽量遵循以下原则：（1）与知识点高度契合；（2）与现实密切相关；（3）具有高度可争议性或迷惑性。所谓迷惑性问题是指大学生如果只根据自身的知识背景或图式无法得出一个确定的答案，只有按照教材知识点进行逻辑分析后，依照教材知识点的图式，才能够得出较为完美答案的问题。这一环节可以采用讨论、汇报、演讲、辩论等方式进行，教师在其中注意做好引导工作，但尽量不要对大学生的讨论进行直接干预或干扰，让大学生能够在讨论的过程中尽量保持自主性。只有在大学生讨论过程中过于偏离主题或者进行与课程无关的事情，教师才进行适当的干预和提醒。在此过程中，教师还要注意做到两个收集：一是注意收集大学生在讨论过程中发生的争议点和矛盾点；二是注意收集大学生以组为单位公开表达的观点，并对其进行分析。需要注意的是，不管是错误的还是正确的观点，教师都要通过严谨的逻辑论证对其进行分析，要严格按照教材的知识点对观点背后所表达的价值观进行恰如其分的批判和肯定。因此，教师在总结时一定要注意，在价值观问题上、立场问题上绝对不能模棱两可、八面玲珑，表面上看只提出问题不给准确答案有利于大学生进一步阐述观点，是鼓励大学生发散思维的良好做法。需要谨记的是，我们决不能忽视高校思政课的本质工作就是解决"为谁培养人"的问题，其职责本身就要求教师一定要拨乱反正，纠正大学生错误的价值观。

高校思政课作为公共必修课，尽管教育部一再强调高校思政课的师资配备问题，并出台了相应的强有力的措施，但由于各种原因，小班上思政课在现阶段依然很难实现，大班上课依然是高校思政课的主要上课模式。

大班上课一个突出的问题，就是很难顾及每一名大学生，特别是在开展课内实践教学时难以管理。因此不少教师都采取了分组的形式开展实践教学，并提出了不同的分组模式和相应的管理模式。在小组分配人数上，不同的教师根据自己所处学校的情况和课堂教学开展的情况，有不同的人数配置和要求。比如在湛江幼儿师范专科学院，高校思政课一个大班的上课人数基本保持在80~90人，每个大班分10个小组，每组8人左右，组员由大学生自行调配，教师一般不进行过多干预，但每一名大学生都必须找到小组接收自己。而在小组管理模式上，实行的是分层分级管理。在每一个小组中都要选出一名组长，组长具有以下权利和职责：（1）负责组织不同教学环节的小组讨论和汇总；（2）指定小组成员（包括组长）代表小组表达观点或回答问题；（3）在期末决定其他成绩。组员成绩占平时成绩的37.5%（占总成绩15%），组长的成绩由任课教师根据组长完成职责情况进行评价。由此形成了"教师—组长—组员"三级管理，教师无需直接管理单个大学生，只需要通过管理组长去管理小组，组长则可根据评分权利去管理组员。除此之外，剩下的平时成绩的37.5%（占总成绩15%）则由小组整体得分决定，即小组成绩。（分数占比见图1-1）

每一名同学都有自己的小组成绩，同一个小组的成员小组成绩是一样的，小组成绩的获取只能依靠课内教学实践环节获得，即通过以小组为单位参与讨论、辩论、演讲等方式来获得成绩。课内教学实践环节的评分分

图1-1分数占比为A、B、C、D四个等级，分别对应95分、85分、75分、65分。每一次课内教学实践环节获得四个等级的组数是按照该环节中该组获得分数的名次固定的：A级1组，B级3组，C级4组，D级2组。即是分数最高的获得A，分数排在2~4名的获得B，分数排在5~8名的获得C，分数排在最后2名的获得D。最后再根据每个小

组获得四个等级的次数进行成绩核算，按照成绩将名次排列出来，再按照名次的顺序给予相应的等级和分数。通过构建一个强烈的竞争环境，促使每一个小组都不得不通过争取名次来让自己小组获得相应的等级分数，并将小组得分与每一个组员得分相挂钩，促使每一个组员积极投入小组活动之中。通过这种以点带面的方式，充分调动了整个班级大学生参与课内实践教学环节的积极性和主动性。

## 三、课后教学环节设计

除了第一节课和最后一节课，课后教学环节和课前教学环节都应该是一个连通的、封闭的环，课后教学环节在逻辑上应该是下次课课前教学环节的逻辑前提，而后者也应该是前者的逻辑延伸，整门课本身就应该是一个结构完整、推理连贯的逻辑图式。任课教师决不能忽视这种整体性，而将各个章节脱离整体来讲授。但在此基础上，对教材进行深入挖掘后，我们可以根据自身教学需要适当地将不同的章节进行整合，并以专题的形式展现出来。需要注意的是，这种整合并非是必需的，而是要根据教学需要有选择性地进行。比如为了减少课外、校外实践教学的重复而对章节进行整合。课后教学环节的设计至少应该包含两个部分：其中一个便是课外、校外实践教学环节的实施。课外、校外实践教学在高校思政课的教学改革中越来越受到重视，有不少学者提出要提高课外、校外实践教学在整个课程中的比例。但由于经费分配等种种原因，课外、校外实践教学在实际教学过程中难以得到有效开展和实施。要解决现阶段的课外、校外实践教学环节的困境，应该将解决问题的思路转回到大学生本身，也就是通过提高大学生对课外、校外实践教学环节的参与度和积极性，来使得大学生自愿、自行开展课外、校外实践教学。要做到这一点，就应该考虑到两点因素：一是课外、校外实践教学内容是否与大学生有较高相关度，二是课外、校外实践教学方法是否被大学生有效掌握。对于第一点，可以将大学生的专业与就业意向融入到课外、校外实践教学内容当中。高校其本身的定位就是为社会培养专门性人才，大学生进入到高校也是为了通过系统的专业学习来获得一技之长，以便在将来获得一份合适的工作。简单来说，大学生最直接的学习目标就是就业，就业是关系大学生切身利益的紧迫问题。如果能够将课外、校外实践教学融入其中，相信大学生本身就非常乐意去主动克服各种困难来开展课外、校外实践教学。比如学前教育专业的大学生，我们就可以在讲授第五章"明大德守公德严私德"时将"职业道德"选取为课外、校外实践教学环节的主题，先让大学生去了解幼儿教师资格证中要求幼儿教师掌握哪些职业道德，再去就业意向单位进行田野调查，调查一下在现实的幼儿园的招聘当中，有哪些职业道德是被幼儿园视为必须具备的核心道德，有哪些现实的事例就是因为缺乏这些核心道德所导致的，乃至于在面试时面试官会通过何种方式去考察面试者具备哪些职业道德。关于第二点因素，教师可以通过以各小组组长为成员组成一个实践调研教学小组，由教师担任组长，亲自带领这些小组长开展一次田野调查，在调查的过程中教授基本的调查方法，而后再让他们回去带领自己的小组开展田野调查，最后形成实践调查报告。

除此之外，课后教学环节设计还应当包括的第二部分就是以问答题的形式，收集大学生对这次课的建议，让大学生将建议填在学习通等平台上。教师再将这些建议收集起来认真查阅，以不断改进教学过程中存在的问题，提高教学水平。

总而言之，高校思政课在整个课程体系中的重要性已不容忽视，可以预见的是随着时间的推移，这种重要性也愈加显现出来。这不仅是国家高度重视的结果，更是人民群众的迫切需要与期望，因为高校思政课的成败直接关系着国家安全、社会稳定。随着国际形势的愈加复杂，国际上企图不利于中国的势力和因素不断增加和浮现，高校思政课建设任务也愈加艰难，可以说是一波未平一波又起。但我们相信，高校思政课如今所面临的困境并非是一件坏事，所谓千锤百炼始成钢，金子只有在千锤百炼中才能不断提高纯度和价值，高校思政课也只有不断地面对一个又一个的挑战才能够成为"金课"。

# 第四节　融媒体时代高校思想政治理论课教学模式的评价

随着"互联网+"的不断发展，信息技术逐渐成为教育领域发展的新生态，并已经从教育行业进行单纯展示的工具和手段演变成为推动教育教学模式革新、学习方式多样、教学质量提升的关键。融媒体教学就是在这一背景下产生的。高校思政课借助信息技术的优势，采用线上与线下相结合的融媒体教学，并根据教学内容重构传统教学设计与教学组织形式，增强高校思政课的针对性、时效性、吸引力和感染力。然而，目前融媒体时代高校思想政治理论课教学模式的探索大部分停留在了模式的资源建设、教学组织应用等方面，忽视了对融媒体教学的评价体系、评价方法、评价指标等的探究。如果长期缺位必然会导致融媒体时代高校思想政治理论课教学模式发展的失序。针对这一问题，本文对融媒体时代高校思想政治理论课教学模式评价体系构建的基本原则、构建方法等。

尝试给出具体可行的建议以利于在实际中操作。

## 一、融媒体时代高校思想政治理论课教学模式评价的理论依据

任何一种教育教学方法的探索创新都必须有科学的理论做基础。融媒体时代高校思想政治理论课教学模式是线上与线下两种模式叠加互补、扬弃提炼的复杂过程，其评价体系也应涵盖教学的全过程，在课前、课中、课后保持一致性。这种一致性不仅体现在教—学—评的前后性上，更体现在评价体系构建的理念中，包括多元智能理论、成果导向教育理论、建构主义教育理论。高校思政课的根本宗旨是立德树人，融媒体时代高校思想政治理论课教学模式评价体系也必须全面贯彻这一目的和理念，从"德育""树人"的实际出发，因地、因时、因人制宜。

### （一）多元智能理论

多元智能理论是由美国教育学家、心理学家加德纳于20世纪80年代提出的，主张人

的智力是在某种社会和文化环境的价值标准下，个体用以解决自己遇到的真正难题或生产及创造出某种产品所需要的能力，强调在教育中提升学生的综合素质与能力，而不只是单纯注重学生的考核成绩，唯分数论。在加德纳看来，语言、空间、自然观察等八种不同的智能在不同人身上有不同的组合，进而使得每个人的智力表现都不相同，并且这些智能都是可以通过后天的实践、学习等获得。这就要求人们能够在后天教育中对自身智能进行有目的的重组，使得个人的优质智能得到全面发展，培养多样化的人才。显然，多元智能理论认为人的智力是多维、多元性的，不可能有适用于所有人智力评价的统一标准，而应在具体情形中针对不同的人进行全方面评价。结合高校思政课教学实际，在多元智能理论的指导下，线上线下融媒体教学在学生评价方面，也应注意根据社会实践、生活实践、学习实践的具体情形采取多样化的方式对大学生的精神与物质创造性过程或大学生解决实际问题的过程进行综合评价。

## （二）成果导向教育理论

成果导向教育（OBE）又称"目标导向教育"，是一种成功转换了传统教育范式，遵循人本教育的理念，将传统课程中的学术知识体系替换为人的素质能力，并以此作为课程的基础。需要注意，成果导向教育中的成果即教育的目标，指的是通过教育学生需要学会的技能、达到的水平等。

因而，与传统的内容导向理念不同，成果导向教育提倡的是一种动态化的、过程性的评价，在一次次循环的动态化过程评价中不断调整学生的学习目标和教师的教学目标，适时改变教学策略和学习策略，达到更加有效、更有针对性地提高学生学习成绩和改善教学质量的目的。自20世纪80年代提出以来，成果导向教育受到了世界各国教育界的肯定和关注。随着其理论体系的逐渐完备，在教育实践中培养具有更高水平的自主学习者的目标也成为许多国家教育改革的主流导向。在学生评价方面，成果导向教育将传统教学评价的焦点，如教学内容、教学方式、教学时间转换为学生学习的成果。坚持教育教学评价应该以课程评价为起点，立足过程，最终实现学生技能、水平等的提升。在高校思政课教学评价中也应更加注意动态化的评价过程，而评价结果反过来对评价过程起到优化、赋能等作用。

## （三）建构主义教育理论

建构主义又称结构主义，是著名心理学家皮亚杰为提升教育教学效果而提出的，他认为在教育教学的过程中，各种社会环境、活动对学生的个体主动性会产生重要影响，教师需要通过自身的引导与支持在学生学习的过程中发挥重要作用。基于这一理论，国内外产生了系列涵盖教学目标、模式、方法、评价等的理论体系。学习是一种信息输入后与原有知识进行双向作用的过程，因而是一种积极主动的过程，它既包含着对输入信息的建构，也包含着对原有知识的建构优化。当然，建构主义更加重视后者，认为学习是在一定的社会文化背景下对输入信息的性质、规律等形成深刻的理解。经过长期积累，建立多种经验知识，从而搭建出所学内容的"图式"并用于指导现实。在此基础上，建构主义主张教师在教学的过程中成为学生的引导者、支持者，为学生创造适合学习内容的环境，帮助学生搭建输入信息与原有知识之间的桥梁。以此为基础，在高校思政课教学过程中应加强师生之间、学生之间协作与对话，发挥学生主观能动性，教师在协作与对话学习的过程中给予指导和支持，抛弃传统课堂将教师作为教学主体的填鸭式教育。在高校思政课学生评价方面，个人的自评与小组互评相结合，评价的内容应该包括个人的自主学习能力、对团队做出的贡献、对所学知识的建构等方面，评价标准注意立体性和多维度性。

## 二、融媒体时代高校思想政治理论课教学模式评价的价值取向

与传统教学模式只重视期末考核的评价方式不同，融媒体时代高校思想政治理论课教学模式的评价方式是一套完整的体系，是在信息技术的条件下融合线上、线下两种模式的优势，并充分利用大数据手段对教学过程进行全方位把握的评价。因而更能发挥大学生学习的能动性，使大学生勤于思考，灵活掌握高校思政课的基本理论，提升大学生的知识水平和能力素养。在构建融媒体时代高校思想政治理论课教学模式评价体系时必须遵循一定的价值取向，以提高评价体系的科学性、有效性。

### （一）强调评价主体的多元性与评价内容的全面性

融媒体时代高校思想政治理论课教学模式的评价主体应比传统课堂的评价主体更加多元化，教师不再是评价的唯一主体，大学生也不只是被动接受评判的对象，而是以包含学生自评、互评及教师评价相互补充的方式进行。尊重大学生，让大学生参与到课程评价的过程中，才能够激励大学生，使其积极参与到教学的各项活动中，发挥大学生的主体性作用。这也有利于从不同角度对大学生的学习过程与结果进行评价，从而提升评价的科学性、客观性、合理性。让大学生参与评价过程，不仅仅是为了评判教学目的达成与否，也是为了使大学生对自身学习活动进行反思，提升自我。要做到评价主体的多元性，就需在高校思政课评价内容方面进行完善。传统评价方式将高校思政课知识点是否理解或掌握作为评价的单一内容，引导大学生走向了死记硬背的误区，既不利于高校思政课知识目标的实现，也不利于大学生情感、能力的培养。根据融媒体时代高校思想政治理论课教学模式的现实，评价内容既要包括大学生的学习目标，更要包括大学生在学习过程中的学习态度、团队合作、创新创造、组织协调等内容，满足评价主体多元性的要求，具有现实可操作性。

### （二）强调评价标准的多维性与评价结果的有益性

高校思政课是一门融思想性、政治性、科学性、理论性和实践性于一体的课程，不同

的章节都有不同的侧重内容，在不同的教学目标指引下，对大学生学习的要求也不同。因而教学的评价标准和评价方式也应根据教学内容进行适当调整和变化。与具体社会实践的标准化要求以维持生产经营秩序和提升经济效益的目标不同，高校思政课侧重提升大学生的探索、创新、协作、沟通等素质和能力，而非知识点熟记和掌握。针对不同的班级、不同的专业，高校思政课都应立足实际，立足个性化的大学生进行评价标准的调整，融合大学生的全面发展与个性发展。在评价标准调整的过程中，坚持因材施教的理念，做到教学目标的达成、大学生综合素质的提升、大学生个性化发展相统一。无论是怎样的标准，在本质上都是为了促进大学生思想道德修养的提升。评价标准是评判大学生的阶段性学习效果的尺度和界限，而评价结果则反映的是大学生学习的具体情况，标准与结果的多重比较能够反馈大学生在学习过程中的不足，从而为教师今后调整教学方式和大学生改进学习方法提供依据，实现大学生的全面化和个性化发展。

### （三）强调评价过程的动态性与评价方式的多样性

就高校思政课评价标准而言，无论是定性的评价标准还是量化的评价标准，都不能较好反映大学生学习过程中态度、创新、素质能力等的变化，因此还需要在动态学习过程中做好对大学生的评价。随着教育技术的普及，尤其是大数据的发展，已经能够解决信息容量和快速传播的难题，也使得高校思政课评价过程的动态性成为可能。针对高校思政课的特点而制定拥有大数据信息搜集、存储、分析等为一体的评价体系，不仅能够提升评价的实效性和针对性，还能够对大学生学习过程实现动态监测，实现评价的客观性、科学性、合理性。在线上，大学生学习的全部情况均可以通过大数据进行采集，使得教师能够即时把握大学生学习的相关数据，了解掌握大学生的变化，进而针对性地进行干预和指导。传统教学评价注重的是考试结果和成绩，忽视了过程评价，因而在评价方式上也过于单一。

评价过程的动态性必然要求评价方式的多样性，即评价过程动态化的实现还必须有多样化的评价方式相配合。在教育技术迅速发展的今天，评价方式应该要充分利用这一手段，融合线上与线下两种途径，将自评与他评相结合，延时性与即时性评价相结合，鼓励性与批评性评价相结合，定性与定量评价相结合等。

## 学评价的构建路径

具体来说，高校思政课教学包括课前学习、教学内容讲授、师生互动、课后作业、期末考试五个环节，其中课后作业的活动或任务部分需要在具体的线下环境中进行，其他环节均可以通过线上或线上与线下相结合的方式进行。据此，融媒体时代高校思想政治理论课教学模式五个环节中，课后作业汇报或考核、期末考试阶段属于结果性评价，其他属于过程性评价。基于以上融媒体时代高校思想政治理论课教学模式评价体系的构建理念和原则，采用包括过程性评价和结果性评价相结合的涉及评价方式、评价标准、评价内容、评价主体、评价结果等的评价体系，见表1-1。具体如下：

表1-1 融媒体时代高校思想政治理论课教学模式评价指标及权重

| 评价指标 | | | 评价途径 | 评价主体 | 评价权重 |
|---|---|---|---|---|---|
| 过程性评价（50%） | 课前评价 | 教学视频（含次数、时长） | | 教师 | 20% |
| | | 在线作业 | 线上 | 教师 | 10% |
| | | 在线测评 | | 教师 | 10% |
| | 课堂评价 | 课堂表现 | 线上、线下 | 教师、学生 | 10% |
| | | 发帖留言 | 线上 | 教师 | 10% |
| | 课后评价 | 互动参与 | 线上、线下 | 教师、学生 | 10% |
| | | 成果展示 | | 教师、学生 | 20% |
| 结果性评价（500%） | 期末评价 | 团队贡献 | 线上 | 学生 | 10% |
| | | 参与社会服务（不作为硬性指标，参与了即可获得相应加分） | 线上、线下 | 教师、学生 | 根据社会服务性质、效果等酌情加5~10分 |
| | | 思政课实践 | | 教师、学生 | 20% |
| | | 小组总结汇报 | | 教师、学生 | 10% |
| | | 期末考试 | | 教师 | 60% |

## （一）过程性评价

过程性评价包括课前学习评价、课堂学习评价和课后学习评价。课前学习评价主要是通过线上方式进行，目的是使教师提前把握大学生对接下来授课内容的学习掌握情况，主要是通过教学资料包括视频（观看次数和时长等）、文字等进行统计整理，从而了解大学生对授课内容的积极性与主动性现状，以发帖留言、师生互动交流等形式将以上现状加以量化，教师可以针对大学生课前学习的现状及时调整课堂教学策略。不仅如此，在课前学习阶段，通过线上教学平台对大学生课前学习的情况进行在线测评，测评的形式可以有选择、填空、问答等，既有利于更好地在课前把握大学生对知识点的理解情况，还有利于巩固大学生在课前进行自主学习的效果。

在课堂学习评价、课后学习评价阶段，教师的授课过程是根据大学生课前学习的状况进行，而不再是教材内容的枯燥解释，或有针对性地对大学生的困惑展开答疑，或对章节重难点问题进行击破，帮助大学生排除学习的障碍。与此同时，为了能够更好提升大学生课堂学习交流互动的动力，教师还可以通过设置系列现场问答、小组比赛等活动方式完成课堂评价。当然，这些方式侧重的是大学生发现问题、解决问题的能力，而非知识点的简单记忆。除此以外，课前与课后学习阶段的成果展示、汇报等也是以小组形式在课堂中完成的，其评价重点在于大学生活动的创新性、科学性、合理性、逻辑性等，教师与大学生通过教学平台对小组表现进行分数量化、提出建议等。不仅如此，小组内部之间也可以通过教学平台针对成员自身的团队贡献值、团队协作表现、积极性等进行互评。对于一些不需要进行现场展示、汇报的成果，利用线上教学平台的评价功能开展教师评价、学生互评等。

在过程性评价的具体操作中，以下每个指标满分均为100分，最后按比例折算进过程性评价总分，评价途径见表1-1：教学视频的内容包括教材内容讲解、案例、知识拓展等，占过程性评价的20%，不同章节内容的视频有数量和时间上的不同，一般尽量选择有限时间内最有效反映教学内容的视频，并根据大学生观看视频的时间长短给出相应分数；在线作业主要是针对教材内容设定的，需要在线完成的活动或题目，占过程性评价的10%，作业题目可以通过线上教学平台直接给出分数；在线测评指的是每章的小测试，主要是检测大学生对章节知识点的掌握情况，占过程性评价的10%；课堂表现主要包括大学生课堂的出勤率（通过在线学习平台记录）、课堂学习的态度等，占过程性评价的10%，由教师评价和学生互评相结合的方式进行；发帖留言主要是针对大学生在线学习平台中资料的评论、反馈等，占过程性评价的10%；互动参与既包括课堂中大学生互动交流的积极主动性（包括弹幕发送等），也包括完成各类作业、活动任务时协作沟通能力等，占过程性评价的10%，由教师评价和学生自评、互评相结合方式进行；成果展示主要是针对高校思政课每章的小组活动和任务进行评价，包括成果的质量、创意、内容等，占过程性评价的20%，每章的

## （一）思政课亲和力的合规律性

合规律性是高校思政课亲和力存在的首要前提，也是高校思政课亲和力作用的方向保障。高校思政课亲和力在本质上是一种正向合力，有着明确的作用方向，但这一作用方向不是主观臆断的，而是由高校思政课亲和力的合规律性确定的。事实上，高校思政课亲和力只有真正地合规律性，才能够确定其正确的作用方向，实现其存在价值，否则就会偏离其方向，陷入事倍功半甚至适得其反的困境。高校思政课亲和力的合规律性主要体现在三个方面：一是尊重教学内容的真理性。教学内容是高校思政课亲和力的重要基础。高校思政课亲和力不仅要致力于教学内容的传播，更要厚植教学内容的魅力，而这一切都是以尊重教学内容的真理性为前提的。唯有如此，高校思政课亲和力才能最大限度地激发其说服力，使大学生自觉地提升自身的思想道德素质和法律素养。二是遵循教学规律的客观性。教学规律是高校思政课亲和力的重要作用依据。高校思政课亲和力虽然需要调动大学生的兴趣，但它从来不是任意迎合，而是在遵循高校思想政治工作规律、高校思政课教书育人规律、大学生成长成才规律等条件下发挥作用的，因此，遵循教学规律的客观性成为高校思政课亲和力的基本要求。三是关注教学活动的现实性。教学活动是高校思政课亲和力的重要载体。

作为承载高校思政课亲和力的载体，教学活动需要"接地气"，而要做到"接地气"

就需要了解并适应时代的发展、高校思政课的变革、大学生思想道德素质的状况等现实情况，这实际上就是要求关注教学活动的现实性。

## （二）思政课亲和力的合目的性

合目的性是高校思政课亲和力存在的重要条件，也是高校思政课亲和力提升的价值指向。恩格斯指出："在社会历史领域内进行活动的，是具有意识的、经过思虑或凭激情行动的、追求某种目的的人；任何事情的发生都不是没有自觉的意图，没有预期的目的的。"高校思政课亲和力作为人的自觉活动的产物，无疑有着明显的合目的性。事实上，这一特性贯穿活动任务是过程性评价的重要环节，因此占比较高，也是通过教师评价和学生互评方式进行；团队贡献针对的是大学生在小组完成各类活动任务时自己的贡献值，主要由学生自评和互评进行，占过程性评价的10%。

## （三）结果性评价

结果性评价主要包括参与社会服务、思政课实践、小组总结汇报、期末考试四个方面的评价内容，其中参与社会服务因需大学生走出校同，存在诸如安全、成本等限制性因素，因此不作为硬性评价内容，而是作为加分项，根据大学生参与社会服务的性质、效果等酌情加5~10分，具体参与情况在每学期进行小组总结时一并汇报。小组总结汇报主要是对小组学期或学年团队与个人的学习情况进行总结、反思，包括任务完成的数量、质量、态度、不足、改进措施等，占结果性评价的10%，由教师评价和学生自评、互评相结合的方式进行。根据现有的教育技术水平，高校思政课期末考试的题型为选择题、填空题、简答题、论述题等，均可通过线上或者线下结合的方式进行。期末考试是检测高校思政课教学质量的关键一步，相比平时的章节测评，考试组织方式更加严格，考试难度更高，大学生也更加重视，主要是通过教师评价进行，占结果性评价的60%。

## （四）思政课大学生综合实践评价

大学生实践活动作为高校思政课的重要教学手段，是课堂教育和社会生活相结合的重要渠道。高校思政课大学生综合实践的评价质量直接影响着高校思政课教学质量，尤其在融媒体教学中，应充分利用现代教育技术手段不断完善。在具体教学实践中，高校思政课实践方式可以在课堂、社团、社会三位一体联动体系下，通过包括考察探究、社会服务、设计制作、现场体验、沉浸式体验等形式进行与课程内容相关的活动。在量化成绩方面，实践活动评价指标涵盖质量、创意等内容，根据大学生实践效果和实践报告给出的分数占70%，实践过程中的表现占30%，满分为100分，占高校思政课总成绩的10%。除此以外，高校思政课实践教学还应设置实践优秀团队、优秀调研报告等特色奖项，达到综合量化成绩与综合评比有效融合、过程与结果并重的目的。

# 结语

融媒体时代高校思想政治理论课教学模式评价体系构建的目的是希望能够破除传统评价方式局限性，将教学过程与教学评价结合起来并同时进行，使得教学过程不再是单纯的教学，而是与评价相互融合的教学；而评价则是贯穿在教学过程中的评价，使评价成为提升大学生学习积极性和主动性的有效手段。

当前，高校对思政课融媒体教学的探索正在发力，尤其是针对线上教学投入了大量时间精力，促进融媒体教学评价体系的优化与之相适应至关重要。融媒体时代高校思想政治理论课教学模式的评价在应用中需要根据不同章节的特点设计不同的评价指标，同时还需要考虑学校（智慧校园建设、教室环境、地理位置等）与大学生自身的现实情况（如专业性质、班级规模，甚至性别比例等）选择合适的评价活动。总体上来说，高校思政课采用融媒体教学的评价能够较好地对大学生的素质能力水平、知识点的掌握等进行评判，也能够较好地通过这一评价手段提升大学生对高校思政课学习的积极主动性。需要注意的是，这一评价手段的运用相较于传统评价方式对教师要求更高，需要耗费巨大的时间、精力，因此挑战较大。而高校大学生对高校思政课的情感认同度还有提升空间，导致了在融媒体教学的评价过程中很多大学生不愿配合，大大增加了教师采用这一评价手段的难度。笔者在高校思政课授课过程中充分利用学校现有的智慧校园环境、线上学习平台——超星学习通等，尝试构建了以上评价指标并进行了试点。从教学效果、大学生学习的态度及最终成绩等方面看，均取得了不错的成效，当然，也存在一些不足。高校思政课的学生评价应该要随着课程改革创新的发展而不断变化，尤其是现代教育技术发展为融媒体教学的评价提供了更加便捷、有效的技术支持，推动高校思政课评价体系更加科学、合理、规范。

# 第二章　融媒体时代高校思政课改革的机遇和挑战

20世纪90年代以来，我国在教育信息化领域实施了一系列重大工程和政策措施并且取得了一系列成绩和成就。如：面向全国的教育信息基础设施体系初步形成、各级各类学校已不同程度地建有校园网并以多种方式接入互联网、数字教育资源不断丰富，信息化教学的应用不断拓展和深入等。但是，面对国家教育改革发展事业的迫切需要，信息技术在教育领域拓展的广度、应用的深度还不够，尤其是对教育变革的作用还未真正充分发挥出来。

## 第一节　高校思想政治理论课教学模式的优劣势分析

互联网的普及提升了大学生获取信息的能力，但由于大学生的信息分辨能力尚不成熟，导致多元化的网络信息会影响大学生的思想观念，对大学生的政治信仰和道德素养产生负面影响。线上线下融媒体教学是充分发挥线上教育与线下教育优势而形成的新颖教学模式，将其与高校思政课相结合，能够改变理论灌输式教育模式存在的脱离实际、大学生学习兴趣差和功利性学习等弊端，有效提高高校思政课的教学效果，对推动大学生综合素质的全面发展具有重要现实意义。

### 一、融媒体时代高校思想政治理论课教学模式的优势

线上线下融媒体教学是融合线上网络教育与线下课堂教育的全新教学模式，是对传统课堂生态的颠覆性革新，有效规避了线上或线下教育存在的弊端，其优势具体包括以下几点：

#### （一）促进教学理念革新

高校思政课一直采取以教师为主体，对大学生进行理论灌输，并以闭卷考试成绩为教学评价标准的传统教育模式。这种教育模式经历了长期实践证明了有效性，为国家输送了大量政治信仰坚定、道德水平高尚的优秀人才，为中国特色社会主义建设提供了重要的支撑。但社会环境的变化使得传统教育模式的弊端日益暴露，大学生接触信息的渠道拓宽了，加上多元文化背景的形成，对传统的高校思政课教育模式提出了新的挑战。而融媒体教学的应用为其教学理念的革新提供了助力，推动了高校思政课从教师主体向学生主体的

转型。融媒体教学以大学生的学习规划为主，重视大学生的主体地位，不仅线上的知识学习如此，线下的一系列如小组合作学习、探究式学习等教学方式，同样注重发挥大学生的主体性作用。教师更多地承担教学课件的制作、线上学习的监督、线下课堂的指导等工作，实现了从主导者向引导者的转型。与此同时，融媒体教学有助于落实"因材施教""有教无类"的传统教育理念。在传统课堂模式下，教师面对数十个甚至上百个大学生，无法顾及到每个大学生的个性差异，使得"因材施教"的教育理念存在理想化的问题，无法落实到教学实践中。而融媒体教学要求大学生根据自身学习能力、学习进度制订学习计划，通过线上自主学习和线下答疑的方式使大学生的学习内容更具有个性化和针对性，真正落实"因材施教"。同样的，大学生不可避免地会产生学习兴趣、学习能力等方面的差异，传统课堂统一的教学进度规划会导致部分学习能力差的大学生存在知识消化理解不及时的问题，影响其学习态度和学习成果。而在融媒体教学中，即便大学生的学习能力差也可以通过重复观看教学视频等方式进行强化练习，满足了大学生多元化的学习需求，实现了"有教无类"的教学理念。

## （二）调动教师的创造思维

通过教学视频进行理论知识的教学，教师可以有效减少重复的理论知识教育，将过去备课所花费的时间用在教学研究上，通过加深对融媒体教学的认知，以推动高校思政课的发展。事实上，融媒体教学对于教师的教学能力、教学经验、信息化教学水平等方面提出了新的要求，其中最主要的就是对信息化教学能力的要求。在这种教学模式下，教师不仅要具备过硬的专业教学能力，还需要具备电子课件制作、电脑基本故障维修、软件兼容与应用等能力。在教育信息化的背景下，各大高校都希望能够推出自己的网络精品课程，但受教学能力等因素的制约，网络教学平台、电子课件、视频课程等内容的开发不能依赖技术人员，而是要靠教师进行调整和优化，这就对教师的专业能力提出了新的要求。此外，师生互动、生生互动问题也是融媒体教学所面临的重要问题之一。教学视频等课件的应用有效缩短了教师理论知识备课和授课时间，教师可以在充裕的时间内想出一些新的教学方法，并试图在课上进行实验，以验证新方法的可行性。这种根据大学生反馈来进行互动的方式，一方面能够调整教师的教学风格，为大学生提供更新颖的教学模式，另一方面也能够拉近与大学生的心理距离，降低大学生在课上产生的紧张、焦虑等问题，营造出师生平等互动、探讨知识的良好课堂环境，对于提升高校思政课的课堂效率和教学质量具有重要意义。

## （三）为大学生提供个性化学习服务

大学生是融媒体教学的主体，同时也是主要受益者。该模式的特点在于改变传统课堂死板、固定的教学模式，帮助大学生构建自主学习、探究学习、交流学习的良好环境。在传统教学模式下，教师为了保证班上绝大多数大学生能够跟上教学进度，通常会以中间水平大学生的学习能力和学习进度为主，低于中间水平的大学生容易出现听不懂、学不会的问题，而高于中间水平的大学生又会出现浪费时间学习已经掌握的知识的问题。

MOOC 等线上教育模式的兴起，对传统课堂提出了一次挑战，但这种线上教育存在难以进行情感沟通的先天缺陷，导致其辍学率居高不下，且完成线上教育也难以得到社会认可。不过，即便 MOOC 等线上教育自身存在着缺陷，但其提出的新颖教育理念和教育方法仍然具有重要现实意义。将线上教育与线下大学生自主学习课堂相结合构造融媒体教学，大学生可以根据自身时间安排通过短视频进行理论知识的学习，这种时间长度在 5~10 分钟的视频相比 45 分钟的课堂不容易引起大学生的疲劳感，且大学生能够重复观看教学视频甚至观看某个段落内容，在学习后也能够通过教学平台与教师、同学进行交流，是一种针对大学生学习能力与进度量身打造的教学模式。这种相对轻松、自主的课堂环境有效改变了传统课堂生态，且消除了线上教育的弊端，为大学生的个性化学习起到了服务和支持作用。

### （四）推动教学资源共享与区域学术交流

教育资源分布不均问题导致我国地域间高等教育发展水平存在明显不均衡问题，东部沿海地区的教学资源远高于西部内陆地区已经成为不可忽视的客观事实。这种教育不公平问题限制了我国高等教育的大众化发展，也是影响我国教育体制纵深改革的关键。而融媒体教学依赖于教学视频等电子课件，这些电子课件既可以由区域内高校协同开发制作，又可以在全国范围内进行共享，通过制作精品课程等方式能充分利用有限的教学资源，弥补区域间教学资源差距问题，对教育资源的均衡分布具有重要现实意义。与此同时，融媒体教学之前的思政教育会议，以理论知识、教学方法等为主要研讨内容，很少对具有颠覆性的教育理念和教育模式的研究。

而融媒体教学提出后，校际合作力度加深，衍生出了一系列教学研讨会议、联盟，各地纷纷开始教育云平台等建设，这些教学研讨活动客观上促进了区域间的学术交流，对推动我国高校思政课教学改革具有重要现实意义。

## 二、融媒体时代高校思想政治理论课教学模式的不足

任何事物都存在正反两面性，融媒体教学虽然是一种具有重要教育价值的教学模式，但其本身也存在一定的局限性，具体表现在以下几个方面：

### （一）受技术与设备限制

融媒体教学的发展需要高校斥巨资开展基础设施建设，才能满足大学生的学习需求。在这一过程中，高校会面临初期建设和后期维护的巨大投入，对高校资金问题提出了挑战。与此同时，从技术层面出发，越是优质的电子课件对技术水平的要求越高，一般的技术人员难以制作出高水准的电子课件，这就要求高校建立融媒体教学团队，吸纳一批兼具

技术水平和教学能力的教师进行教学视频等电子课件的制作，并在此基础上构建自主学习、信息化学习的校园文化环境。而教师本身也面临着教学理念革新的要求，教师应如何在短时间内适应新的课堂生态，正是教师革新教学理念所面临的关键问题。

## （二）教师角色定位转换问题

以笔者所在单位来看，高校思政课一直采取比较传统的理论课堂教育模式，相比其他课程而言有变革，但应用范围较少，很难大范围推广，导致教师大多形成了理论课堂的思维惯性。虽然信息化教学模式的兴起使得教师开始广泛制作 PPT 等课件，但本质上只是将教学内容从黑板转移到了电脑，并没有实质性的进展。而融媒体教学中，教师的身份定位需要从课堂主导者转变为引导者、组织者和服务者，这对于教师而言是一种新的挑战。如果教师没有明确的角色身份定位，容易在融媒体教学中逐渐成为配角，无法发挥对大学生的监督、组织和指导作用，进而影响了大学生的学习效果。与此同时，教师既有教育经验所形成的思维惯性，需要花费大量时间和精力才能予以纠正，如果将过去落伍的教育经验带入到融媒体教学中，无疑会导致其教学效果下降，且不利于融媒体教学的持续发展。

## （三）大学生存在思维固化现象

在融媒体教学中，大学生需要通过教学视频等电子课件掌握约 80% 的理论知识，剩下的部分才在课堂教学中进行巩固和提升。这种教学模式依赖于大学生的自律能力和自主学习能力，而很多大学生追捧融媒体教学的原因，在于其依托于互联网的特性带给了大学生新奇的学习体验，并非学习内容本身具有更强的吸引力，这就容易导致大学生出现自主学习效果不佳的问题。实际上，不仅教师习惯了传统教学模式，大学生在义务教育阶段长期接受知识灌输，也早已形成了固定的学习和思考模式。部分大学生在接受高等教育之初就会因大学的自由性而产生不适应问题，融媒体教学这种比高等教育更加自由、自主的学习模式，对于大学生的学习能力更是提出了新的挑战。加上我国以考试成绩为衡量标准的教学评价模式，养成了大学生功利主义的学习态度，很多大学生认为与其帮助别人学习不如提升自己，这与要求大学生互帮互助、小组合作学习的基本理念是背道而驰的。

## （四）在线课程开发存在的问题

MOOC 等线上教学平台的发展，吸引了越来越多高校投入到精品线上课程、电子课件的制作中，并且很多大学生认为熟悉的教师制作的教学视频更具有亲切感，希望本校教师制作教学视频。然而，每个教师有限的工作精力使其难以全身心投入到教学视频的制作等工作中，加上如果每个教师都进行教学视频的制作，相当于教师用视频的形式呈现教学内容，并没有发挥出融媒体教学的优势，就达不到优质教学资源开放共享的目的。因此，如何结合学校实际情况开展具有学校特色的融媒体教学，是当前高校思政课开展融媒体教学面临的重要问题。

# 三、融媒体时代高校思想政治理论课教学模式模式的构建

## （一）优化融媒体教学环境

教学环境的优化需要从顶层设计、设施建设和校园氛围三个方面着手：一是从顶层设计的角度来看，融媒体时代高校思想政治理论课教学模式模式的实施必须围绕着高校宏观教学目标，重构融媒体教学模式定位。高校应与政府结合加大对融媒体教学模式的资金投入，加强基础设施建设，并开展融媒体教学模式的试点工作，以确保该模式的顺利实施；针对网络平台建设、电子课件制作等具体问题，应建立兼具教学能力与技术水平的专业团队，为融媒体教学模式奠定良好的发展基础，且可以将电子课件制作等作为科研成果，纳入教师评职称等项目中，从而对教师的融媒体教学提供激励作用。

二是从设施建设的角度来看，融媒体教学模式的应用需要学校加强基础设施和网络设施建设，前者包括投影仪、计算机、液晶屏等传统的教学工具，后者则包括网关、数据电缆、无线网络等网络相关的基础设施。学校应加强对设施建设投入，并加大管理力度，保证基础设施的充分利用，避免因设备长期搁置而产生额外的维护成本，出现资源浪费问题。需要注意的是，融媒体教学以学习为中心而非以技术为中心，虽然技术具有不可替代的基础性作用，但要注重用设施为学习服务，避免因设备本身过于发达而产生本末倒置问题。三是从校园氛围的角度来看，高校应通过经费支持等方式激励教师制作电子课件，同时要建立包括技术人员、助教、管理人员在内的专业团队，构成融媒体时代高校思想政治理论课教学模式的核心。与此同时，需要通过校园文化开展思想政治教育工作，定期开展如教学设计、名师讲座、优秀教师评选等活动，鼓励教师参与教研会议，通过多种渠道加深教师对融媒体教学模式的理解，从而为其教学能力的提升提供助力。

## （二）教师的自我优化与完善

首先，教师应积极革新教育观念，改变传统教学中以理论灌输为主的教学模式，落实"有教无类""因材施教"的教育理念，通过调动大学生的主观能动性使其参与到教学规划、教学互动、教学评价中来。在这一过程中，教师应赋予大学生一定的自主选择权利，如自主选择学习方法、实践，挑选学习内容及听课频率，重点学习要点和难点等，从而通过重视大学生的个性增强其学习效果。此外，应结合大学生的认知规律开展教学环节设计。教学视频的长度应控制在5—10分钟，避免大学生长时间观看教学视频导致疲劳感，同时利用课后作业构建"过关"的层层递进式教学流程，激发大学生的学习兴趣和学习热情。这种教学模式能够形成师生良性互动格局，改变既有的教学理念与教学模式，进而彰显出高校思政课的魅力。其次，应明确自身的角色定位。随着互联网的普及，课堂虽然已经不是大学生主要的知识与信息来源，但其权威性并没有被替代，大学生仍然需要通过教师获取最权威的知识信息。为了应对互联网带来的挑战，教师应充分接触社会中的热点新

闻，并找出新闻事件背后所隐含的思想观念，筛选出其中错误的观念对大学生进行分析阐述，提升大学生辨别、分析信息的能力，加强大学生对不良信息的抵制能力。同时应从课堂主导者的身份向指导者、组织者和服务者的身份转变，一方面鼓励大学生自主学习，并对大学生在学习中产生的疑难问题进行答疑解惑；另一方面鼓励大学生开展社会实践，用实践验证认知并形成新的认知，实现认知与实践的辩证统一。最后，教师应革新教学方式，在线上教学中通过引入现实内容激发大学生的学习热情，充分利用时事热点新闻的教育价值，实现理论知识与现实环境的协同。线上教学应不拘泥于传统教学模式所形成的思维习惯，而是要积极提出研究问题，通过问题导学的方式调动大学生的学习热情，并实现知识的迁移和拓展。在线下互动课堂教学中可以运用互联网赋予传统课堂以新的形式，构建若干个教学模块并对每个教学模块配备文本和教学视频，通过设问的方式让大学生带着问题学习知识，同时在每个学期单独留出课时进行专题讨论，以帮助大学生养成积极的思辨习惯，通过形成独立思维巩固政治信仰，发挥高校思政课的教学价值。

## 结语

作为一种"线上+线下"的教学模式，融媒体教学具备时代性、实用性、多元性和动态性等特征，将其与高校思政课的结合，能够有效推动教学理念的革新，同时发挥教师的创造性思维，为大学生提供个性化的学习服务。此外，融媒体教学模式有效平衡了区域间高等教育资源的差距，对推动区域间的学术交流起到了积极影响。然而，融媒体教学模式固然拥有其优越性，但也存在着一定局限性。主要表现在依赖于技术和设备的支持，需要高校持续性进行资金和人才投入，教师因既有的教育思维惯性面临着角色定位转换问题，大学生可能出现思维固化现象，而课程开发本身也存在着种种问题。因此，从教学环境的层面出发，高校应加强顶层设计、设施建设和校园氛围建设，为融媒体教学模式的发展提供良好的环境基础。同时要推动教师的自我完善，革新理论灌输式教育理念，落实"有教无类""因材施教"的教育思想，明确自身作为指导者、监督者、组织者和服务者的身份定位，并推动教学方法的革新，达到培养大学生理论知识的同时实现素养教育的目的。

# 第二节 融媒体时代高校思政课教学改革的机遇

高校传统的思想政治教育工作，一般是以理论教学为主地对学生和教师进行"填鸭式"的理论灌输教育方式，这种教育方式往往忽略了受教育群体的学习兴趣、学习需求和权利，具有一定的强制性和服从性，尤其是大学生群体，起本身就是时代的弄潮儿，他们具有极强的主观能动性，况且正确的思想和价值观不同于其他的知识，无法依靠灌输，而是"人"经过学习将其"内化"并在内心深处确信才能实现。因此本文以大学生作为思想政治教育的主要研究对象展开研究，通过对学生的思想政治理论课程教学，学生课余时间的思想政治教育工作，以及学生的思想政治素养三个层次进行分析，希望能够为我国高校的思想政治教育工作提供新的思路。

## 一、新媒体时代高校思想政治教育的机遇

### （一）自主进行思想政治教育

在新媒体的环境下，人与人之间可以自由、平等地交谈，这就使得高校的思想政治教育工作在一种民主、平等的氛围下开展，每一个学生可以是思想政治的教育者，也是接受者，这样就使他们的权利和尊严更明显地得到尊重。

### （二）实现教育资源的共享

高校的思政教师可以借助新媒体开放性和交互性的特点，自己编制独具特色的教学视频，上传到新媒体平台上，或是利用微信等新社交平台分享给学生，引导学生学习这些具有客观性与选择性的思政教育素材，并根据学习的效果做出正确的选择与判断。这样不仅实现了高校的教学效果，同时也实现了教育资源的共享。

### （三）创新思政教育教学的手段

教师可以借助手机短信、微信、微博、QQ 和网络论坛等媒体平台对学生开展思政教育，这样一来，就有效地创新了高校思政教育教学的手段，使学生更好地接受思想政治教育，从而提高思政教育的效果。

## 二、新媒体时代高校思想政治教育的挑战与问题

### （一）学生在应用电子设备时注意力容易被转移

如果高校想要在思想政治教育中融入新媒体，就必定会使用到电子设备，例如，手机、电脑或者 ipad 等，如果教师在对学生进行思想政治教育的时候使用这些设备向学生展示教学内容，学生的注意力不容易被转移，但是如果教师尝试在课后为学生设计了学习活动，那么学生在没有教师的监督下，很有可能会被电子设备中弹出的信息所吸引，因此便将学习任务放到了一边。等到学生完全意识到时间已经过去很久了之后，才发现自己几乎还什么都没有做，但是学生还有其他的任务需要进行，因此不得不暂时地先搁置思想政治课程的任务，这样就会导致学生积累了大量的思想政治课程的任务。

### （二）学生对思想政治的自由言论意识扭曲

当前，在我国当代的大学生群体中，存在着一个非常严重的问题，一些学生受到外媒

的影响，导致学生认为我国的言论不自由。但是事实上，我国是一个言论自由的国家，并且将人民放在第一位。之所以当代大学生会出现这一问题，就是因为学生的思想政治素养不够高。在这样的背景下，如果盲目地对学生进行新媒体教学，学生在自主学习了解感兴趣地政治内容的时候，很有可能会被网上的一些言论所误导，但是学生因为思想政治水平不足，因此没有办法辨别网上这些言论的对错，如果教师对这些不当的言论进行指责，学生就会出现不满的情绪，认为我国是言论不自由的国家，因为学生可能会认为这些人说的才是真话，所以学生就会认为国家不让人民说真话，学生回盲目地相信谣言。因此，我过当代的大学生对于自由言论的认知存在严重的扭曲。

## 三、新媒体时代高校思想政治教育的策略

### （一）线上与线下结合的教学模式

高校应当做好线上与线下结合的教学模式，确保教师在思想政治理论课程教学的时候做好对学生思想的教导工作，让学生意识到思想政治学习的重要性，以及国家对于人才的思想政治素养需求，从而让学生能够拥有主动学习的动机，让学生在课下的线上学习时也能拥有较高的自觉能力。再者，教师在课堂上应当以引导者的身份为主，在课后为学生布置观看视频、文章或图片的作业，在课上组织学生对这些内容进行讨论。如果学生在课下没有认真地进行线上学习，学生在课堂的线下学习就会感到吃力，有些学生可能就会放弃对思想政治课程的日常学习，在考试的时候再准备"临时抱佛脚"。考虑到这一问题，就需要采取一定的措施让学生能够长期保持对线上和线下的高度关注。因此，教师应当调整成绩的考核制度，教师在课堂上引导学生深入学习线上所爱传递的材料的时候，可以先向学生进行提问，学生回答的情况会计入学生的平时成绩。为了确保学生能够充分地重视平时成绩，就需要教师调整平时成绩与考试成绩之间地比例，让学生仅仅想依靠考试前临阵突击的方法就通过考试的可能性降为零，从而督促学生在课后也认真地学习。

### （二）帮助学生树立正确的自由言论观念

教师必须帮助学生树立正确的自由言论观念，确保学生能够清楚地辨别自由言论和谣言之间的区别。我国支持人民自由言论，因为这是人民应当具备的权利，国家也会努力保障我国人民地话语权。但是，国家对于胡乱造谣而导致社会的稳定和治安出现问题的人，一经发现就会严肃处理。因此，高校的思想政治教师必须教导学生如何分辨自由言论和谣言。自由言论是在客观公正与实事求是的基础上，对问题发表自己的看法，但是不能具有攻击性，也不能导致影响社会的治安，因为人民是国家最宝贵的财富，社会稳定才能让人民生活幸福，因此在发表自由言论的时候也应当为自己地言论负责。谣言就是歪曲现实或无中生有，因此在网上造谣的人就是在说胡话，如果学生相信了这些谣言，就会导致学生的思想政治观念逐渐出现问题，不能在公平公正且客观地分析问题，这严重地违背了马克

思主义思想理论。因此，教师必须向学生强调这二者的区，避免学生受到网上不当言论地影响，只有拥有辨别能力地学生，教师才能放心地利用新媒体开展思想政治教学。

祖国的经济发展迅速，市场需要高校持续输送人才，为了能够培养出适应时代且拥有较高的思想政治素养水平的学生，就需要高校根据时代的特色，为学生提供具有创新性的思想政治教育。在新媒体时代，学校如果可以巧妙地利用新媒体，将新媒体融合到思想政治教育工作当中，在教育的时候就可以体现出自主进行思想政治教育的能力，可以实现教育资源的共享，同时还能创新思政教育教学的手段。但是当前，在高校的思想政治课程中落实新媒体教学需要先解决学生在应用电子设备时注意力容易被转移，学生对思想政治的自由言论意识扭曲，以及学生对思想政治的学习兴趣不高的问题，对此，高校可以通过采用线上与线下结合的教学模式，帮助学生树立正确的自由言论观念，以及小组合作教学模式提升学生的学习兴趣的策略进行解决。

# 第三节　融媒体时代高校思政课教学改革的挑战

随着新媒体技术的不断发展，为思政课的教学提供了更多形式。高效、迅捷的新媒体环境推动思想政治教育、线上线下发展思想政治教育、课程思政影响思想政治教育，但同时针对新媒体的发展，也遇到新的挑战：信息污染制约困难、思政课程难以创新、学生作业负担过重……面对这额挑战，我们必须与时俱进，并针对此提出相应的解决方案。

思政课是落实立德树人根本任务的关键课程，大学思想政治教育课要实现"立德树人"这一根本教学目标，学界从理论方面的课程设计、方式方法、课堂体制、教育途径、评估机制等多种角度都进行了创新性研究。而在新媒体的环境下，知识的传播途径有了巨大的改变。线上教育、移动课堂、慕课等新的学习形式正在逐渐改变着人们传统的学习方式。而同时更多自媒体等新的业态形式也在新媒体的环境下有了更多声音，这使得思政课既面临着将新媒体手段融入教学的优越性，但也思政课提出了更高的要求。

## 一、高校思想政治教育迎来的机遇

时至今日，我国的网民规模已经超过了 10 亿，而这其中，有一半以上都是 40 岁以下的网民，学生群体网民的数目超过了五分之一，也是网民数最多的群体。大学生这个群体是接触互联网最多的群体，同时也是互联网的主要传播者，网络阵地的建设对大学生思想政治教育的影响很大，同时大学生树立正确的思想政治方向会进一步加强网络阵地的建设。立德树人是教育的根本任务，也是思政课的根本追求。

### （一）媒体环境推动思想政治教育

新媒体的环境下，学生接触知识的渠道不断扩大，学校不再是学生了解知识的唯一渠道。学生能够通过各种媒体得到多方面的知识。思政课一般包括思想教育、政治教育、法制教育、道德教育四个方面的内容。而这些方面都不是仅仅靠课堂上教师的讲授就能获得的，在新媒体的生可以通过浏览网络信息，差异性的得到思政教育，教育的形式也更加多样化，如近些年许多博物馆推出的"云逛"博物馆，可以让大学生们更加直观的感受历史的厚重；各平台流行的小视频，能够使大学们更加快速的学习事件的始末；优秀的文艺作品能用更加生动的形式展示历史经历。还有许多的剪辑视频、歌曲改编、故事新编等形式来推动思政教育，可以说这些方式都是广义上的思政教育。新媒体的环境下也能让思政教师快速了解网络热点，并通过热点事件讲解思政课，确保学生正确的导向，让思政教育更有实效性。

### （二）线上线下推动思想政治教育

线上线下相结合的教育方式最早是以 1990 年左右出现的数字化学习为开端的。线上教育数据直线攀升，不同于传统的集体教学，网络上多元、个性的新模式越来越被接受。随着慕课的普及，我国思政教育逐渐形成线上线下相结合的教学模式。教师在线下的教学中讲授知识，配合线上相关内容的教学资源的分享，形成线上线下的衔接学习，由于新媒体的帮助，线上教育更容易反馈出学生的认知问题，使得线下教育能够更注重学生所呈现的问题。根据线上数据的反馈也能更加精准的注意到每一位学生的差异，形成线上线下相融合的教学模式。虽然线上线下相结合的模式仍然还在不断地探索，根据实际的效果不断地修改，但在这个过程中，将教学内容可视化，教学讲义、教学视频制作成线上资源供学生使用，课堂讨论、观点投票、练习题目等在线上进行都收到较好的效果。

### （三）课程思政推动思想政治教育

习总书记在 2016 年全国高等学校思想政治工作会议中明确提出"其他各门课都要守好一段渠、种好责任田，使各类课程与思想政治理论课同向同行，形成协同效应""习总书记的支持保障了课程思政的发展，同时课程思政的发展也推动了思政课的教学。课程思政和思政课在教学目标上是一致的，都是为了实现立德树人的目标，因此课程思政与思政课可以联合备课，共同发展。课程思政是对专业课的讲授中情感目标与价值目标提出的要求，对课程内容重构，将思想政治教育导向与课程知识有机的融合，发挥教书育人的作用。而学生在课程思政"隐性"的教育与思政课"显性"的教育共同作用下，使全面协同育人真正的落实。

## 二、高校思想政治教育面临的挑战

新媒体时代虽然为思政教育提供了许多便利，但同时也给思政教育带来了不小的挑战。网络上虽然信息资源丰富，但内容良莠不齐，更有一些西方国家企图通过网络鼓吹西方的文化和思想，并通过网络传输给处于价值观形成的关键时期的大学生。

### （一）信息污染制约困难

新媒体背景下，改变的不仅仅是人们的不同的表达、交流和学习等，人们的价值观念也朝着越来越多元化的方向发展。多年来，西方敌对势力一直想通过互联网将其价值观强制的输送到中国，对于价值观形成关键时期的大学生，这个时期非常容易受到外界的影响。如何让学生不至在泛滥成灾的信息中，提升处理信息的能力，去伪存真，坚定中国特色社会主义理想，比以往任何时代都更加艰巨。

### （二）思政课程难以创新

虽然在新媒体的背景下，思政课的教学形式上有了很多突破，但如何摒弃"花架子"切实的将思政课内容的变革，探索思政课的教学建设，让学生能多课堂真正感兴趣，而不是就期待着放视频看电影，仍然是需要研究的难点。由于信息获得的便利性，学生们很可能对授课内容已非常熟悉，在课堂上可能热情不高甚至有些抵触。

### （三）学生作业负担过重

网络终端是每位学生每天都离不开的必备工具，也正是如此，各科均有线上作业、网课视频等，学生课余时间需要需要投入更多在线上来完成作业，线上线下内容有时没有区分和分配，导致学生进行多余的重复，渐渐也会失去兴趣。

## 三、相应的对策

### （一）教师政治要强，情怀要深

习近平总书记在主持召开思想政治理论课教师座谈会上特别强调，思想政治理论课教师自身政治素质够硬，怀揣着家国情怀。思政课教师坚定正确政治方向，牢固站稳政治立场，保持初心政治定力。习总书记说初中时政治老师读报纸学习焦裕禄精神，中间数次哽咽，同学们都十分感动，总书记用自己的切身经历让我们知道了思政教师所承担的使命与责任，只有用情至深的教育才能真正打动内心。习总书记强调："培养德智体美劳全面发展的社会主义建设者和接班人，要在坚定理想信念上下功夫；要在厚植爱国主义情怀上下功夫；要在加强品德修养上下功夫；要在培养奋斗精神上下功夫"，思政教师要下功夫不仅仅要将理论讲好讲透，更要结合时事，结合热点，讲历史与讲现代相结合，讲正面与讲反面相结合，用心讲解与信息技术相结合。

### （二）课程改革要透，及时跟进

新媒体的背景下，学生获取知识的速度快，刚刚发生的社会新闻、时事新闻、国际形势等学生可能比教师了解的还要快，但各种自媒体的信息泛滥，内容参差不齐，甚至会包含与主流价值观相悖的言论，给思政课带来更大的挑战。另一方面，新媒体的背景下，学生学习能力增强，可以说拿起手机就是在学习，接受网络就是在接受新鲜事物。思政课如果还停留在灌输式的教学，无论是学生学习理论愿望还是现实的发展都已不相匹配。能够让学生认同课程内容，深入挖掘理论，把课堂上学到的真正落实到实际的生活中，教师需要对课程进行深度改革，根据学生最新的动态变化及时调整，从学生的关切处出发，只有将"马中西"的理论，中国特色社会主义事业的伟大实践成为学生的关切，才能真正发挥思政课的作用。

### （三）平台建设要新，不断完善

许多线上课程的使用给了教师和学生极大地便利，但与新媒体技术的急速发展，使得线上课程被淘汰的速度也越来越快，同时共享的公共平台为了普适性，往往难度适中，不适合所有同学，线上线下的交叉内容也让学生没有耐心。新媒体时代教师和学生有了更方便的沟通渠道无论是线上学习还是答疑解惑都不受时间地点的限制，思想政治教育也充斥在每一个地方。当然线上平台的建设绝非易事，要利用好线上平台，开辟网络建设新阵地，需要结合线下的教学以及学生的反馈，将线上教学与线下教学匹配融合，让学生看到生动的案例，接受严谨讲授的课程，为社会主义培养具有责任感和使命感的时代新人而奋斗。

# 第三章 融媒体时代高校思政课改革的走向

大力推进现代信息技术与高校思政课教育教学深度融合，充分发挥教育信息化在思想政治教育改革和发展中的支撑与引领作用，不仅是促进思政课教育教学改革创新和提高质量的有效方法，而且是促进高等教育质量全面提高的重要途径。

## 第一节 思想政治理论课教学改革的依托基础

马克思主义学院是思想政治理论课的依托单位，承担思想政治理论课是马克思主义学院的基本职责，马克思主义学院因思想政治理论课教学需要而诞生，思想政治理论课因马克思主义学院设立而有了稳定明确的归属，思想政治理论课与马克思主义学院相生相伴，互为依托，构成当代中国高校特殊"一体两面"的内在关系。中国特色社会主义新时代对马克思主义学院建设提出了更高更明确要求，在新时代背景下，办好思想政治理论课，需要加强马克思主义学院建设，以马克思主义学院建设为抓手办好思想政治理论课建设。

### 一、马克思主义学院建设进入新时代发展阶段

高校马克思主义学院建设起步于20世纪90年代，新世纪初期逐渐发力，2008年以后迅猛发展。2008年，以《中共中央宣传部、教育部关于进一步加强高等学校思想政治理论课教师队伍建设的意见》（以下简称《意见》）等文件下发为标志，思想政治理论课教学单位建设进入到新发展阶段。《意见》明确要求建立独立的、直属学校领导的思想政治理论课教学科研二级机构，并且初步规定了机构的主要职责，即统一管理思想政治理论课教师，负责思想政治理论课教学、科研、社会服务和相关管理工作，负责马克思主义理论学科建设、人才培养和教学科研梯队建设。2011年教育部印发的《高等学校思想政治理论课建设标准（暂行）》的通知》（教社科〔2011〕1号）（以下简称《标准》），把建立独立二级机构建设作为思想政治理论课程建设的标准。由于《标准》的刚性标准，在全国高校设立马克思主义学院，建设马克思主义学院，成为一种时代风尚。《标准》明确规定，有马克思主义理论学科点的机构同时作为马克思主义理论学科点的依托单位，承担马克思主义理论科学研究、学科建设、研究生培养等工作，其他单位直接服务思想政治理论课教学，从这个意义上说，马克思主义学院应思想政治理论课建设产生，直接服务于思想政治理论课建设任务。

2015 年 7 月 28 日，中宣部召开"推进理论工作'四大平台'建设工作会议"，将马克思主义学院建设纳入中央推进理论创新"四大平台"。2015 年 9 月出台《关于加强马克思主义学院建设的意见》进一步要求，马克思主义学院以深化马克思主义特别是当代中国马克思主义的教育教学和研究宣传作为根本任务，明确目标定位、加大支持力度，深化教学科研改革，加强教师队伍建设，努力把马克思主义学院建设成为马克思主义理论教学、研究、宣传和人才培养的坚强阵地。并明确马克思主义学院建设的重点是全面推进高等学校思想政治理论课程教学研究机构建设；进一步深化教学科研改革；健全和完善马克思主义理论学科体系；建设一支高水平、专业化的马克思主义教学队伍。马克思主义学院建设任务逐渐拓展和提升，马克思主义学院对国家主流意识形态建设和马克思主义专业人才培养的功能日益增强。

2017 年，教育部印发《高等学校马克思主义学院建设标准（2017 年本）》的通知（教社科〔2017〕1 号），对马克思主义学院建设提出科学化、规范化和现代化要求。《标准》除了进一步明确学院思想政治理论课教学组织、教学实施、教学改革、教学考评、师资配备等方面要求以外，还对马克思主义学院内部工作机制、学科建设、科学研究、人才培养、社会服务和社会影响、党的建设和思想政治工作等作了全方位规定，为新时代马克思主义学院建设提供了建设标准。2019 年，教育部印发《普通高等学校马克思主义学院建设标准（2019 年本）》，对马克思主义学院建设提出进一步建设指标，为办好思想政治理论课建设提供了良好的建设环境。

从上述对马克思主义学院与思想政治理论课建设的历史梳理来看，马克思主义学院因思想政治理论课建设需要而产生，思想政治理论课建设是马克思主义学院基本建设任务。马克思主义学院建设又为思想政治理论课建设创造了良好条件，要办好思想政治理论课，需要通过提升学院整体建设，推进思想政治理论课程建设。

## 二、办好马克思主义学院要处理好的关系

新时代对马克思主义学院建设提出了多元任务和要求，办好思想政治理论课，需要处理好一些关系。

### 1. 核心任务与多元功能职能的关系

思想政治理论课教学是马克思主义学院核心任务，伴随着马克思主义学院的建立和发展，学院的功能日益拓展，学院学科建设与人才培养，科学研究与社会服务，主流意识形态建设和媒体发声，国际交流与合作，党的建设和思想政治工作，内部建设与学院发展等任务日益繁重。从学院作为独立二级机构的总体来看，上述职能和任务是相互联系，相互促进的，但在时间精力和资源有限的条件下，也存在着发展的矛盾冲突。比如关于学科建设和课程建设的关系，思想政治理论课教学以学科为依托和支撑，学科建设目标与课程建设目标具有一致性，学科建设促进课程建设、课程提供学科发展方向。但是学科建设与课

程教学之间也存在着矛盾性：一是学科建设的分领域性与思想政治理论课程教学的综合性之间存在着矛盾；二是学科建设的长期性、稳定性与教学团队的阶段性、与时俱进性的矛盾；三是学科建设的多元性（教学、科研、人才培养、国际交流、社会服务）与课程教学的单一层面的矛盾。这就需要学院作为行政单位进行综合平衡，协调处理，确保核心任务的完成。

### 2. 课程教学与行政管理之间的关系

思想政治理论课程教学活动离不开学院行政机构的支持和强力推进，从某种程度上，思想政治理论课建设既是完成学院行政安排的任务，也是一种在行政支撑下的教学活动。正是因为有行政因素，思想政治理论课教学团队才能成为一个教学组织而不是非正式集体。思想政治理论课教学活动又是一项业务性很强的工作，是由教学任务形成的教学活动，教学活动既要充分运用行政资源，也要积极通过学术和学科力量提升教学活动内涵和品质。学院作为行政管理机构，需要充分利用政策的杠杆，调动教学团队的积极性，同时，也需要利用政策手段，有效保障课程活动的顺利开展。

### 3. 教学、科研与学科建设的关系

从教师专业成长来看，任何一个高校教师的成长和发展，都需要把好课堂教学关，站稳讲台，取得教学资格，但是要完成好教学任务，又需要把自己的教学建立在扎实的科学研究的基础上，因此，在教师专业发展中，教学科研和学科建设是一个内在的统一体。但是，在发展过程中的某一个阶段或某一个时期，教学、科研、学科建设等任务也存在着矛盾和冲突。从学院管理来看，对教师教学和科研水平的考核正是提升思想政治理论课质量和水平的重要政策杠杆。因此，学院不仅应该在考评体系中，考核每一位教师教学，还要考核教师的科研能力和水平，更应考核教师是否沿着学院学科发展的主要方向发展，考察教师对主流意识形态的贡献能力和推进社会发展的能力，考核国际交流与合作的能力。当然，这些能力的考核并不是一次完成的，它伴随着教师个人专业发展的过程，但在发展的特定阶段，也会造成教师个人发展的压力和困难。

### 4. 学院内部发展与积极向外拓展的关系

学院内部发展和外部拓展是衡量一个学院是否成熟的重要指标，内部发展模式把发展重心指向学院内部，采取封闭的方式，使用学科建设的特殊标准，在学院内部实现自我发展和服务。外部拓展模式则把发展指向国家和社会发展，采取开放式发展模式，通过在服务国家和社会发展过程中获得学院自我发展空间。从某种程度说，一个学院向外部拓展的能力，正是学院内部发展的动力，比如新时代，支持国家主流意识形态建设，积极宣传党的创新理论，推进习近平新时代中国特色社会主义深入人心，这是时代赋予马克思主义学院的光荣职责，是学院发展能力的体现，但过多的社会责任和任务，也会影响和冲击学院内部思想政治理论课教学，影响到学院核心任务的完成，因此，应处理好学院内部发展与向外拓展的张力，在增强学院发展的稳定性的同时增加学院的开放性。

## 三、办好思想政治理论课的路径和方法

基于新时代对马克思主义学院和思想政治理论课的要求，以及学院发展过程中的一些关系的认识，以马克思主义学院建设为抓手办好思想政治理论课，需要进一步明确思想政治理论课的地位，遵循相关文件精神做好规定动作，创设良好政策环境，处理好学院内部各种关系，提升学院整体实力，为思想政治理论课建设发展提供可持续发展保障。

### 1. 聚焦思想政治理论课"主业"

新时代对思想政治理论课提出多样的要求，对不同层次、不同类型的马克思主义学院也提出不同的要求，马克思主义学院面临的任务日益多样，这既是新时代提出的任务和要求，也是马克思主义学院建设到一定阶段以后的必然结果，马克思主义学院需要不断随着中国特色社会主义事业的发展，不断提升学院发展的战略定位，拓展自己的发展空间，提升学院对国家主流意识形态建设、对中国特色社会主义事业、对高校立德树人的根本任务、对高校思想政治工作、对思想政治理论课建设、对马克思主义理论专门人才等方面贡献和支持的能力，这是学院建设的总体目标和方向，但在新时代提出的多样任务中，落实立德树人根本任务，为学生一生发展奠定坚实的马克思主义理论基础，用习近平新时代中国特色社会主义思想铸魂育人，厚植大学生爱国主义思想情怀，办好思想政治理论课是学院发展的核心任务，是学院发展的"主业"和根基，要把思想政治理论课建设作为学院发展的核心任务，由此展开学院各方面的工作。

### 2. 完成相关文件的"规定动作"

思想政治理论课建设是一项政策性很强的教学工作，思想政治理论课教学既有和其他课程建设共同的规律，同时也存在着和其他课程不同的特殊性。在马克思主义学院建设和思想政治理论课建设领域，中宣部和教育部出台了一系列关于新时代加强思想政治理论课建设，加强马克思主义学院建设的相关文件规定，研制了马克思主义学院建设标准和思想政治理论课建设标准，这都是办好思想政治理论课的规定动作，只有把这些规定性动作完成好，才能算是合格的马克思主义学院，学院办好思想政治理论课，首先应完成建设标准的指标体系中规定的任务。事实上，标准规定的建设任务，正是学院作为行政机构支持思想政治理论课建设，办好思想政治理论课的重要杠杆。因此，学院要办好思想政治理论课，要充分利用建设标准的杠杆作用，通过指标体系导引课程建设发展，为课程建设上水平上台阶创造良好条件。

### 3. 创造有利于课程建设的制度环境

制度是最稳定的因素，学院可持续发展离不开制度保障。新时代对马克思主义学院制度建设提出了更高的要求，要把制度治院、民主治院作为学院建设的基本理念，建立起较为齐全的学院建设的制度体系，使学院方方面面的工作做到有章可依、有章可查，为学院发展奠定稳定坚实的制度基础。新时代学院办好思想政治理论课，要加强保障思想政治理

论课持续发展的制度建设，比如思想政治理论课教师选拔与准入制度，思想政治理论课教师年终考核制度，思想政治理论课教师职务晋升制度，思想政治理论课教师培训制度，思想政治理论课教师奖励与处罚制度以及思想政治理论课程教学内部运行机制，思想政治理论课教学质量提升机制等相关制度，使思想政治理论课教师的劳动和贡献得到充分认可和有效保障，为思想政治理论课建设创造良好的制度环境。

### 4. 协调处理好院内外各种关系

新时代对马克思主义学院提出多样化的要求，也要求学院作为行政机构处理协调好各种关系，比如处理学科与课程关系，学科内部关系，学院内部系、学科点、课程负责人关系，教师自主研究方向与学科课程需要关系，学院各机构和力量的关系，学院工会和教代会、教授委员会、教学指导委员会、共青团、青年教师协会、老年协会的协调等。学院内部各种关系、各种机构、各种力量之间从总体上是各施其职、相互支撑、相互协作、共同发展的，但各种机构、各方面力量以及各种组织之间也会存在着相互的矛盾和冲突，特别是在关涉学院、学科发展和教师个人发展的重大利益的时候，甚至会出现尖锐的矛盾，这就需要学院发挥综合协调作用，促进学院各方面关系健康发展。要积极加强与学院其他单位，与其他学院，与思想政治理论课建设相关单位联系合作，构筑有利于思想政治理论课建设大环境。

### 5. 构筑教师可持续发展的平台

学院是思想政治理论课教师发展的基本平台。新时代学院要办好思想政治理论课，就要关心教师的基本福利和生活保障，确保教师的基本生活待遇逐年增长。要注重对教师思想政治和业务培训，提升教师内在政治素质和业务素质。要充分鼓励思想政治理论课教师教学积极性，对品质优秀、教学突出的优秀教师给予物质和精神奖励。要尊重和关心教师发展，凝聚学院发展的基本力量。形成用优质的学科平台支持教师发展、用崇高的荣誉感激励教师发展、用责任意识着力培养中青年学科带头人和教科研骨干、用先进的教学理念和方法培养教师、用切实的政策措施保障教师发展的多层次全方位全员覆盖的队伍建设体系，营造学院风清气正、积极向上环境，为办好思想政治理论课提供深厚的文化支撑。

# 第二节　思想政治理论课教学改革的基本原则

新时代思想政治理论课改革创新面临新的机遇，同时在发展中也面对着诸多的挑战和困难。认清形势，把握机遇，迎接挑战克服困难是我们广大教师要解决的现实问题。以奋发向上的精神姿态和严谨求实的科学态度投入于改革创新的发展过程是我们的光荣使命。

## 一、思想政治理论课教师队伍的思想观念更新

新时代，"两办"印发的《若干意见》是思想政治理论课改革创新的基本遵循，特别

要以习近平在学校思想政治理论课教师座谈会上的重要讲话精神为指导，坚持不懈用习近平新时代中国特色社会主义思想铸魂育人作为我们的根本要求。

《若干意见》明确指出，贯彻落实习近平新时代中国特色社会主义思想，坚持社会主义办学方向，落实立德树人根本任务，坚持教育为人民服务、为中国共产党治国理政服务、为巩固和发展中国特色社会主义制度服务、为改革开放和社会主义现代化建设服务。对切实提高包括科研能力在内的思想政治理论课教师综合素质提出了明确要求，其中特别指出提高教师队伍素质不仅包括对教师建立激励机制，而且还包括实行退出机制，"两办"第一次把退出机制列入文件，使思想政治理论课教师队伍不再是光进不出，而是一个有进有出不断更新的动态过程，使这支队伍成为充满生机和活力的坚强队伍。

首先，思想政治理论课教师队伍的思想观念要更新，观念决定行动，行动决定出路。当今世界正经历百年未有之大变局，我国正处于实现中华民族伟大复兴的关键时期。在新时代我们以怎样的思想观念来对待马克思主义理论，以怎样的精神状态进行思想政治理论课改革创新，实际上是一种理念，也是基本的态度。党中央和国家的各个部门包括各个学校都高度重视思想政治理论课教学的改革创新，大环境为思想政治理论课改革创新发展创造了前所未有的大好局面，但是，越是在这样的环境下，作为思想政治理论课改革创新发展主体的教师，就越要沉得住气，不能浮躁，需要静下心来深入思考问题，深入研究问题，不断提高科研能力加大对理论和实践问题的研究。这就需要有宁静的态度，宁静才能致远，才能在不断提高教师各种能力包括科研能力的基础上，脚踏实地做好改革创新的每一件事情。

其次，思想政治理论课改革创新要跟上实践和时代发展的要求，围绕形势的发展与时俱进地更新理论内容。习近平在纪念改革开放40周年大会上的讲话中指出："改革开放是我们党的一次伟大觉醒，正是这个伟大觉醒孕育了我们党从理论到实践的伟大创造。改革开放是中国人民和中华民族发展史上一次伟大革命，正是这个伟大革命推动了中国特色社会主义事业的伟大飞跃！"[1]正是这个伟大觉醒，使我们回到了马克思主义的科学轨道上，实现了我们事业的伟大发展。新时代以马克思主义为指导不是抽象的，而是具体的，党的十九届二中全会指出，新时代马克思主义就是习近平中国特色社会主义思想，这是当代中国化马克思主义的最新理论成果、21世纪马克思主义，是我们全党必须长期坚持的指导思想。观念不更新、不统一就没有共同语言。要把思想统一到习近平的重要讲话和中央文件上来。今年党中央和习近平的重要思想集中体现在党的十九届四中全会《关于坚持和完善中国特色社会主义制度，推进国家治理体系和治理能力现代化若干重大问题的决定》中和习近平在第二届进口博览会上的主旨演讲。是党中央和习近平关于改革开放的最新思想，也是马克思主义理论和思想政治理论课改革创新必须遵循和把握的基本思想。

## 二、思想政治理论课改革创新要提高教师科研能力

按照习近平提出的政治强、情怀深、思维新、视野广、自律严、人格正的要求建设思

想政治理论课教师队伍，必须做到以下两个方面：

一方面，思想政治理论课教师队伍建设的重点必须突出科研能力的提高。思想政治理论课教师既有教师具有的共性，也有作为思想政治理论课教师的特殊性，从共性看，作为研究人员科研能力是基础，是内功。缺乏科研能力是不能成为一个合格的专业教师的，思想政治理论课同样具有这样的共性。从特殊性看，思想政治理论课是公共课，是所有专业都要上的课程，是铸魂育人的课程，针对这样的特点，就要有针对性地采取措施，更好地提高科研能力。以前由于历史和其他原因，思想政治理论课教师都是按传统专业培养的，由此产生的问题是原来的专业划分难以适应现在时代发展的要求，现在马克思主义理论学科的专业已经在很大程度上按课程进行了调整。但问题是综合性发展的要求远快于专业的调整。要解决这样的矛盾，不少高校采取的措施是淡化专业划分，强化问题导向和意识，这既是对目前队伍存在问题的反思，也是对当前状况与发展要求不相适应提出的努力方向，不少高校在学科建设上已经考虑在硕士、博士专业学生的培养上如何拓宽专业面，采取一级学科招生，二级学科培养，或者是一级学科招生，一级学科培养的试点，这也许需要有一个较长的过程不断完善，但是这是一个趋势和方向，因为我们现在面临的问题越来越综合，现实中的问题不是按专业出现的，也不是哪一个专业能够独自解决的，我认为解决这一问题的根本必须落实到教师个人，把提高教师队伍的科研质量作为解决问题的根本措施，尤其要把提高教师的教学科研和解决实际问题的能力作为着力点。教师对解决现实问题有自己的判断和分析，要能够说出马克思主义的道理，思想政治理论课教学研究的主体是教师，决定了解决教学问题的主体也必然是教师，实现二者的统一，才能从根本上解决问题。现实问题是不能预料和预设的，但教师的教学和科研能力建设是可以通过培养和把握的，要解决目前不相适应的现状，必须以主动建设的积极姿态去应对可能出现的各种问题。以不断提高的教学和科研能力去应对现实中可能出现的各种问题，才是积极主动解决问题的良策。

另一方面，实践发展和解决学生思想问题必须突出教师科研能力的培养和提高。实践是理论之源，马克思主义理论是随实践而发展的，今天的实践是百年未遇的大变革，习近平新时代中国特色社会主义思想是对中国改革开放实践的科学总结，在今天中国没有抽象的马克思主义，只有具体的、现实的马克思主义，这就是中国化时代化的马克思主义，党的十九届四中全会和习近平在第二届中国进口博览会上的主旨演讲中体现的思想，就是我们所讲的马克思主义中国化时代化的最新成果。以中国特色社会主义思想为指导，也不是抽象的而是具体的。不能回避一个问题，就是经典马克思主义和中国化时代化的马克思主义二者之间的关系。二者在根本上是一致的，中国化时代化的马克思主义是对经典马克思主义的继承和发展，经典马克思主义是源，中国化时代化的马克思主义是流，是马克思主义与时俱进发展的具体体现。学习马克思主义经典著作必须赋予中国化时代化的新内涵才能指导我们今天的实践，解决我们的实际问题，思想政治理论课教学离开了中国的实践就没有生命力，同样也解决不了中国的现实问题，当然也不能解决学生中存在的大量思想问题。把实践发展中形成的重要思想不断化为中国特色的马克思主义，就不会脱离中国的实际、时代的特征，使人民群众真正能够感受到马克思主义始终就在身边，始终和我们面对的各种现实问题联系在一起。

党的十九届四中全会的《决定》和习近平在第二届进口博览会上的演讲就是马克思主义中国化时代化的最新理论成果，如果不能把这些思想成果充分反映到学科建设和思想政治理论课教学中，就是我们最大的脱离实际，坚持中国化时代化的马克思主义也就成为一句空话。因此，要提高科研能力，在一段时间中把这些理论成果作为学科建设和教学的主体内容。教学能力的提高是一个综合性概念，是各种能力的集合，包括教学形式、教学组织、教学投入、教学硬件、教学调研、教学实践等各个环节，这些环节要做好都需要持续地进行研究，以提高科研能力为条件。这是从扩大的范围上来思考研究能力的提高。从这一意义上来理解科研能力的提高就不仅局限于教学内容的理论研究，而是包括了整个队伍的教学、科研整体能力的提高。特别是习近平在2019年"3.18"讲话中提出的思想政治理论课改革创新要做到"八个统一"的思想，每一个都需要以提高科研能力为前提，实践的发展和学生的要求、党中央提出的目标都要求通过思想政治理论课教师不断提高科研能力来实现。

## 三、提高科研能力要突出中国化时代化的要求

马克思主义必须中国化时代化发展才具有生命力。把握与时俱进这一马克思主义的本质特征集中体现为新时代必须融入中国化时代化的特征。党的十九届四中全会的《决定》就是立足中国的实际，以时代化为依据对改革开放提出的坚持和完善中国特色社会主义制度，不断推进国家治理体系和治理能力现代化。习近平指出："时代是思想之母，历史总是要前进的，历史从不等待一切犹豫者、观望者、懈怠者、软弱者。只有与历史同步伐、与时代共命运的人，才能赢得光明的未来。"[2]时代是产生新思想的母体，要使思想符合时代的变化，必须认识时代的特征，今天的时代进入了习近平中国特色社会主义新时代，必须彰显新时代马克思主义的鲜明特点。具体需要把握好时代和实践发展来进行科研并提高科研能力。这是当前思想政治理论课教师提高改革创新能力的关键，要把掌握的马克思主义的基本原理紧密地联系时代的特征和当今的实际，在思想政治理论课教学改革创新的研究和实践中实现科研能力的提高。

马克思主义是我们共产党人的看家本领。现实中我们必须把握好经典马克思主义和当代马克思主义的关系。由于时代的不同，二者之间的内容不完全一样。经典马克思主义是我们的立足之本。正是在马克思主义指导下，中国的革命、建设才能不断取得胜利，中国改革开放的实践更是证明了我们不断把握马克思主义与时俱进的理论本质，推进马克思主义中国化时代化发展，把马克思主义基本原理和中国的实际时代特征相结合，特别是把改革开放以来中国的发展有机结合起来，以时代发展的观念来对待马克思主义的发展，就这一点来说，中国化和时代化是统一的，中国化从时代发展角度看，就是体现了中国发展的

时代要求，时代化从国别的角度看就是中国化。任何一个国家的发展都要从本国的实际出发，走自己的发展道路，世界的发展就是各国各有特色，这才是现实的世界。各国的发展又同处于一个世界，一国的发展不等于世界的发展，各国的发展必然存在着相互之间的利益矛盾和冲突，这就要求把各国的利益在发展中能够实现合作和共赢，这就是今天我们要进行科学研究的问题。如果始终把一国的利益在世界发展中都看做是第一的，把别国的利益看做是可以任意制裁的，这就是典型的不平等，不平等不符合世界各国的利益，也不符合世界发展的共同利益，习近平提出的人类命运共同体思想就是尊重各国不同的国情与发展利益的不同特点。因此，今天学习经典马克思主义必须融入时代化的马克思主义，才能解决时代面临的现实问题。

中国共产党领导是中国特色社会主义最本质的特征，是中国特色社会主义制度的最大优势，党是最高政治领导力量。把握这一最本质的特征，对更准确地理解中国特色社会主义思想具有重要的意义，特别是理解马克思主义关于社会主义最本质的特征和其他特征之间的关系具有现实意义。这也是对我们提出的新的研究课题，对于推动全党增强"四个意识"、坚定"四个自信"、做到"两个维护"，自觉在思想上政治上行动上同以习近平同志为核心的党中央保持高度一致，坚决把维护习近平党中央的核心、全党的核心地位落到实处意义重大。现实需要研究的新课题非常多，还会不断有新课题出现，提高科研能力对思想政治理论课教师来说是队伍建设的永恒课题。

# 第三节　思想政治理论课教学改革的基本思路

从 2019 年 3 月 18 日习近平总书记主持学校思想政治理论课（以下简称"思政课"）教师座谈会并发表重要讲话，到中共中央办公厅、国务院办公厅印发《关于深化新时代学校思想政治理论课改革创新的若干意见》（以下简称《意见》），再到教育部等五部门印发《关于加强新时代中小学思想政治理论课教师队伍建设的意见》，都展现出新时代学校思政课建设引起党和国家的高度重视。新时代学校思政课建设要统筹规划，实现大中小学的教材体系、教学内容、教师培训的有机衔接和一体化。新时代思政课建设要求思政课教师有坚定的政治立场、扎实的理论功底，切实加强自身道德修养。

## 一、新时代学校思想政治理论课建设的重大意义

立德树人是教育的根本任务，而"思想政治理论课是落实立德树人根本任务的关键课程"。要解决好培养什么人、怎样培养人、为谁培养人这个根本问题，必须加强学校思政课建设。目前，我国正处于世界百年未有之大变局中，处于坚持和发展中国特色社会主义的新时代，处于建设社会主义现代化强国、实现中华民族伟大复兴的关键时期，建设好学校思政课具有十分重大的意义。

### （一）从世界面临百年未有之大变局认识新时代学校思政课建设的重大意义

习近平总书记指出："当前，我国处于近代以来最好的发展时期，世界处于百年未有之大变局，两者同步交织、相互激荡。"当今世界是一个全新的世界，世界格局重新洗牌，世界多极化、经济全球化深入发展，新一轮科技革命和产业革命不断孕育发展，各国之间的文化交流更加频繁。在这种大变革大调整时期，我国面临的挑战愈来愈多。世界经济复苏乏力，贸易保护主义不断抬头，冷战思维和强权政治仍有广泛市场，威胁世界的和平发展；多元化的社会思潮对我国的思想文化建设形成了巨大挑战，大国之间的博弈和较量日渐增多，特别是在意识形态领域的交锋日趋激烈；国际社会的不稳定因素增多，国际治理问题仍层出不穷。与此同时，世界各国在相互竞争的同时，也形成了相互依赖的关系，没有一个国家能够独立于世界之外，和平与发展仍是世界各国人民的共同心愿。

世界大变局对于中国来讲既是挑战也是机遇。中国经过改革开放40多年的发展，取得了举世瞩目的成就，不仅给世界发展贡献了中国力量，也给世界的发展提供了中国方案，在国际社会的影响力日益提升。要以更高远的历史站位、更宽广的国际视野、更深邃的战略眼光来看待学校思政课建设的重大意义。青少年正处于世界观、人生观、价值观的形成时期，对于纷繁复杂的国际形势和社会思潮难以进行有效辨别，也容易受到不良思想的影响。新时代加强学校思政课建设的重大意义在于，引导学生在国际风云变幻的格局中准确认清世界发展大势，认清资本主义和社会主义既相互合作又相互竞争的关系，认清中国特色社会主义制度的优势，树立共产主义远大理想和中国特色社会主义共同理想。引导学生运用马克思主义的立场、观点和方法辨明是非，准确分析并抵制西方社会思潮的冲击。引导学生自觉践行社会主义核心价值观，筑牢意识形态的堤坝，维护我国意识形态领域的安全。

### （二）从坚持和发展中国特色社会主义的时代要求认识新时代学校思政课建设的重大意义

习近平总书记指出："历史和现实都告诉我们，只有社会主义才能救中国，只有中国特色社会主义才能发展中国，这是历史的结论，人民的选择。"中国特色社会主义是党和人民90多年接续奋斗取得的根本成就。改革开放以来的实践充分证明，中国特色社会主义道路是实现社会主义现代化和创造人民美好生活的必由之路；中国特色社会主义理论体系是实现中华民族伟大复兴的正确理论、科学理论；中国特色社会主义制度是当代中国一切发展进步的根本制度保障；中国特色社会主义文化是指引中国人民胜利前行的伟大精神力量。因此，"必须高举中国特色社会主义伟大旗帜，牢固树立中国特色社会主义道路自信、理论自信、制度自信、文化自信，确保党和国家事业始终沿着正确方向胜利前进"。这就要求我们必须把思政课作为主要阵地，讲授好中国特色社会主义，增强青少年学生对中国特色社会主义的认同感，并能够自觉运用这一思想理论体系去认识世界、指导实践。

思政课是以讲授马克思主义理论特别是习近平新时代中国特色社会主义思想为核心内容的课程。习近平新时代中国特色社会主义思想是当代中国的马克思主义，是推进新时代各项事业发展的根本指导思想。为增强青少年学生对马克思主义尤其是习近平新时代中国特色社会主义思想的认识和把握，形成正确的世界观、人生观、价值观，成为合格的社会主义建设事业的接班人，必须"要理直气壮开好思政课，用新时代中国特色社会主义思想铸魂育人"。推动习近平新时代中国特色社会主义思想进教材进课堂进学生头脑，推动以习近平新时代中国特色社会主义思想为核心内容的思政课课程群建设，使对这一思想的掌握成为一种理论自觉，使之真正入脑入心。

## （三）从建设社会主义现代化强国和实现中华民族伟大复兴的高度认识新时代学校思政课建设的重大意义

习近平总书记在党的十九大报告中指出："新时代中国特色社会主义思想，明确坚持和发展中国特色社会主义，总任务是实现社会主义现代化和中华民族伟大复兴。"我国正处于建设社会主义现代化强国和实现中华民族伟大复兴的关键时期，青少年是国家的未来、民族的希望，是实现社会主义现代化和建设社会主义现代化强国的主力军。是否能够如期实现这一任务，关键还要看广大青少年能否担当起历史重任。培养和教育好青少年"是事关党和国家前途命运的重大战略任务"。

实现中华民族伟大复兴的总任务决定了新时代必须加强学校思政课建设。习近平总书记指出，我们要"坚持把服务中华民族伟大复兴作为教育的重要使命。思政课可以通过系统地进行中国特色社会主义教育，引领学生自觉把国家梦、民族梦和个人梦结合起来，自觉担当历史使命和时代重任。思政课能够发挥凝聚民心，聚合民力的作用，为社会主义现代化建设和民族复兴提供精神动力。思政课可以引导广大青少年形成对中国特色社会主义的坚定信仰，成为实现中华民族伟大复兴中国梦的建设者。思政课可以培育青少年树立起社会主义核心价值观，弘扬以爱国主义为核心的民族精神和以改革创新为核心的时代精神，厚植理想信念，使学生自觉融入建设社会主义现代化强国、实现中华民族伟大复兴的伟大事业当中。思政课还可以融入更多的中华优秀传统文化的元素，引导青少年传承中华优秀传统文化基因，树立家国情怀，把民族复兴和现代化强国的建设统一起来，勇担历史使命，成为社会主义的合格建设者和可靠接班人。新时代青少年必须增强使命感，以民族复兴为己任，用习近平新时代中国特色社会主义思想武装头脑，把个人发展和国家兴亡、民族振兴联系起来，以崇高的历史使命感学好思政课。

# 第四章　融媒体时代高校思政课教学方法的创新

教学方法，不是融媒体时代高校思想政治理论课教学模式的实体因素，但却是对融媒体时代高校思想政治理论课教学模式具有重要意义，其是否合适，直接关系着融媒体时代高校思想政治理论课教学模式的运行和效果。因此，开展融媒体时代高校思想政治理论课教学模式有必要在继承传统教学方法的基础上，通过变革与创新，深入挖掘与之相契合的教学方法，如案例教学法、故事教学法、问题型体验法、项目课程法、问题导向法等。当然，这项工作并非易事，它需要基于融媒体时代高校思想政治理论课教学模式的现实要求，审视这些教学方法的可行性和必要性，了解其发生机制和作用原理，明确其实践的具体路径。

## 第一节　融媒体时代高校思政课的案例教学法

高校思政课以社会主义核心价值观为主线，培养大学生树立正确的人生观、价值观、道德观和法治观，提升大学生的思想政治素质、道德素质与法律素养，对引导大学生成为有中国特色社会主义理想信念的时代新人起着至关重要的作用。

然而在高校思政课的课堂教学中，普遍以传统的理论讲授为主要的教学模式，教学内容往往缺乏时代性，与大学生的现实生活存在一定的脱节，从而很难唤起大学生的认同感和获得感，导致大学生的课堂参与度不高，难以提升高校思政课教学质量。习近平总书记在全国高校思想政治工作会议上强调："思想政治理论课要坚持在改进中加强，提升思想政治教育亲和力和针对性"。因此，创新高校思政课的教学模式，充分利用现代信息化手段，拉近教学内容与大学生生活及社会热点的距离，将抽象的理论知识通过案例教学法与大学生实际相结合，进一步通过教师的启发式引导以及线上线下的融媒体教学，使大学生在互动中主动思考，提高课堂参与度，有效激发学习兴趣，活跃课堂气氛，提高课堂吸引力和感染力，提升教学质量。

### 一、案例教学法在高校思政课中运用的优势

案例教学法是指在教学过程中以高校思政课教学目标为指引，依据具体的教学内容和大学生的身心发展特点，通过信息化等手段收集现实社会生活中较为典型的热点案例及经典案例，引导大学生对案例进行讨论、分析、思考，有效掌握所学内容，提高知识应用技能的一种教学方法。在案例教学法的运用过程中，任课老师作为引导者，注重发挥大学生的主体地位和作用，同时注重将理论与实践紧密结合，这对激发课堂教学活力，培养大学

生知识应用技能具有积极作用。

### （一）提高理论认知

理论来源于实践，对高校思政课知识目标的掌握是大学生学习这门课程的基本要求。如何有效地将枯燥、冗长、理论性强的知识传递给兴趣度有限、学习能力欠佳的高校大学生是教学难点之一。而案例分析在情境问题的创设、参与问题探究中，避免了大学生先入为主的错误认识，调动大学生的积极性与参与度，帮助大学生构建完善的理论体系。

### （二）激发教学活力

传统思政课采用的多数是"灌输式"教学模式，其中枯燥理论的传授让大学生对高校思政课产生了厌烦的心理和晦涩难懂的刻板印象。在高校思政课中运用案例教学法，引入生动形象的案例，通过多种形式对大学生进行展示，增添了高校思政课的活力。在课堂开展过程中，重在引导大学生独立分析、思考问题，激发大学生自主学习的兴趣，增强大学生对思政课学习的积极性。在案例教学中，这种彼此碰撞的形式促进了师生间的互动，让大学生也成为教育主体翻转课堂，有利于提升大学生对高校思政课的期待值。

### （三）提升实践能力

案例教学法注重引导大学生自我思考，引导大学生主动学习。教师在课前通过网络教学平台给大学生发布案例，让大学生在上课之前通过各种方式查阅资料，了解案例相关知识。为了在课堂上进行剖析，大学生会尽可能地全面了解案例。在上课过程中，师生间的探讨及互动使大学生对理论知识理解得更为深刻，促进大学生逻辑思维能力的提升。课后总结课程中产生的问题，并对其进行思考，增强了大学生的反思能力。在上述环节的有效落实中，案例教学法逐步拉近了理论和实际的距离，使抽象、枯燥的理论具体化和感性化，容易在情感上引起大学生的共鸣，让大学生在案例讨论和分析过程中去领悟理论的精髓，最终落实到行动的改善上，实现了将知识转换为技能的"知行合一"教学目标。

### （四）实现多元互动

内因是决定事物性质的根本原因，要实现高校思政课的作用发挥，课堂参与者必须要共同努力。教师单方面的灌输与过于强调大学生的主体性发挥都难以使得课堂顺利进行。前者由于单方面地做出努力容易使教师产生疲乏感，也使大学生产生厌倦感，后者由于大学生存在自我思想还不够成熟等特点，容易使整个课堂走偏。通过案例教学法，教师可以在教学过程中适当引领启发大学生参与到教学过程中，将案例作为连接师生的桥梁，最终在师生的良性互动中得出相关结论，双方得以共同品尝知识获得的喜悦感。

### （五）提升教学实效性

通过案例教学法，大学生通过课前自主学习、课堂中进行案例分析及课后反思总结，可以对理论有更加深刻的认识，与此同时在案例分析讨论过程中，教师通过对大学生观点的听取，可以了解大学生真实的思想理论水平，有计划地针对不同大学生特点进行引导。将案例教学法引入高校思政课，一方面加强了大学生的主动性，另一方面促进了教师对大学生真实思想理论状况的理解，对于高校思政课作用的发挥具有重要意义。

## 二、案例教学法在高校思政课中运用的现状

### （一）案例教学法认知不到位

一个成功的案例教学法运用需要前期、中期及后期的连贯努力，前期对准确案例的选取，中期引导大学生分析讨论以及后期引领大学生的实践，而这些环节都是需要技巧的。但在实际运用中，有些教师将案例教学法和举例教学法等同，其实两者是有区别的。举例教学法与案例教学法最大的区别就是结论状况，前者是已经有了结论，为了深化这个结论的认识而举例子来说明这个结论；后者是还没有结论，通过对案例的分析解读，最终推导出结论。因而，当教师把案例教学法当作举例教学法来运用时，就失去了案例教学法中启发式的优势，并不能真正发挥案例教学法的作用。

### （二）案例选取水平待提高

在案例的选取中容易出现以下三个问题：一是由于部分教师对教授内容的理解不够深入，对理论的认识不够透彻，因而难以准确把握理论知识的维度，导致选取的案例与教学内容不相符；二是为了追求良好的课堂效果，部分教师会选取一些轻松搞笑的案例，这些案例可能会缺乏深度，难以达到贴合教学内容的要求；三是部分教师在总结他人经验时忽视了具体问题具体分析，将前人的典型案例为己所用，但实际上可能大学生通过其他渠道已经熟悉了相关案例，导致其在课堂上缺乏吸引力。

### （三）案例呈现手段不生动

形象地将案例呈现给大学生是案例教学法的灵魂，只有将大学生身临其境代入角色，案例教学法才能随之有效地进行下去。形象地呈现案例有很多技巧可以运用，例如充分运用媒体功能，利用音频、视频等工具，向大学生呈现具象化的案例。但现实中往往是教师在选取了合适的案例后，由于在呈现案例时使用了平淡无奇的语言叙述，难以直观地呈现案例，导致大学生对案例缺乏准确把握，大大降低了课堂效果。

### （四）大学生课堂参与度不高

目前在高校思政课教学中，往往还是以教师为主体，学生的主人翁意识不足，只是机械地跟随教师的进度上课，缺乏自己的思考与辨析，最终学习目的只为期末考试能拿到好的成绩。长此以往，学生的学习热情就逐渐消退，对课堂所教授的内容也失去了兴趣。例

如，教师在讲解与国际有关的内容时，按照自己的理解，选取了一些非常深奥的时政热题，然后将案例填鸭式塞入大学生的意识里，使大学生的意识与思维变得僵化，不会变通。此外，教师选取的案例可能与大学生的学习能力不匹配，大学生理解困难，不愿意听老师讲。这样，不仅会降低大学生对思政课的好感，也会影响老师的教学积极性。

## 三、案例教学法在高校思政课中运用的具体实施

教师在高校思政课中运用案例教学法主要分为三大步骤，即教学案例的选取、案例教学法的实施以及对案例教学的点评与总结，而案例教学的实施环节义具体分为课前导入、课中融入、课后拓展三大教学环节。基于以上高校思政课案例教学法的现状，教师在实施中应充分运用线上线下融媒体教学，综合多种信息化教学手段，对案例教学各环节有效落实，以提高教学实效性。

### （一）案例教学法在高校思政课中的选取原则

案例的价值在于提供真实而典型的素材，供大学生分析研究，从中总结普遍规律，从而提高大学生的认识能力和实践能力，引导大学生对教学内容进行深入思考，让课堂教学取得更好效果。案例适当与否直接影响着课堂教学的效果，要选取适当的案例，需要注重以下原则：

#### 1. 思想性

思政课作为一门铸魂育人的关键课程，要坚持正确的政治导向和价值取向，这是由本门课程的课程性质和教学目标决定的。案例材料的选择必须符合课程的教学目的，为教学内容服务，那些仅仅为了取悦大学生、增加课堂趣味性而选择的案例是不可取的，因为这样的案例除了能一时吸引大学生的眼球，并不能够真正从思想上给大学生以启迪。作为一门高校必修课，思政课以提升大学生的思想政治素质、道德素质和法律素养为目标，具有深刻的思想性和较强的理论性。因此，高校思政课运用选取的案例首先要有正确的价值导向，才能引导大学生成人成才。例如中央电视台每年评选的"感动中国"人物，每个人物身上都有震撼心灵的精神力量，他们的先进事迹是高校思政教学极好素材。强调思想性原则，并不代表高校思政课不能选用反面案例，教师只要坚持正面引导，选用一些具有负面影响的社会热点案例，可以从反面来论证理论的真理性。善于运用和分析反面案例，有时甚至能起到正面案例所无法达到的教学效果。

#### 2. 时代性

高校思政课教师在教学过程中选用的案例应是与时俱进的，不能一直沿用大学生早就习以为常的陈旧案例，这样的案例教学法达不到吸引大学生注意、开拓大学生视野、启发大学生思维的效果。因此案例选择讲究与时俱进，选择时代感强的新颖案例，特别是热点案例，这样才能增进高校思政课的新鲜感，激发大学生的求知欲，提升教学质量。比如在

讲授"爱国主义"这一专题时，可选择现在许多大学生出国读书、就业，很多知名艺人加入外国国籍等时代感强的案例，引导大学生正确认识新时代爱国主义的基本要求。

### 3. 亲和力

案例还应符合亲和力原则，主要是指选择那些在地域、内容等方面和大学生的实际生活较为接近的案例，引起大学生共鸣，提升高校思政课的亲和力。当我们所选的案例紧密贴近大学生的日常生活实际，不仅有助于大学生理解和掌握，也更能起到示范的作用，引导大学生去践行。例如，在进行爱国主义教育时，运用亲和力原则，可以选择高校所在地的红色文化资源作为教学案例．这些案例往往为大学生所熟知，会让大学生感觉亲切、可信，有利于增强爱国主义教育的说服力和感染力。再比如高校思政课是一门公共课，教师在给不同专业的大学生上课时，有意识地选择和大学生的专业背景比较相关的案例，课堂的吸引力和教学效果也将明显提高。

### 4. 典型性

教学案例应该具有典型性。典型主要指案例所涉及的人物及其事迹相对于教学内容来讲是有代表性的。只有当我们选取的案例是现实生活中真实的、典型的事件，才能够增强教育教学的说服力，使大学生欣然接受和认同。搜索引擎是搜集资料的主要手段，但目前在网络上充斥着很多真假难辨的新闻，这就要求教师必须以教材为本，选择来源可靠、内容真实的案例。例如选择"共和国勋章""时代楷模""感动中国年度人物"获得者的感人故事，进行启发式教育，引导大学生发现问题、分析问题、思考问题，循序渐进地得出结论，让课程脱离简单说教的格局，变得更加有温度。

## （二）案例教学法在高校思政课中的实施环节

办好思政课关键在教师，关键在发挥教师的积极性、主动性和创造性。高校思政课教师要充分运用网络平台，形成线上线下混合教学，从而更好地突破教学重难点。案例在高校思政课中的实施过程，关键在于调动大学生积极性，使他们进入角色。教师负有引导、组织的责任，教师可把书本的理论知识有针对性地布置给大学生，加强大学生自主学习、参与合作，为大学生解决案例问题障碍。下面以本校在教学中采用的澡堂派网络教学平台为例进行阐述：

### 1. 课前导入

（1）学习小组合作。基于合作学习原则，在自愿基础上组建5~6人的学习小组，小组成员主动实行分工协作，互相讨论、学习、帮助，实现以小组为单位的成果汇报模式，初步完成课前学习任务。

（2）学习资源共享。教师利用课堂派网络教学平台，上传相应的学习资源，如微课、教学课件、拓展材料、时事热点等，安排大学生完成相应的课前预习任务。教学视频采用碎片化方式，围绕一个概念或原理展开，时间控制在10分钟左右，一方面保障知识点的明确阐释，另一方面有利于大学生在时间、空间以及心态上的弹性把控，充分吸收作为课程内容载体的教学视频知识点，保障了融媒体教学质量。

（3）教学案例思考。教师根据课题分享相关案例，提出问题让大学生小组讨论分析。问题的设定与案例的选取除需要考虑上述原则外，还应把握讨论问题的难易程度，以便合作学习的开展。比如"经济全球化背景下，爱国主义过时了吗？""大学生掏鸟被判刑，你认为判得太重了吗？""新冠肺炎疫情的国内外举措对比如何彰显中国特色社会主义制度优越性？"等问题。

（4）理论知识储备。教师根据大学生预习中的困惑、讨论、交流、混淆等情况，调整、确定课程教学内容中的重点和难点；在课堂时间侧重上提前做到详略得当的安排；预判在案例分析过程中可能出现的疑难和争议，提前准备好解决方案，保障教学过程顺利开展，以帮助大学生更好地完成课堂知识点学习。

## 2. 课中融入

（1）小组成果讨论。利用课前的小组案例讨论，在课堂上展示小组分析结果，并形成小组间的观点碰撞。以"大学生掏鸟被判刑，你认为判得太重了吗？"这个案例为例，除了常见的正反方坚定立场观点外，还出现了中间派观点：如必须判刑，因为是违法行为，但量刑可以酌情减少，毕竟这在农村习以为常。此外在证据罗列中出现了新颖性观点：从鸟类的栖息习性分析了大学生掏鸟是有意为之，而非大众认为的无辜倒霉。基于课后对大学生的学情反馈，皆表示受益匪浅。通过案例分析，既改变了教师一家之言的弊端，又呈现多元探讨的氛围与亮点，考察了大学生的逻辑思辨能力与语言表述能力。

（2）知识消化引导经过充分的讨论，重点、难点问题在讨论中迎刃而解，规避了教师课堂冗长无趣讲解的弊端，轻松达到知识点解析与理解的目的，使高校思政课中运用的技能与情感目标得到进一步拓展与延伸。对于一些未能解决的问题和困惑，教师在课堂上答疑解惑，仍以先前案例分析，在视频最后播放为什么法院如此量刑？量刑的依据在哪里？在帮助大学生解开疑惑的同时，降低了知识点难度，细化了知识点，让大学生学会透过现象看本质，明白了法律知识与自我认知上的差异。持判刑的正方观点提升了理论支持，持反方观点的大学生明白了法律的界限，持中立观点的大学生明白了情、理、法之间的辩证关系，无形之中又开展了一场辩论，提高了思辨能力，最终引导大学生实现了知识的消化。

当然，案例分析必然会带来课堂探讨过程中临时生成性问题，这对教师的理论功底与教学技巧提出要求，不仅要求其掌握案例背后的理论支撑，同时也要扮演各类角色。对于难以讨论的案例，课堂沉默时，教师要发挥主导者角色，一步步激发大学生的感性认识；案例一目了然，课堂讨论无法出彩时，教师要扮演理论者角色，帮助大学生将零星、感性的见解升华为理性认识；案例争议分歧大、观点容易冲突时，教师要扮演好调解员角色，除了对正确、创新的观点予以认可鼓励外，对错误的观点和看法要注重引导纠正，特别是关于价值观方面的，驳击反面例子的最有效方法，是呈现大量的正面案例辅以佐证。

（3）线下课堂教学中开展实践活动。教师利用案例导入课程，激发大学生的探讨，成为"走到大学生身边的指导者和辅助者",针对大学生在网络舆情中出现的难题、困惑,通过个别答疑、班级抢答与集中回复三种方式,帮助不同层次、不同性格类型的大学生通过线上、线下两种方式吸收渗透知识点,提升教学成效。同时也开展一系列实践活动,增加对课堂知识的补充与延伸,如针对社会热点问题深度讨论的主题演讲、基于爱国主义情怀的传统文化系列专题等。

当然,实践活动的案例分析方式呈现可以多样化。既有常见的辩论式观点陈述,也有PPT演示汇报成果,还可以模拟情境表演、微视频拍摄等。改变传统的教学模式过程,从实践讨论向理论学习再落实到实践生活学习,通俗易懂,由浅入深,教师从主体转为主导地位,大学生从附属转变为主体地位,在渲染课堂气氛,尊重大学生个体性与自由性的基础上,培养了大学生的思辨能力,锻炼了大学生的语言表达能力,促使大学生提升了富有团队精神的合作能力,取得了良好的教学效果。

### 3. 课后拓展

案例引入的目的是通过案例引导大学生学习掌握相关理论知识,深化大学生对教学内容理解,实现所学知识内化。引入案例之后,大学生通过案例的分析和学习,并应用所学知识解决遇到的问题,有利于培养大学生明辨是非、分析问题的能力,准确理解和把握问题本质,有效提高大学生自主解答疑惑、解决问题的能力,最终能够举一反三,学以致用。因此,在案例讲解和学习任务完成之后,教师可以适当布置类似的教学案例,让大学生课后进行思考与实践,采用分组学习或自主学习方式,提交实践心得体会等课后作业,并组织在后面的课堂中分享和展现。这样既能培养大

学生分析和解决问题的能力,还有利于帮助大学生进一步深化对所学内容的理解,巩固所学知识,将理论与实践充分结合,实现"知行合一"。

## (三) 对案例教学的点评与总结

点评和总结是案例教学法应用过程的重要环节,也是必须重视和关注的内容。在这一环节,教师要对教学内容进行认真分析,理清思路,科学论证,深化大学生对所学内容的理解。在点评和总结过程中,首先要坚持鼓励性原则,善于发现大学生思想的闪光点,及时给予大学生肯定和鼓励,以增强大学生的自信心,激发师生情感共鸣,提升课堂感召力,有效地引导他们积极踊跃地参与到案例分析和讨论活动当中。同时还要坚持包容性原则,教师要能理解大学生的多元思想,善于接纳大学生的不同观点,鼓励大学生发展创新思维。对于观点偏激的大学生,任课老师要善于引导大学生接纳其他同学合理的观点,辩证地看待每位同学的发言。此外,案例教学法的目的是让大学生提高思辨能力,增强大学生知识应用技能。因此,任课老师在点评和总结中还要善于引导大学生树立正确的人生观和价值观,端正学习态度,有效地付诸实践。总之,通过任课老师对案例教学的点评和总结,为大学生展示清晰的知识脉络和完整的知识结构体系,有利于深化大学生对案例内容的理解和认识,让大学生透过现象把握本质,提高思政教育实效性。

## 四、案例教学法在高校思政课中运用的评价与反思

案例教学法要求高校思政课教师利用信息化手段实现过程性评价。一方面采用教师主评、学生自评、小组互评相结合的作业打分模式，不仅能确保课程评价的客观公正，提高评价的实效性，还能通过学生自评和小组互评，让大学生参与到课堂评价，确立大学生在课程学习过程中的评价主体地位。另外，教师借助技术手段了解大学生的学习进度，及时掌握他们的学习动态，评测他们的学习水平，把握他们的学习效果，鼓励学习成绩优异的大学生分享心得，对学习进度不达标的大学生及时督促，从宏观上做到对总体教学效果的把握，也在微观上关注到每一位大学生的学习状态。

案例教学法在高校思政课中使用的全过程性评价体系应具客观公正的量化标准，同时关注多方评价、互动反馈。通过课前导入、课中融人、课后拓展的全过程性评价，促使大学生对高校思政课加深了感性认识，内化了理论知识，凝聚了团队精神，丰富了实践能力，最终实现了综合素养的培育。教师通过教学评价情况，能够更精准地对教学效果进行反思与改进，在日后的高校思政课教学活动中进一步提升教师的教学水平，提高高校思政课的教学质量。

## 结语

教学案例法的运用能够将高校思政课落到实处，帮助大学生习得知识、掌握技能、培养情感。在融媒体教学中，案例教学法充分结合多种信息化手段，对教学案例进行多维度呈现，激发大学生的兴趣，提升大学生的获得感和认同感，同时培养大学生分析问题、解决问题与评价的能力，提升大学生的综合素质。案例教学法将思想政治教育从理论到现实的具体呈现，能够将概念具体化形象化，最终能够重新回归到实践活动中去，加深大学生对于理论与现实的联系与思考，实现引领教育青年的目标，最终实现培养有理想、有追求、有担当的社会主义建设者和接班人的教育导向。

# 第二节　融媒体时代高校思政课的故事教学法

高校思政课作为立德树人的主渠道，有责任也有义务讲好中国故事。

通过好的中国故事传授知识，传递真理，这既是推动马克思主义中国化的重要途径，也是增加高校思政课亲和力与感染力的有效手段。伴随着现代化信息技术的高速发展，借助信息技术手段讲好中国故事对高校思政课教学进行改革，对提升高校思政课教学的实效性具有重要的理论与现实意义。

讲好中国故事应包含两层含义：首先是讲好的故事，这就要求在故事的选择上遵循一定的原则；其次是把故事讲好，不仅要将中同的历史底蕴、发展之道阐释清楚，更重要的

是要注重讲述的方式与方法。伴随新媒体的崛起，人人都可以作为传播者和接收人。同样，在高校思政课的课堂中，教师与大学生既可以是中国故事的传播者，也可以是接收人。因此，在线上、线下相结合的融媒体教学背景下，高校思政课利用新媒体进行互传互动，不仅适应了当前大学生的学习特点和方式，也能够增进双向交流，使得故事联动性及互动性更强，反馈突出。

# 一、融媒体教学中讲好中国故事的必要性和可行性

高校思政课的课程性质和目的要求讲好中国故事。中国故事让高校思政课更接地气与更具亲和力，体现了高校思政课讲好中国故事的必要性。

新时代的技术进步为师生间的交流提供了技术保障，拓展了交流渠道，在融媒体教学中讲好中国故事，无论是在传播或是在育人上，都具有较强的可行性。

## （一）思政课的课程性质和目的要求讲好中国故事

高校思政课教学主要是对大学生坚定理想信念、厚植爱国情怀，培育和践行社会主义核心价值观、养成良好的道德行为，能够运用法治思维处理事情等方面的培育，目的是帮助大学生树立正确的世界观、人生观、价值观，确立马克思主义立场、观点与方法。因而高校思政课不同于专业课程，在教材体系上体现出一定的严肃性与思想性。但是教材体系向课程体系转换，我们需要认识到，如果按照教材内容较多的晦涩难懂的政治理论学术语言进行授课，教师即便讲得面面俱到，也难有成效，反而更容易增加大学生的"低头率"，直接影响大学生学习该门课程的兴趣。因而，通过讲好中国故事的方式，转换话语体系，寻找大学生们接受的话语表达，形成良性的双向沟通为让思想政治教育内容入脑入心提供有效途径。

## （二）思政课讲好中国故事让课堂更具亲和力

以往的高校思政课在传授知识的过程中偏向于运用宏观理论和抽象的概念，但是新时代的大学生对新鲜事物比较关注，更注重个体的感受，对于中国做得好、做得对、做得有特色的事情，还存在着教师说了也不懂的问题。亚里士多德说："我们很难通过智力去影响别人，情感却能做到这一点。"故事作为传递情感最好的载体，"讲故事""听故事"作为人民群众喜闻乐见的方式，对于新时代大学生同样适用。把教材晦涩的理论知识、深刻的思想、抽象的道理，融入一个个鲜活的中国故事里，可以让教材语言更为生动，更口语化，让大学生更易于接受。把大道理融入小故事，用小故事讲清楚大道理，循循善诱，深入浅出，帮助大学生更好理解。中国故事又因为文化认同、语言表达方式非常贴近大学生的生活习惯，更容易激起大学生的情感共鸣，当教师与大学生的心理距离拉近了，唤起了大学生的认同，方能实现有效沟通，从而增进高校思政课的亲和力和感染力，引导广大师生坚定政治立场、提高理论素养，为实现中国梦汇聚青春磅礴力量。

### （三）融媒体教学推动故事的传播从单向传输向双向互动转变

现在大学生的生活、学习空间正在被网络占领。高校思政课要想增强吸引力，可以借助互联网这个契合点，用网络时代的新兴表达方式，讲好中国故事。现代信息技术尤其是移动通信飞速发展的今日，新时代的技术进步为师生间的交流提供了技术保障，拓展了交流渠道，使得中国故事的传播从教师单向地讲授，大学生被动地接受故事转变为师生之间双向互动，交互教育。

### （四）融媒体教学使得故事育人从统一性向个性化转变

知识信息爆炸的时代，大学生能够更自主地选择自己喜欢的中国故事，使得故事育人从统一性向个性化转变。信息社会的到来，对不同的专业、不同的大学生如果仍采用同一种教材、同一类教学方法、同一个故事，或许起不到事半功倍的效果，而融媒体教学使得个性化的教育成为可能。大学生能够自行借助互联网平台自主学习，包括自主选择学习内容、自主选择故事内容、自己把握学习节奏、自行规划学习实践，充分利用自己的喜好展示自己的个性与特长。

### （五）融媒体教学下讲好中国故事遵循以大学生为主体与以教师为主导的育人之道

习近平总书记在学校思政课教师座谈会时指出，要坚持主导性与主体性相统一。办好思政课，既需要发挥教师的主导作用，也需要以大学生为主体。只有当教师充分了解并且尊重大学生的学习规律、发展特点、认知特点，才能够激活大学生这一主体。面对当下迈入校园的"00后"，互联网是他们学习和生活中不可或缺的重要载体。思政课应顺势而为，乘势而上，利用互联网积极创新教学模式，实现师生之间的同频共振。在建构主义的基础上，教师利用线上线下结合的方式，创设讲好中国故事的学习情境，一方面满足大学生自主学习的需要，另一方面是丰富高校思政课程教学内容与形式的需要。

## 二、融媒体教学中讲好中国故事的重要原则

无论是教师选取的故事，还是大学生在实践活动中选取的故事，都要把握五要素，即选择好故事人物、选择合适的表达话语、选择好故事的题材、选择好故事的形式以及深刻挖掘好故事的道理，除此之外，还应该遵循以下几个原则，才能真正达到以讲好中国故事的方式引人悟道。

### （一）真实性原则

高校思政课中讲好中国故事，贵在故事的真实性。真实性既包括故事内容本身的真实性，又包括教师在讲述或者大学生在演绎故事时，细节展现的真实性，不增加浮夸矫揉造

作的表现，更不能为了突出某个主题或是想拔高立意而不顾事实真相。真实性是保证教学效果最基本的要求，教师应该学会联系大学生的生活实际、思想特点、环境特点等实际因素捕捉最能够反映中国历史、中国特色的真实故事。既要讲大学生群体中普遍感到困惑、矛盾的真实故事，也要讲能够传递中国声音的平凡小事，还要选取能够绽放时代光芒、反映国家社会经济飞速进步发展的故事，以此满足不同大学生不同的精神需求，唤起共鸣，这样才能使得中国故事更加真实、自然、亲切。

### （二）关联性原则

故事的关联性是指选取的故事与课堂的内容有关。绵延五千年内，纵横九万里，中国故事饱含的内容非常丰富与广泛。但高校思政课所选择的中国故事必须和教学内容相符合，所传达的观点需要与教学目标相一致。如毛泽东在党的七大闭幕式上讲了一个"愚公移山"的故事，喻示中国共产党只要坚持下去，就能挖掉帝国主义、官僚主义两座大山。习近平总书记在与青年座谈交流时，讲了自己在梁家河插队时的故事，勉励青年抓紧时光多学习。

这些有关联性的故事比枯燥地讲道理来得真切生动、有感染力。

### （三）时代性原则

故事的时代性指的是结合"新时代"语境，发展讲好中国故事的新思维。在党的十九大报告中，"新时代"一词多次出现。"新时代"既是对中国发展所处历史方位的全新判断，也为讲好中国故事提供了新的时代语境。在"新时代"的语境下，我们要选取的故事应该与新时代各个领域发展方略保持一致，最重要的是贯穿着习近平新时代中国特色社会主义思想的逻辑主线。

### （四）精简性原则

教师或者大学生所选取、讲述的故事必须要达到精简但又不失生动的原则。讲一整节课的故事不现实，不符合高校思政课学理解析的课程定性。故事过长，显得拖沓、喧宾夺主且无法凸显出重点，故事过短，大学生注意力还未集中便已结束。因此，课堂教师面对面讲述的每一段故事内容不应该超过 10 分钟，课堂教师通过视频讲述的中国故事时长以1~2 分钟为宜，课后教师录制的"微故事"和大学生演绎的"微电影"一般不超过 8 分钟，通过同学们喜爱的主流短视频平台展示，故事总时长不宜超过 2 分钟。

### （五）多样性与统一性原则

由于授课对象的多样性，教学环境的差异性，高校思政课在教学方法和形式上不能简单划一，因此教师在选择故事中会呈现出多样性的特征。

故事选择的多样性必须服务于统一性，统一性不仅仅表现为高校思政课的课程设置、教材内容、教学管理的多方面"形式统一"，关键在于高校思政课"实质的统一性"，即选取的中国故事应该以政治性为根，价值性为魂，坚持习近平总书记提出"八个统一"的具体要求。

## 三、融媒体教学中讲好中国故事的实现路径

新形势下，高校思政课要想讲好中国故事，不仅需要传统面对面的讲述方式，还应该创新讲好中国故事的传播方法和手段，将课堂内的中国故事通过新媒体技术延伸到课外。线上线下融媒体教学中高校思政课讲好中国故事，在主体上，可以实现讲述者为教师与大学生双主体；在传播形式上，打破单一的文字静态表现，综合运用视频等多媒体技术动态地呈现；从故事受众上来看，扩大传播覆盖面，使得更多的大学生多视角了解中国故事背后的历史与文化；从中国故事的现实效能上来看，拓宽课外实践的渠道，在认知的内外相互促进和师生积极有效的互动中，激发大学生把中国故事所体现出来的价值与精神真正转化为实际行动，从而实现思想与行动的高度统一，增强中国故事的教学实效。

### (一) 教师课堂用心讲好故事是讲好中国故事的主要途径

无论教学形式如何变化，线下教师课堂的讲解始终会是高校思政课教学的重要形式。这就要求高校思政课教师，必须认真备课，结合课程内容、教学目标、高等学校教育特点、大学生特点、专业特色等选择、开发和加工合适课堂讲的中国故事，并选择大学生易接受的话语表达，以课堂上展示生动的故事内容和教师真切的感染力来吸引大学生的注意力，引导他们思考故事中所蕴含的意义。在讲述故事的过程中，除了教师接地气地演讲使得中国故事更具感染力之外，也可在内容设置中增加故事的悬念，增添中围故事的趣味性，增加与大学生面对面的互动，以此吸引大学生的注意力，使得教师在讲述故事的过程中大学生能够认真听，也才可能增加大学生对课程内容的深刻认同。教师用心讲述了，大学生才会用心听，面对面生动地讲授故事始终是高校思政课讲好中国故事的主要途径。

### (二) 大学生开展"故事演讲"是讲好中国故事的重要环节

为了增强中国故事的吸引力和感染力，可以在高校思政课的课堂内，每一课时设置5~8分钟的"故事演讲"环节。该环节可以分为两个部分的内容：主题故事演讲和即兴故事演讲。在主题故事演讲过程中，大学生可以根据课前搜集的故事，结合课堂内教师讲授的理论与内容，利用PPT、视频影像等材料，讲述中国故事，为了让故事的内容更具典型意义，故事的质量更高，大学生的讲故事水平具有一定的水准，在选材、制作PPT、演讲过程中教师都需给予一定的指导。即兴故事演讲环节为大学生根据教师授课内容，利用自己以往的知识储备、经验以及脑海中的"故事库"，进行现场脱稿讲故事，通过讲故事的形式，帮助其他同学更好地强化知识点。

### (三) 建设线上故事资源库是讲好中国故事的重要渠道

依靠学习通、雨课堂等教学平台，建设高校思政课故事资源库是讲好中国故事的重要

渠道。通过信息化平台拓宽大学生们的学习渠道，引导大学生自主学习。在线上活动中，教师的主导作用主要体现在两个方面：首先体现在备课上，即准备故事上，讲好中国故事的成功很大程度上取决于教师课前的备课，包括精心选取与课程内容相关的故事、寻找契合大学生的话语表达等，因此教师在课前要反复认真地钻研教材，选择贴切的故事。在大学生展现中国故事当中，教师也需提前对故事内容进行把关与优化，教师的认识得先于大学生、高于大学生。其次，教师在明确教学目标上起主导作用。未体现教学目标的中国故事是盲目的，是低效率的讲述。

教师在选择每一课时的中国故事中或者在指导大学生选择中国故事当中，一定要根据教材与大学生特点甚至是专业不同，制订合适的教学目标，凸显故事的"目的性"。

## （四）教师录制"微故事"是讲好中国故事的重要补充

教师录制"微故事"是讲好中国故事的重要补充。高校思政课除了在课堂上面对面讲故事之外，还可以在课后充分利用互联网的表达方式，录制一些"微故事"，上传到大学生喜爱的如抖音、b站等主流短视频平台。

比如在讲述"爱国专题""坚定核心价值观自信"内容时，可以通过挖掘疫情期间涌现出来的故事，教师进行加工后，再通过互联网展播，通过视频资料来讲述中国故事，往往起到事半功倍的作用。借助互联网，讲大学生们爱听的故事，不仅能带给他们情感价值的收获，而且能引导他们真正地将所学理论内化于心、外化于行。

## （五）大学生编导"微电影"是讲好中国故事的重要途径

讲好中国故事应该打破单一的教师讲述形式，打破单一的文字静态表现，鼓励大学生综合运用图画、声音、视频等多媒体技术把故事情节和人物形象动态地呈现出来，调动大学生的多种感官，以此增强中国故事的传播力和影响力。在该模块中，大学生以小组为单位，根据教学的重点难点选出关键词，自主选择故事并编排演绎，大学生在编排的过程中，在大量搜集资料当中，经过分工合作、研讨交流、相互启迪，完成了自我建构知识的学习过程。教师在此环节发挥宏观的引导作用，如制定合作学习选题指南与合作学习成果评价方法。最重要的是，教师要善于运用思想政治理论对选择的故事、故事所体现出来的精神、人物的表现力等方面做总结引导。如"基础课"中"理想信念"章节，大学生以小组为单位，选出本章关键词"理想信念"，给予大学生充分的时间准备，鼓励大学生挖掘相关课程内容的典型人物，以"人民英雄"陈薇院士为例，深挖其背后的故事，并设计出切合教学目标的剧情、拍摄微电影，她的故事在经过编排与加工后，以大学生喜爱的形式，帮助大学生深刻地理解到在个人理想与社会理想的辩证关系中，个人理想只有同国家的前途、民族的命运相结合，个人的向往和追求只有同国家的需要以及人民的利益相一致，才可能变成现实，更具永恒价值。

## （六）开展社会实践活动是讲好中国故事的重要延伸

讲好中国故事还应注重课外实践的延伸，充分挖掘中国故事的现实效能。高校思政课讲好中国故事可以依托当地资源，走出校园，鼓励大学生撰写故事调研报告、用镜头语言记录身边的红色故事。在高校思政课中，依托当地的社会资源，可谓是实践教学的重要法宝。如笔者所在地东莞，具有丰厚的红色资源。在此开展实践教学一方面可以充分利用学校周边的老根据地、革命历史、爱国主义教育资源，与东江纵队纪念馆、鸦片战争博物馆共建爱国主义教育基地，此外还有清代粤中四大名园之一可园、抗日名将蒋光鼐故居等供大学生参与实践的地方，从中可以挖掘出大量的人物与故事；另一方面，东莞作为改革开放以来经济快速发展的沿海地带，也有许多特色典型和特色故事，如从东莞展览馆、东莞科技馆、博物馆中我们可以寻找到故事原型的记录。充分依托当地资源，挖掘出身边的红色故事，是讲好中国故事的重要手段之一。在高校思政课的课程安排中，大学生每学期去实践教育基地挖掘出一个故事纳入教学计划，不由学校组织，完全由大学生自由自发性地选择地点和人物，教师负责引导大学生带着问题、带着思考去感受故事。活动结束后，大学生上交一篇完全由自己调研撰写的图文并茂的故事梗概，汇总编印到大学生实践活动手册中，作为考核评价内容。通过挖掘身边的红色故事，引起他们思索与共鸣，强化理想与信念，激发奋斗热情。

## （七）线上展示优秀成果发挥正向激励与榜样示范效应

利用新媒体传播方式展现优秀成果，可以使得大学生打破时间和空间界限，认知不同题材的中国故事，也可以使得人人都成为中国故事的发布者，主动传播身边吸引人的中国故事，实现故事所体现出的知识接受从单向到双向。教师很难根据大学生的特点琢磨他们的喜好，但是同辈之间选择作品在一定程度上都代表着同辈之间的喜好与兴趣，因而，充分利用起线上的学习平台，如学习通、雨课堂等平台，进行优秀成果的展示，实现师生之间、生生之间的交流，在扩大传播覆盖人群的同时也使得其他同学从更多的视角了解中国故事。此外教学评价环节，此时教师也可借助移动 App，组织全体大学生对展示的优秀成果（如微电影、故事调研报告等），进行评分，形成公开公正的民主学习氛围，同时也发挥评价与展示的正向激励作用和榜样示范效应，形成良性循环，营造讲好中国故事的良好氛围。

## 结语

融媒体教学中高校思政课讲好中国故事，可以实现思想政治教育教学平台、交流载体、故事讲述方式和故事教学资源的创新。只有重视融媒体教学在讲好中国故事当中的运用，把握高校思政课中国故事话语的定位，应用中国故事话语的范式，遵循讲好中国故事的基本原则，才能够彰显马克思主义理论和中国特色社会主义理论的科学性和强大的说服力，进而增进大学生的理解，组织大学生投身新时代的伟大实践。

# 第三节　融媒体时代高校思政课的问题型体验法

问题型体验法是一种以大学生为主体，以核心问题为导向，使大学生在积极主动探究中学习并掌握知识，培养分析和解决问题的能力，同时产生感悟的体验式教学法。问题型体验法是在一定的时间、空间和环境中发生，并统一于大学生的实践活动，涵盖了教育内核、实践环节和具体活动。与体验式学习不同，体验式教学法增加了教师的特殊中介，因此在问题型体验法的实践环节中应彰显教师的作用。

## 一、问题型体验法在高校思政课中应用的可行性

### （一）问题型体验法的优点

#### 1. 利于实现教材体系向教学体系转化

以教材内容为依据，结合大学生成长中的思想问题，提炼教学主题，是问题型体验法的内在要求，同时也是教材体系向教学体系转化的实质。

问题型体验法在高校思政课中应用的关键是提出问题。提出的问题既是大部分大学生成长成才中遇到的普遍性、关键性、迷惑性问题，也是高校思政课教学的重点、难点问题。问题的提出要求教师既要深耕教材，又要研究大学生，还要面向社会。结合社会发展和大学生成长成才的实际，提出问题，在教师的主导下，以解决问题驱动大学生学习教材的相关知识，继而自觉运用知识解决自身的问题。其中，以解决问题为核心重新整合教材内容，建构知识体系，引导大学生学习，就是教材体系向教学体系转化的过程。

#### 2. 利于化解理论深刻性与教学生动性的矛盾

"一生动就无聊，一深刻就无趣"是大学生对于高校思政课的理论深刻性与教学生动性矛盾的经典表述，理论深刻性与教学生动性的融合是高校思政课提升实效性的关键问题。"理论只要说服人〔adhominem〕，就能掌握群众；而理论只要彻底，就能说服人〔adhominem〕。所谓彻底，就是抓住事物的根本。"对理论进行深刻的阐释、剖析，以理服人是高校思政课的灵魂，也就是高校思政课的"滋味"。

要让大学生愿意品尝高校思政课的滋味关键在于教学的生动性。如何让理论的阐释变得既深刻又生动，使得大学生愿意听、主动做，是值得深思的问题。问题型体验法就是把理论与大学生的思想实际相结合，从解决大学生的思想问题出发对理论进行阐释、剖析和运用，既能让大学生在解决问题中学习理论知识，义能让大学生在解决问题中体验理论的真理性；既能满足教材的要求，又能满足大学生的期待，化解高校思政课的理论深刻性与教学生动性的矛盾。

### 3. 利于发挥教师的主导作用和大学生的主体作用

与照本宣科的知识传授相比较，问题型体验法以解决问题为核心，将教学资源和教学组织聚焦于解决大学生的思想问题，以解决问题的逻辑重构知识体系。在这一过程中，教师充分发挥主导作用，通过提出问题调动大学生参与学习的积极性，能培养大学生分析和解决问题的能力，实现知识建构和能力培养；而大学生作为主体，在分析问题和解决问题环节充分发挥主观能动性，学习并掌握解决问题需要的知识，并运用知识解决问题。

## （二）问题型体验法与高校思政课教学的契合点

高校思政课的有效性不仅体现在大学生认知的变化上，也不仅是对知识的认同上，更是体现在对知识的内化后，外化为行为的结果。

### 1. 问题型体验法能使高校思政课教学实现社会取向和个人取向的统一

以知识传授为核心的高校思政课教学，使高校思政课教学的价值取向趋于单一的社会取向，过多地强调社会对人的要求，表现出功利化、实用化的倾向，而较少关注人的感性生活，没有实现对人的精神观照。

高校思政课要为大学生的学习、工作和生活指明方向，不应只是从社会的角度对大学生起引导作用，只是社会教化的工具，只是传授社会已经形成的规范，而应该落实立德树人的根本任务。将问题型体验法应用到高校思政课教学中，能使高校思政课教学趋于社会取向和个人取向的统一。一方面，问题型体验法将社会需要和个体需要交汇在一起，使高校思政课教学成为融合社会需要和个体需要的活动；另一方面，问题型体验法关注个体意义，使高校思政课教学关注大学生的内心世界和现实状貌。

问题型体验法能使大学生全身心投入高校思政课学习，自觉地学习知识，践行行为要求。人本主义心理学认为，一个人只会学习他认为与保持或增强自我有关的事情。只有当人从内心体验到高校思政课知识的价值，才能实现课程的有效性。问题型体验法应用到高校思政课教学中把大学生自身生存和发展的需要与高校思政课教学的目的统一起来，使高校思政课教学克服了社会教化和关怀个体的矛盾。

### 2. 问题型体验法使高校思政课教学的核心兼顾提高理性和培养情感

以知识传授为核心的高校思政课教学是通过知识的灌输来提高人的理性和判断能力。但事实上，认知只是践行的基础，有认识并不意味着有相应的行为。

知识能否被内化为信念，取决于情感认同的程度，在由知到行的过程中，情感是重要的桥梁。只有当主体对客体产生了认同、敬畏、信任或拒绝、厌恶、羞愧等情感，才会自觉地付诸相应的行动。

问题型体验法以问题为纽带，带动大学生内心活动，使其在分析和解决问题的过程中产生情感并升华，以保证高校思政课教学兼顾理性的提高和情感的培养。高校思政课教学中问题的体验产生，使知识在情感的驱动下，真正进入个人的内心。高校思政课教学不再只是单纯理性的认知活动，还是情感产生的过程，大学生在一定认知的基础上，将社会的规范要求直接与自身的主观感受相联系，形成情绪、情感和情操，并以情感的方式付诸行动。

### 3. 问题型体验法能使高校思政课教学空间更为开放

以知识传授为核心的高校思政课教学，把课堂教学作为知识传授的主要途径，大学生被封闭在课堂里，在学科化的教学中，大学生忙于理论知识的识记。有效的教育应该是在人的现实生活中进行的，离开了人的现实的生活世界，高校思政课教学就成了无源之水。问题型体验法为高校思政课找到了一条向生活世界开放、向人的整个生命领域开放的路径。

首先，问题源自一定社会生活情境，没有生活经验的积累就没有问题。问题型体验法能够帮助大学生把现实生活中产生的思想问题与教材知识点相结合。把教材知识应用于解决现实生活的问题，把大学生置身于社会生活、关系世界之中，在现实生活中对大学生进行教育教学，是一种开放式的教育。

其次，问题型体验法应用于高校思政课教学，回到的不只是普遍意义上的社会生活、关系世界，而是大学生个体的意义世界。只有那些源于大学生现实生活，对其个人发展具有指导意义的知识，才能激起大学生的学习动机。问题型体验法不是从教师主观出发把"意义"生硬地"给予"大学生，而是从大学生真实的思想问题出发，对他们所疑惑和关心的问题、所面临的压力，给予深切的关怀，旨在为大学生的社会化指明发展的方向，并帮助大学生突破成长障碍，使其获得充分而自由的发展。

再次，问题型体验法应用于高校思政课是以人的生命活动为载体的，没有人的生命活动，就没有体验可言。生命活动是开放的、生成的，当个人的体验成为教育关注的中心，教育过程将在大学生生命活动的背景展开，与大学生的生命活动紧密结合，成为大学生生命的一部分，它是一种开放的、终身的自我教育活动。高校思政课教学中的问题体验使大学生能够超越对自身的狭隘的关注，表现出对整个世界、整个人类的关怀。

## 二、问题型体验法在高校思政课中应用的发生机制

### （一）体验与认知

随着"主知主义"的弊端逐渐凸显，在高校思政课的教学中，教师更倾向能力的培养与情感的涵育，但知识是教育的主要载体，认知的前提是知识的掌握，高校思政课教学离不开知识的传授和学习。正是在知识的传授和学习中，大学生的能力才得以提升，情感才得以形成，从而外化为行动。大学生对高校思政课知识的学习，涉及学习动机、倾向以及接受的问题，体验对于这些问题的引导和解决具有积极的作用。

在知识学习的内在动力方面，问题型体验法能够使大学生在短时间内将注意力集中于

核心问题，并对自我的观念、学习意义和必要性做出判断，激发大学生的学习动机。在这种情况下，问题体验可以成为知识学习的导火索。

在知识学习的倾向方面，大学生受主观因素和客观因素的共同影响，其中主观因素起决定性作用。体验过程中产生的感官感受，影响着大学生对知识认知的关注、排序、选择等。一般来说，大学生会优先注意那些与体验感官感受一致的知识，而暂时忽略其他知识信息。感官感受能够将大学生的注意力引向一致性信息，问题体验能够在某种程度上决定知识的选择和学习的结果。在这种情况下，问题体验可以成为知识学习的指南针；

在知识学习的内容接受方面，问题体验的感观会影响大学生对知识的接受。尤其是在高校思政课教学中，大学生对教授的知识并不是全部接受的，而是鉴别地吸收。已有知识和智力水平等认知性因素影响着大学生对知识的鉴别吸收。大学生的感官感受，对于知识或主动或被动地接受，对知识的建构和确信都有关联。在这种情况下，问题体验可以成为知识建构的指挥棒。

## （二）体验与能力

相对于单一的知识传授，教师当前更注重大学生能力的培养，把问题型体验法应用于高校思政课教学就是把分析和解决问题的能力贯穿于教学的全过程。

对于社会生活中的诸多现象，各种复杂的社会关系，高校思政课教学难以面面俱到、一一罗列、逐一解答，唯有让大学生置身于问题体验中，在分析和解决问题的过程中，逐步赋予其客观、全面分析问题、评价现象、形成方案和解决问题的能力，使其能够举一反三。在问题体验中，大学生既能解决实在的思想问题，又能掌握分析和解决问题的能力，还能让思维得到训练，掌握正确的思维方式。

## （三）体验与情感

知识的增加和能力的提升都不能保证大学生会付诸实践。行为的外化不仅需要认知，也需要激发动机，这就涉及情感的问题。在问题体验中，大学生体会社会共同的价值内容、观念和评判标准，感受共同价值观存在的意义，随后形成自己对这种社会共同价值观的态度，本质上就是对社会共同价值观的道德判断和领悟。相应地大学生建立起符合社会主流的价值体系，理解并掌握社会主流的价值内容、价值观念和价值评判标准。

对知识的认可、确信等情感，会促进大学生认知的深化，转变为大学生的评价标准和行为指南。大学生在掌握知识的基础上，进一步确信它的正确性，并通过意志行动来努力实现它，维护其正确性。大学生已有的认知、实践经验、社会背景等，都会对大学生的情感产生影响。其中，接触新知识的情境、对新知识的解读等对大学生情感的影响尤为突出，因此大学生情感的形成和改变离不开体验，在特定的问题中学习、理解和运用新知识是知识向情感转化的中介和桥梁。

# 三、问题型体验法在高校思政课中应用的实证研究

## （一）实验设计

### 1. 实验目的

对高校思政课的教法进行探讨，把问题型体验法应用到高校思政课教学中，探讨问题型体验法应用到高校思政课教学的有效性，以"基础课"为例。

### 2. 实验内容

《思想道德修养与法律基础》（2018 年版）2019~2020 学年 24 个专题的授课内容，共 64 课时。

### 3. 实验变量

（1）自变量：问题型体验法；

（2）因变量：课程认知与明理、能力与素质、情感与态度；

（3）无关变量：大学生专业相近、数量相近、原有知识水平相近，教学内容、教学环境、授课教师、课时安排完全一致。

### 4. 实验假设

问题型体验法应用于"基础课"教学有效。

（1）实验前，实验组和控制组不存在差异；

（2）实验后，控制组和实验组认知与明理存在明显差异，法的使用能更好地实现认知与明理的教学目标；

（3）实验后，控制组和实验组能力与素质存在明显差异，法的使用能提高大学生分析和解决问题的能力。

### 5. 实验对象问题型体验问题型体验

（1）实验组：2019 级电子信息 1 班和电子信息 2 班的大学生，共 64 人；

（2）控制组：2019 级物联网 1 班和物联网 2 班的大学生，共 70 人。

### 6. 实验考核方式

考核由两个部分组成：闭卷考核和开卷考核，合共 200 分。闭卷考核是客观题，考核认知与明理的情况，共 100 分；开卷考核是主观题，考核能力与素质、情感与态度，能力与素质部分主要考核分析与解决问题的能力，占 70 分，情感与态度主要考核情感态度价值观，占 30 分，共 100 分。

### 7. 数据分析方法

本次实验利用 SPSS 软件作为数据分析工具，对考核成绩进行整理后，采用独立样本分别对实验组和控制组的样本进行检验分析。

## （二）实验实施

### 1. 分组

为了避免无关变量对实验结果的影响，选择了电子信息学院的电子信息专业和物联网专业，两个专业的录取平均分数接近，4 个行政班组成两个合班，实验组和控制组的大学生专业背景相近，学业水平、学习能力等方面都相对均衡。分组后，控制组以知识传授为主的教学方法，实验组运用问题型体验法。

### 2. 课程教学（见表 4-1）

表 4-1　实验组与控制组课程教学介绍

| 章节 | 控制组的单元名称 | 实验组的核心问题 |
|---|---|---|
| 绪论 | 专题一做时代新人 | 为什么学习"基础课"？ |
| 第一章 | 专题二青春之问：正确的人生观<br>专题三创造有意义的人生 | 怎样的人生更有价值？ |
| 第二章 | 专题四树立崇高的理想信念<br>专题五在实现中国梦的实践中放飞青春梦想 | 个人理想与社会理想统一有什么关系？ |
| 第三章 | 专题六中国精神是兴国强国之魂<br>专题七爱国主义及其时代要求<br>专题八让改革成为青春远航的动力 | 在经济全球化背景下，谈"爱国主义"是否过时了？ |
| 第四章 | 专题九坚定价值观自信<br>专题十做社会主义核心价值观的积极践行者 | 社会主义核心价值观有什么用？ |
| 第五章 | 专题十一道德及其变化发展<br>专题十二传承中华传统美德<br>专题十三发扬中国革命道德（含借鉴人类文明优秀道德成果）<br>专题十四社会公德（含社会主义道德的核心和原则）<br>专题十五职业道德<br>专题十六家庭美德<br>专题十七个人品德<br>专题十八向上向善知行合一 | 在社会主义市场经济的背景下谈集体主义是否过时？ |
| 第六章 | 专题十九社会主义法律的特征和运行<br>专题二十以宪法为核心的中国特色社会主义法律体系<br>专题二十一建设中国特色社会主义法治体系<br>专题二十二坚持走中国特色社会主义法治道路<br>专题二十三培养法治思维<br>专题二十四依法行使权利与履行义务 | 到底是坚持法律至上，还是坚持党的领导？ |

### 3. 测试

课程教学结束后，对实验组和控制组进行常规的课程考核。通过课程考核成绩的比较，分析实验组和控制组的差异。

## （三）实验结果与分析

根据课程考核关于认知与明理、分析和解决问题的能力以及情感态度价值观三个部分，第一步对比控制组和实验组的整体成绩，第二步对比实验组和控制组成绩前20%、中间20%和后20%大学生的成绩，分析问题型体验法在"基础课"中的应用对于不同学业水平大学生的作用。

### 1. 认知与明理

表 4-2　组统计量

| 组别 | 样本 | 均值 | | | |
|------|------|------|------|------|------|
| | | 整体 | 前20% | 中间20% | 后20% |
| 实验组 | 64 | 71.44 | 84.08 | 72.69 | 59.46 |
| 控制组 | 70 | 67.50 | 83.07 | 67.64 | 49.43 |

表 4-3　独立样本检验

| | | 方差方程的 Levene 检验 | | 均值方程的 T 检验 | | |
|------|------|------|------|------|------|------|
| | | F | Sig. | t | df | Sig（双侧） |
| 整体 | 假设方差相等 | 5.180 | 0.024 | 2.183 | 132 | 0.031 |
| | 假设方差不相等 | | | 2.214 | 125.686 | 0.029 |
| 前20% | 假设方差相等 | 1.497 | 0.233 | 1.377 | 25 | 0.181 |
| | 假设方差不相等 | | | 1.384 | 24.902 | 0.179 |
| 中间20% | 假设方差相等 | 0.039 | 0.845 | 8.761 | 25 | 0.000 |
| | 假设方差不相等 | | | 8.762 | 24.866 | 0.000 |
| 后20% | 假设方差相等 | 10.014 | 0.004 | 5.832 | 25 | 0.000 |
| | 假设方差不相等 | | | 5.969 | 19.398 | 0.000 |

2. 从整体上来看，控制组和实验组的课程理论知识掌握程度，实验组（71.44）的均值明显高于控制组（67.50），等方差假设下，$F=5.180$，显著性概率 $p=0.031$，小于 0.05，可以认为控制组和实验组被试对于课程理论知识的掌握上有显著性差异，问题型体验法在"基础课"中应用，有利于提高大学生的课程理论知识的掌握水平。

3. 对于成绩较为优异的前20%的大学生来说，实验组（84.08）与控制组（83.07）的均值几乎没有差异，等方差假设下，$F=1.497$，显著性概率 $p=0.181$，大于 0.05，可以认为控制组和实验组被试对于课程理论知识的掌握上没有显著性差异，问题型体验法在"基础课"中应用，对于成绩优异大学生的课程理论和知识的掌握作用并不显著。

4. 对于成绩中间的 20% 被试来说，实验组（72.69）与控制组（67.64）的均值几乎没有差异，等方差假设下，$F=0.039$，显著性概率 $p=0.000$，小于 0.05，可以认为控制组和实验组被试对于课程理论知识的掌握上有显著性差异，问题型体验法在"基础课"中应用，有利于提高成绩中间大学生的课程理论知识的掌握水平。

5. 对于成绩靠后的 20% 被试来说，实验组（59.46）的均值远高于控制组（49.43），等方差假设下，$F=10.014$，显著性概率 $p=0$，小于 0.05，可以认为控制组和实验组大学生对于课程理论知识的掌握上有显著性差异，微信公众号在"基础课"教学中的使用，对于成绩靠后的大学生掌握课程理论知识的积极作用非常显著。

6. 分析和解决问题的能力

表 4-4　组统计量

| 组别 | 样本 | 均值 | | | |
|---|---|---|---|---|---|
| | | 整体 | 前 20% | 中间 20% | 后 20% |
| 实验组 | 64 | 45.94 | 64.38 | 47.38 | 24.38 |
| 控制组 | 70 | 41.07 | 58.00 | 41.00 | 24.50 |

表 4-5　独立样本检验

| | | 方差方程的 Levene 检验 | | 均值方程的 T 检验 | | |
|---|---|---|---|---|---|---|
| | | F | Sig. | t | df | Sig（双侧） |
| 整体 | 假设方差相等 | 1.301 | 0.256 | 2.110 | 132 | 0.037 |
| | 假设方差不相等 | | | 2.094 | 124.278 | 0.038 |
| 前 20% | 假设方差栅等 | 1.715 | 0.202 | 6.834 | 25 | 0.000 |
| | 假设方差不相等 | | | 6.769 | 22.627 | 0.000 |
| 中间 20% | 假设方差相等 | 0.965 | 0.335 | 9.320 | 25 | 0.000 |
| | 假设方差不相等 | | | 9.440 | 23.447 | 0.000 |
| 后 20% | 假设方差相等 | 0.674 | 0.420 | −0.094 | 25 | 0.926 |
| | 假设方差不相等 | | | −0.094 | 23.718 | 0.926 |

从整体上来看，控制组和实验组的课程理论知识掌握程度，实验组（45.94）的均值高于控制组（41.07），等方差假设下，$F=1.301$，显著性概率 $p=0.037$，小于 0.05，可以认为控制组和实验组被试分析和解决问题的能力有显著性差异，问题型体验法在"基础课"中应用，有利于提高大学生分析和解决问题的能力。

对于成绩较为优异的前 200-/0 的大学生来说，实验组（64.38）的均值稍高于控制组（58.00），等方差假设下，$F=1.715$，显著性概率 $p=0$，小于 0.05，可以认为控制组和实验组被试分析和解决问题的能力有显著性差异，问题型体验法在"基础课"中应用，有利于提高成绩优异大学生分析和解决问题的能力。

对于成绩中间的 20% 被试来说，实验组（47.38）的均值明显高于控制组（41.00），等方差假设下，$F = 0.965$，显著性概率 $p = 0.000$，小于 0.05，可以认为控制组和实验组被试分析和解决问题的能力有显著性差异，问题型体验法在"基础课"中应用，有利于提高成绩中间大学生分析和解决问题的能力。

对于成绩靠后的 20% 被试来说，实验组（24.38）与控制组（24.50）的均值几乎没有差异，等方差假设下，$F = 0.674$，显著性概率 $p = 0.926$，大于 0.05，可以认为控制组和实验组被试对于提升分析和解决问题的能力没有显著性差异，问题型体验法在"基础课"中应用，对于成绩靠后大学生的分析和解决问题的能力作用并不显著。

### 3. 情感态度价值观

表 4-6　组统计量

| 组别 | 样本 | 均值 | | | |
|---|---|---|---|---|---|
| | | 整体 | 前 20% | 中间 20% | 后 200/e |
| 实验组 | 64 | 23.88 | 28.92 | 23.23 | 18.69 |
| 控制组 | 70 | 23.79 | 28.93 | 23.50 | 18.50 |

表 4-7　独立样本检验

| | | 方差方程的 Levene 检验 | | 均值方程的 T 检验 | | |
|---|---|---|---|---|---|---|
| | | F | Sig. | t | df | Sig（双侧） |
| 整体 | 假设方差相等 | 0.083 | 0.774 | 0.139 | 132 | 0.890 |
| | 假设方差不相等 | | | 0.139 | 131.340 | 0.890 |
| 前 20% | 假设方差相等 | 0.278 | 0.603 | −0.018 | 25 | 0.986 |
| | 假设方差不相等 | | | −0.018 | 24.997 | 0.986 |
| 中间 20% | 假设方差相等 | 0.734 | 0.400 | −0.748 | 25 | 0.461 |
| | 假设方差不相等 | | | −0.754 | 24.620 | 0.458 |
| 后 20% | 假设方差相等 | 0.546 | 0.467 | 0.619 | 25 | 0.542 |
| | 假设方差不相等 | | | 0.616 | 24.092 | 0.544 |

在情感态度价值观方面，整体、前 20%、中间 20%、后 20%，假设方差相等，显著性概率 $p$ 均大于 0.05，不具显著性差异，即问题型体验法在"基础课"中应用并没有显著提高情感态度价值观培养的效率。

本文探讨了问题型体验法在"基础课"中应用的有效性，从可行性、作用机制和实证研究 i 个方面进行论述，其中"基础课"实证研究的测量指标需要进一步细化。

# 第四节　融媒体时代高校思政课的项目课程法

党的十八大以来，党中央把办好思政课提高到"培养担当民族复兴大任的时代新人"的历史高度，对思政课建设提出了明确的时代要求。坚持理论性和实践性相统一，用科学理论培养人，重视思政课的实践性，把思政小课堂同社会大课堂有效结合起来，是我国新时代高校思政课改革创新有待突破的重要任务。目前，高校思政课改革已取得了很大进展，但是实践教学仍是其薄弱环节，远未达到应有效果。通过项目课程法，可以较好地推进高校思政课实践教学的改革，在一定程度上解决理论与实践相结合的效度问题，为高校"办好思政课、讲好思政课、学好思政课"提供了一个可供借鉴的经验样本。

## 一、项目课程理论的概念界定

项目课程理论是对传统课程概念的创新，所有的课堂教学内容都根据教学任务进行设定，将完成项目的步骤，作为教学活动的组织步骤和内容。目前在高校中，项目课程理论有着很广泛的应用。课程改革要求高校思政课社会实践课应该创新教学方式，根据不同的教学内容，以项目的形式进行教学。

从课程论的视角来审视高校思政课内涵建设的研究，具代表性的专著是骆郁廷教授2006年出版的《高校思想政治理论课程论》。该书以"理论体系转化为课程体系""课程体系转化为教学体系""教学体系转化为大学生思想道德素质及综合素质体系"的客观规律探索为主线，深入探索了高校思政课程的时代价值、基础理论、课程体系、历史发展、教学过程、教学原则、教学方法、教学评价、国际视野等，系统描述了高校思政课建设规律。具代表性的论文有华东师范大学许瑞芳副教授在《思想理论教育》2017年第11期发表的《论思想政治理论课内涵建设的教育学视角》，其观点为"当前思想政治理论课仍存在吸引力、说服力和感染力不足，大学生的获得感不强等问题。实现思想政治理论课的内涵建设，要从课程、教材与教学等视角探究教书育人的逻辑。"河海大学张静副教授在《思想政治教育研究》2018年第6期发表的《高校思想政治理论课的课程论审思与教学策略选择》一文中则更为具体地指出，"思想政治理论课教师必须从课程性质、课程形态、课程目标、课程内容、课程文化等方面对课程本身进行反思，重建以实践为中心、以发展为主题的课程观。新的课程观要求教师既要重新认识课程，还要在课程的具体教学过程中实施观念中心策略、方法前置策略、观察省思策略以及校本化的多课整合策略，从而实现课程教学从理论知识的陈述、阐释向'行动的理论'和实践智慧的策略性转变。"这些研究既夯实了高校思政课的课程理论，又推动了高校思政课的课程论创新发展。但十分遗憾的是，这都仅是从"学科课程"的课程论角度来审视高校思政课的创新发展。

与学科课程相对的，则是项目课程。项目课程是现代课程改革的理念之一，也是现代课程设计的模式之一。它是一种基于主体有目的行动的课程模式，最早可追溯到 17 和 18 世纪的"建造活动"。对项目课程进行系统理论研究与实验的是克伯屈，他认为，

"我所追寻的统一性的思想在'有明确目标，设计整个身心的活动'这个概念里找到了"，用有目的的行动作为项目课程的关键特征。从 20 世纪 60 年代以来，项目课程作为一门"新型"课程被广泛应用到普通教育领域，是以项目为参照点，以项目为单位组织内容并以项目活动为主要学习方式的课程模式。它通过采取课程与教学一体化设计的思路，以大学生的"做"为核心，实现项目和理论知识的融合以及过程与结果的统一，有利于有效克服学科课程"在纯粹描述和解释学科知识上易倾向于课程的学科化、抽象化"所遗留的"不够鲜活、欠缺亲和力和针对性，缺乏实践价值"等教学效果不佳的问题。

习近平总书记对学校思政课提出坚持"八个相统一"的具体要求，为思政课的改革创新指明了方向。综观近期全国各高校落实"八个相统一"具体要求的新闻报道的优秀案例来观察，基本上都是从高校思政教学设计的层面上予以推动落实的，但依然无法突破学科课程的设计框架和局限，即这种主要基于符号的讲授，与社会实践关联度低，知行难以合一。

在解构学科课程范式下高校思政课教学过程中，高校思政课的生活化、社会化即实践性问题也逐渐被凸显出来。"重理论、轻实践，理论和实践相脱节"问题一直是高校思政课教学的痛点和难点。2018 年 4 月，教育部印发的《新时代高校思想政治理论课教学工作基本要求》则明确提出要求："从本专科思想政治理论课现有学分中划出 1 个学分，开展本专科思想政治理论课实践教学。"习近平总书记在学校思政课教师座谈会上强调："要坚持理论性和实践性相统一，用科学理论培养人，重视思政课的实践性，把思政小课堂同社会大课堂结合起来，教育引导大学生立鸿鹄志，做奋斗者。"在中共中央办公厅、国务院办公厅印发的《关于深化新时代学校思想政治理论课改革创新的若干意见》文件中，更是强调突出了高校思政课实践教学的重要性。可见，高校思政课亦应从实践教学课程开发层面去深入思考高校思政课"做"的方法和做本身。

对于高校思政课实践教学的研究，则有较多的著述。比如：戴钢书等的《高校思想政治理论课实践教学论》、刘明合的《思想政治理论课项目化实践教学教程》等。而以"高校思政课实践教学"为主题在知网检索就获得了 3187 篇论文。从这些著述中可知，众多学者和实施者都在着力推进高校思政课实践教学的改革创新。一方面的研究是从高校思政课实践教学要求的应然状态去解析、阐述和归纳，不少是从理念层面予以探讨的；另一方面也有从实际操作的层面去表述实践教学的内容、路径、模式、方法、资源和机制，等等。但在项目课程的范式下如何把思政小课堂同社会大课堂有效结合起来，如何把高校思政课教学内容同新时代中国这本大书融为一体，如何实现高校思政课与实践教学的有机结合，则是一个新的尝试。

## 二、基于项目课程理论的高校思政课实践教学改革

本项目从教学机制、教学主体、教学内容和教学路径四个维度上建构思政小课堂同社

会大课堂有效结合的一体化高校思政课实践教学模式，逐步形成具备"三全育人"特性的高校思政课实践教学体系，为培养"思想品德好、职业素养高、实践能力强"的高素质技术技能人才发挥了铸魂育人的作用。

### （一）机制维度上建立"三全一多"高校思政课实践教学机制

第一，从教学机制的原点上推动了高校思政课实践教学的课程化。本项目紧密围绕高校思政课教学的重难点内容，精心设计多个思政课的课内品牌实践项目和课外实践项目，将之整合、链接、统筹起来，独立设置了 1 个学分、16 个学时的"思想政治理论课社会实践课"，并于 2011 年起列入学校各专业人才培养方案。自此，"思想政治理论课社会实践课"成为大学生一门必修课，对培养时代新人起到重要作用，彰显着独特的育人功能。

这项教改率先实现了高校思政课实践教学的课程化，与教育部 2018 年要求"从专科思想政治理论课现有学分中划出 1 个学分，开展专科思想政治理论课实践教学"的精神完全一致，值得一提的是，比这一要求提前实践了八年。

第二，从教学机制的运行上建立和完善了合理化的管理制度。该项目依照项目引领、任务驱动、网络辅助和阶段实施的教学运行步骤逐步实施。在具体的运行过程中，推行"思想政治理论课社会实践课"导师制，确保实践教学工作真正落到实处，使每一个阶段的教学工作落实到具体责任人，制定"3+X"量化评价考核标准，以确保大学生参加高校思政课实践教学的热度、厚度、宽度和满意度。同时，具体制定实施的工作文件和相关操作规程，采取"教师主导五步法"和实施"学生主体四要求"，明确教师和学生在课程实施过程的身份定位和各自职责，确保"教师主导"和"学生主体"相结合，有效保障实践教学的顺利运行。

第三，通过"设置一个独立学分、成立一个实践教研室、编写一本实践教材、制定一种新的实践教学评价考核标准"，确保"思想政治理论课社会实践课"从一年级到三年级全员化、全过程、全方位和多形式进行教学实施，从而建立"i 全一多"高校思政课实践教学长效机制。

### （二）主体维度上推进高校思政课实践教学的协同育人

第一，从学校"大思政"育人的角度看，高校思政课理论教学和实践教学有效结合的内部协同主体是学校内部各部门、二级学院和大学生社团。为此，高校思政课实践教学项目中的多个课内品牌实践项目均由二级学院团学机构和大学生社团予以协办，同时，分别组建了与高校思政课密切相关的青年马克思主义者学习践行社、大学生法律爱好者协会和大学生红色网络志愿者协会三个大学生社团，促进学校内部多方主体共同参与推动思政小课堂同社会大课堂有效结合，以形成学校内部系统的教学主体、育人主体和实施主体的多方协同。

第二，从高校思政课的实践育人需求看，高校思政课理论教学和实践教学有效结合的校外协同主体主要是高校思政课实践教学基地。为此，本项目在依托深化中共三大旧址纪念馆、黄埔军校旧址纪念馆、中国海警南海分局渔政总队等八大实践教学基地的基础上，开展现场教学，推动学校与基地双主体的协同育人。

第三，从高等职业教育的人才培养目标看，高校思政课理论教学和实践教学有效结合的重要协同主体是"政行企"。为此，本项目的"3+X"高校思政课实践教学项目中独立开发了与"政行企"紧密合作的 j 个项目内容，分别为三个必选项目中的"顶岗实习中职业素养的提升与实践"，以及"职业见习体验与调研实践""岗前职业素养培训"两个限选项目，有效推动了"政校行企"多主体的协同育人。

此外，建立和完善了"多维主体、联动协同、三进三出"实践教学协同机制，开辟出"政校行企"协同育人的高校思政课实践教学新路子。重点在于"三进三出"，即"将名人、名师、模范请进校园"和"让教师走出课堂、大学生走出校园、教学走出框框"，有效推动了高校思政课实践教学多主体协同育人的良性循环。

### （三）内容维度上建构"3+X"高校思政课实践教学内容体系

第一，依据大学生成长成才发展的需求，厘清了高校思政课理论教学与实践教学的有机结合点，梳理了高校思政课理论和实践有效结合的链接点，强化价值引领，构建了以"重走中国革命、建设和改革之路"校园越野闯关实践项目为代表的爱国主义教育模块，以"大学生时政论坛"实践项目为代表的思想政治素养培育模块，以"'人生的纽扣'体验成长擂台"实践项目为代表的道德素养模块，以"法律知识竞赛"实践项目为代表的法治素养培育模块和以"顶岗实习中职业素养的提升与实践"实践项目为代表的职业素养培育模块等五大部分的"思政课社会实践"的课程模块包。

第二，以这五大课程模块为归属再进一步将高校思政课的实践教学内容项目化、具体化，共有效设计了与高校思政课理论教学内容紧密相联的 23 个子实践项目内容，有效提升实践教学课程化项目设置的精准度，以使"思政课社会实践课"的实践教学与理论教学相辅相成、协同实施，从而使一门"思政课社会实践课"成为"思想道德修养与法律基础"课、"毛泽东思想和中国特色社会主义理论体系概论"课和"形势与政策"课实践教学的重要支撑平台和大本营。

第三，依照全员化全过程全方位育人的基本原则，按照一年级全年开设"思想道德修养与法律基础"课+"形势与政策"课，二年级全年开设"马克思主义基本原理概论"课+"毛泽东思想和中国特色社会主义理论体系概论"课+"形势与政策"课，三年级开设"形势与政策"课的高校思政课教学运行模式，同步将"思政课社会实践课"五大课程模块包的 23 个实践子项目相应分类为三大项必修内容、若干项限选内容以及任选内容，即"3+X"高校思政课实践教学内容体系。

此外，这"3+X"高校思政课实践教学内容体系具备了变与不变的特性，不变在于与高校思政课理论教学问题链的对接以及实践教学模块、子项目整体架构相对稳定；变在于子项目主题和设置与社会动态同步，及时回应大学生关切的"时代之问"。

### （四）路径维度上搭建立体化的高校思政课实践教学场域

本项目大学生通过参加"思政课社会实践课"23个子项目的实践，综合采取调研、演讲、情景模拟、实地体验、现场实践等多种方式，使大学生从理论小课堂走进社会大课堂的场域。

针对大学生碎片化学习，不留空思政课网络空间，主动唱响网络主旋律，探索了思政课实践教学的网络场域，通过依托师生社会实践活动，设计与录制一批系统的、优质的高校思政课实践教学的微课视频，同时充分运用新媒体技术，建设"'德e行'践行社会主义核心价值观社区"微信公众平台和"思想政治理论课在线"课程网站，把具互联网特征的高校思政课实践教学项目转化为网络微课，把适合移动学习的高校思政课实践教学项目转化为虚拟的网络学习和体验项目，进而开发"微课+微社区"的"双微"网络新课堂，有效拓展了网络新实践的场域，形成网上网下、线上线下、校内校外、课内课外相结合的立体化高校思政课实践教学场域。

## 结语

我校通过"基础课"实践教学模式的改革探索，使大学生从理论小课堂走向社会大课堂，不仅较好地解决了大学生止于书本上"理论到理论"的认知困惑，也极大锻炼了大学生社会实践能力，实现了大学生对思政课的"真学、真懂、真信、真用"。至今，思政课实践教学活动已组织了七万多名大学生参加各类的公益实践和社会调研。我校将项目课程的改革理念引入思政课领域，突破"学科课程"研究视角的常规思维定势，从以往"理念探讨多，模式分析多"的状态转变为强调"课程开发技术"课程改革层面的可操作性应用研究，探索高校思政课实践教学项目课程的课程观及构建一门新型的高校思政课实践教学项目课程的理论框架，推动高校思政课的新课程观发展。

# 第五节　融媒体时代高校思政课的问题导向法

习近平总书记在学校思政课教师座谈会上指出："思想政治理论课是落实立德树人根本任务的关键课程。"这一重要论述深刻阐明了思政课的重要地位和办好思政课的重大意义，为中国特色社会主义新时代推进思政课建设指明了前进方向、提供了重要遵循。高校思政课是帮助大学生树立马克思主义的世界观、人生观、价值观、道德观和法治观的一个极其重要的主渠道，是落实立德树人根本任务的关键课程。积极推进高校思政课的课程改革，对于办好高校思政课具有重要意义。

# 一、基于问题导向的融媒体时代高校思想政治理论课教学模式改革必要性

为深入贯彻落实习近平新时代中国特色社会主义思想和党的十九大精神，特别是在学校思政课教师座谈会上的重要讲话精神，中共中央办公厅、国务院办公厅印发《关于深化新时代学校思想政治理论课改革创新的若干意见》、教育部印发《新时代高校思想政治理论课教学工作基本要求》、教育部党组印发《"新时代高校思想政治理论课创优行动"工作方案》等文件，对高质量办好新时代高校思政课做出顶层设计和战略规划，各高校推动思政课教学改革，积极做到"八个相统一"具有重要意义。近年来，各高校充分运用现代信息技术等手段积极开展思政课教学改革试点和探索，取得了一系列研究成果和积极成效。但是不可否认思政课理论与现实脱节等老问题依然存在，思政课面对多样化社会思潮和网络新媒体等发展带来的新问题不时浮现，如何不断增强课程的思想性、理论性，提高课程的亲和力、针对性，成为高校思政课教师常论常新的重要课题。

## （一）对象之维

高校思政课目前面向的授课对象主要是成长在社会主义市场经济快速发展、全面深化改革持续深入的新时代"00后"大学生。他们是在传统与现实的交织中走向革新的一代，是伴随着互联网和市场经济的发展成长起来的一代，他们自我意识很强，普遍具有挑战权威的逆反心理，他们的价值观念、生活态度、思想理念上表现出新变化：他们有较高的政治参与热情，但也存在一定的认知误区；他们具有积极进取、务实灵活的人生观，但也有一定的"佛系"情绪和功利主义倾向；他们的学习主体意识鲜明，但学习态度有待端正；他们具有较强的自我意识，但集体主义相对淡薄；他们乐于接受新鲜事物，但对历史和传统的理解和认识存在误区。北京大学徐凯文《买椟还珠的时代与"空心病"》一文的调查显示，相当比例的大学生"感到内心空洞，找不到生命的意义和活着的动力，甚至找不到自己，如漂泊在茫茫大海上的孤岛"。高校思政课的有效性开设对于减轻大学生初入校园的困惑与迷茫，帮助其以积极的态度面对新生活，成长为中国特色社会主义事业的合格建设者和可靠接班人，成长为走在时代前列的奋进者、开拓者、奉献者尤为重要，基于问题导向的融媒体时代高校思想政治理论课教学模式改革针对"00后"大学生的新特点进行教学改革和方法创新，对提高教学效果显得尤为必要。

## （二）内容之维

"强调思政课的价值性，不是要忽视知识性，而是要通过满足学生对知识的渴求加强价值观教育。只有空洞的价值观说教，没有科学的知识作支撑，价值观教育的效果也会大打折扣。"高校思政课不是以单纯的知识传授和掌握为主要目的，而是以人格塑造为己任，针对大学生成长过程中面临的思想道德问题和法律问题，开展马克思主义的世界观、人生观、价

值观、道德观和法治观教育，引导坚定个人理想信念，提高思想素质和法治素养，成长为自觉担当民族复兴大任的时代新人。因此"要用科学理论培养人，遵循不同学段学生的认知规律，把马克思主义基本原理讲清楚、讲透彻"高校思政课理论只有彻底，才能说服人，才能成为强大的精神动力。如何丰富教学内容，以知识为载体，寓价值观引导于知识传授之中，提高大学生兴趣，增强教学的实效性，已成为高校思政课教学改革的重要任务。

### （三）方法之维

"互联网+"时代中国社会正在经历一场最为广泛而深刻的社会变革。

网络新媒体极大地改变了人们的生活方式、交往方式，也促进了高校思政课教学的变革与创新。"翻转课堂""融媒体教学"等越来越多的教学方式走进思政教学课堂。但是创新的教学方式并不等于有效的教学效果，提升高校思政课教学效果必须提升课程吸引力。吸引力是高校思政课软实力的内核，也是高校思政课话语权提升的重要标准。只有具有了吸引力，产生了同化力，高校思政课才能真正掌握话语权，真正入耳、人脑、人心。

"只有打好组合拳，才能讲好思政课，但无论组合拳怎么打，最终要落到把思政课讲得更有亲和力和感染力、更有针对性和实效性上来，实现知、情、意、行的统一，叫人口服心服。"建立教师与大学生双向互动的教学过程，提高大学生参与课堂的积极性和主动性，实现教学客体主体化、教学主体客体化的融通转变，才能提高高校思政课的吸引力。

## 一、基于问题导向的融媒体时代高校思想政治理论课教学模式改革可行性

思政课是一门融思想性、政治性、科学性、理论性、实践性于一体的课程。大学生只有通过积极的理论学习和实践体验，才能牢固树立坚定的理想信念和正确的价值观念，不断提高思想道德素质和法律素养。那么如何才能让大学生热爱思政课、参与思政课？基于问题导向的融媒体时代高校思想政治理论课教学模式改革既是对这一现实问题的积极回应，也是对大学生更好成长成才迫切需求的有效应对，更是一种教学理念的创新。

### （一）问题的选择确保融媒体教学抓住课程重点

"认清中国社会的性质，就是说，认清中国的国情，乃是认清一切革命问题的基本的根据。"问题是时代的心声，也是所有教学的起点。所有主动的认知都是从疑问开始的，教学不能以教材的观点和结论为起点，而应以最终可以导向教材观点和结论的问题为起点。基于问题导向的融媒体时代高校思想政治理论课教学模式改革以现实的真问题为导向，从解决问题着手，设计了"三点""三问""三思"的纵横交错教学体系。"三点"，一是"教材的重难点"，避免问题的设计偏离教材理论；二是"大学生的思想困惑点"，实事求是解决大学生的思想困惑；三是"教学的切入点"，打造教材理论和大学生之间的无缝链接。"三问""三思"即通过融媒体教学平台的运用，使大学生通过课前慕课学习、

提问，启发思考；课中互动学习，带着疑问引导思考；课后实践学习、追问，深入思索。"i点""三问""三思"的混合型网络教学体系以问题导引教学，把教材的重难点和大学生的困惑点相结合，找到教学切入点，回应大学生在学习生活中的现实困惑，帮助大学生解决真问题，以思应问，以问促思，所有问题的提出和解决最终都是为导向教学目标的实现服务。

### （二）问题的设计助力融媒体教学实现课程目标

高校思政课承担着启迪"拔节孕穗期"的大学生思想，触动大学生心灵的重要作用。参与才能触心，没有大学生真正出于热爱的实质性课堂参与，高校思政课就难以启迪思想、触及灵魂，也就必然流于无用、无效和无意义的形式主义。"理论一经掌握群众，也会变成物质力量。理论只要说服人［ad hominem］，就能掌握群众；而理论只要彻底，就能说服人［adhominem］。所谓彻底，就是抓住事物的根本。"基于问题导向的融媒体时代高校思想政治理论课教学模式改革在吃透教学内容的基础上，改革教学体系，将教材内容提炼为十大主题，分别为：时代新人、大学之门、理想之钙、信仰之光、家国情怀、价值追求、文化血脉、崇德向善、德法相济、奉法循理。

围绕这十大教学主题进行问题设置，然后细化、分解问题，从而形成一个内容相关、层次分明、逻辑递进的"问题图谱"，并利用先进的技术助力将教学引向深处，实现教材体系向教学体系的完美转化，有效激发大学生理论学习的好奇心和求知欲，培养大学生理论学习兴趣和思维能力。

### （三）问题的处理彰显融媒体教学散发课程魅力

基于问题导向的融媒体时代高校思想政治理论课教学模式从大学生困惑的问题出发，根据大学生的个性差异和认知规律、特点，充分发挥信息技术的智能特点和技术优势，打破时间和空间的障碍，创新教学方式，推进信息技术与思政课教学的高度融合，将课堂延伸至课外。通过积极的线上线下融媒体教学促进大学生主动参与到课堂之中，在互动的学习中传道、授业、解惑，使大学生由教学的被动接收者变为教学的积极参与者和主动推动者，实现教材体系向教学体系的转变，把严谨的思想与生动的表达相结合，教育的精准和表达的精致相融合，内容深度与形式广度相统一。

## 二、基于问题导向的融媒体时代高校思想政治理论课教学模式改革路径

### （一）基于问题导向的融媒体时代高校思想政治理论课教学模式设计

基于问题导向的融媒体时代高校思想政治理论课教学模式有别于以往结论先行、照本宣科的做法，从大学生面临的实际问题出发，以解决大学生困惑的问题为导向，通过层层

的问题剖析、讨论，顺其自然得出结论。

发现问题、厘清问题是基于问题导向的融媒体时代高校思想政治理论课教学模式设计的第一步。从课程总体设计的视角来看，高校思政课需要解决的问题就是实现教学目标的要求，即培养自觉担当民族复兴大任的时代新人。为解决这个大问题需要同时解决多方面的问题，如在教学组织方面，教学内容较多，与教学学时有限造成内容系统化与内容深刻性相冲突的问题；在教学内容方面，如何有效实现教材体系向教学体系转化的问题；在教学手段方面，要将高深的理论用大学生喜闻乐见的方式表达，结合新时代特征和大学生特点讲中国话、讲通俗话、讲现代话的问题等。

分析问题、梳理问题、建立网状的问题图谱是基于问题导向的融媒体时代高校思想政治理论课教学模式设计至关重要的一步。大学生困惑的问题成百上千，其中不乏雷同、相似的问题，融媒体时代高校思想政治理论课教学模式改革需要对这些问题进行梳理和分析，找出其内在的逻辑和关联，形成相互联系、逻辑层次分明的问题图谱。基于问题导向的融媒体时代高校思想政治理论课教学模式改革将思政课的教学内容凝练为十大主题，同时，将十大主题转化为相应的十大问题，然后把每一个大问题"化解为小的问题进行解答，更重要的是把理论问题和实践问题联系起来"，这些小问题或者更小的微问题之间力争环环相扣、层层递进，在大问题的分解和细化、小问题的设计和解答中，将教学引向深入，充分激发大学生学习的好奇心和求知欲，增强教学实效性和针对性。具体见表4-8：

表4-8　"基础课"问题图谱主题

| 主题 | 大问题 | 小问题 |
| --- | --- | --- |
| 时代新人 | 为什么要学这门课？ | 1. 我们处于什么时代？<br>2. 如何认识和适应这个时代？<br>3. 作为大学生的我们应该承担什么样的时代使命和责任？ |
| 大学之门 | 如何开启人生新阶段？ | 1. 人为什么活着？<br>2. 怎样的人生是值得的？<br>3. 大学生要用什么样的方式对待大学生活？ |
| 理想之钙 | 如何补好精神之"钙"？ | 1. 除了个人理想，我们还需要社会理想吗？<br>2. 坚定理想对大学生成长成才有什么意义？<br>3. 如何在实现中国梦的实践中放飞青春梦想？ |
| 信仰之光 | 如何拧紧人生的"总开关"？ | 1. 人为什么需要信仰？<br>2. 到底什么样的信仰才是好的呢？<br>3. 我们为什么要选择共产主义信仰？ |
| 家国情怀 | 如何做新时代忠诚的爱国者？ | 1. 中国精神对我们意味着什么？<br>2. 为什么说爱国主义是中华民族精神的核心？<br>3. 大学生应如何走在改革创新的时代前列？ |

| 主题 | 大问题 | 小问题 |
|------|--------|--------|
| 价值追求 | 如何扣好人生的扣子？ | 1. 为什么社会主义核心价值观是全体人民共同的价值追求？<br>2. 如何坚定价值观自信？<br>3. 如何做社会主义核心价值观的积极践行者？ |
| 文化血脉 | 如何实现中华传统美德的创造性转化、创新性发展？ | 1. 为什么说中华传统美德具有跨越时空的永恒魅力？<br>2. 如何对待中华传统美德？<br>3. 大学生如何推进中华传统美德的现代转换？ |
| 崇德向善 | 如何创造崇德向善的道德人生？ | 1. 为什么需要道德，需要什么样的道德？<br>2. 如何看待当前道德领域的突出问题？<br>3. 大学生如何投身崇德向善的道德实践？ |
| 德法相济 | 如何理解法安天下、德润人心？ | 1. 道德与法律如何共同维护社会秩序？<br>2. 道德与法律的冲突起于何处？如何化解？<br>3. 如何坚持依法治国和以德治国相结合？ |
| 奉法循理 | 如何与法治中国共同成长？ | 1. 作为一名现代公民，我为什么需要法律？<br>2. 中国公民拥有哪些法律规定的权利和义务？<br>3. 法治社会中如何做一名知法、懂法、守法、护法的好公民？ |

按图索骥、有机融合是基于问题导向的融媒体时代高校思想政治理论课教学模式设计义一关键步骤。以问题图谱构建的问题体系有别于教材的理论体系，但是解决这些问题又需要理论的支撑，融媒体教学将二者无缝链接。问题成为串起课堂的灵魂，在问题的剖析中不断启发大学生，让大学生水到渠成得出结论，不知不觉地实现了时间空间、资源与教学方式、手段的深度融合，完成了教学内容、教学方法的完美融合和教育与自我教育的有机融合。

## （二）基于问题导向的融媒体时代高校思想政治理论课教学模式过程

"作乐府亦有法，曰凤头、猪肚、豹尾六字是也。"意思是起要美丽，中要浩荡，结要响亮。完整的教学过程亦如此，在基于问题导向的融媒体时代高校思想政治理论课教学模式的各个环节中，充分发挥融媒体教学的优势，利用线上优质的教学资源和线下灵活有针对性的教学方法为课堂教学服务，协同解决"到课率、抬头率、点头率"等问题，提高教学效果。

课堂上，教师根据大学生线上学习数据分析后将共性问题或者热点问题通过融媒体教学平台引导大学生展开讨论，并以大学生关注的热点问题为引子，结合大学生实际困惑，引入问题，有效地进行课程的导人，充分激发大学生学习的好奇心和求知欲，让大学生愿意参与到课堂学习当中。

教师可以借助网络平台提供的便利条件，即时回应大学生在学习与生活中的现实困惑，也可以采取面授、分组讨论、个别或集体指导、实践练习等方式帮助大学生解决真问题，进而通过对大学生学习成果采取自评、互评、教师点评相结合的方式引发进一步的思考与感悟，达到言有尽而意无穷的效果。课后大学生可通过网络平台作业、实践等形式巩固所学，在实践过程中学会发现问题、分析问题和解决问题，做到知行合一。

教学过程的各个环节注重问题导向与融媒体教学有机融合。一方面追求理论彻底，以问题导引教学，以理论的逻辑力量唤醒大学生，深化教学，澄清困惑。另一方面根据大学生的个性差异和认知特点，通过积极的线上线下融媒体教学促进大学生主动参与到课堂之中。高校思政课采用融媒体教学后，大学生的问题多了起来，并且大学生的问题是随机的，甚至是尖锐的，但这样的问题恰恰反映大学生的情况，借助融媒体教学平台，教师能及时通过这些问题的整理、分析和掌握大学生的学习动态，在一定程度上解决大班级教学在互动难、关注大学生个体难等方面的教学难题。

## （三）基于问题导向的融媒体时代高校思想政治理论课教学模式评价

教学评价是教学的重要组成部分。有效的教学评价既在一定程度反映出教学水平，又能反映出大学生学习效果，是确保教学目标顺利达成的重要手段和构建有效课程教学的内生动力。针对高校思政课教学中普遍存在的理论与现实相脱节、生动性与深刻性难兼顾等问题，基于问题导向的融媒体时代高校思想政治理论课教学模式从大学生的实践参与度、情感内化度、行动外化度三个维度进行教学评价，既注重形成性的结果评价，又注重生成性的过程评价，将过程评价与结果评价相结合，促进课程存在问题的解决。

基于问题导向的融媒体时代高校思想政治理论课教学模式评价以问题为导向，通过混合型平台的运用有效促进问题的解决。融媒体教学平台能即时记录和反映大学生学习情况，能让教师随时随地关注大学生，发现大学生学习中的问题，如大学生线上学习情况、分组实践情况等。融媒体教学平台也能促进教师与大学生间的互动，加强问题的思考和回答，如讨论功能、抢答功能等。也就是说融媒体教学平台可以把所有大学生的学习行为智能地形成精确的过程性评价。融媒体教学平台更是拥有集出题、监考、防作弊等先进的功能为一体的考试系统，有效地对大学生进行结果评价。融媒体教学平台也能采取签到、投票、分组评价等多样化形式对大学生进行多元主题评价、多时机评价和具体内容评价。

总之，思政课是一门传道、授业、解惑的课程，既要"上接天线"，又要"下接地气"，但思政课教学改革不是一蹴而就的，而是需要教师持之以恒的长期苦心钻研，以及对教学规律的认识把握和教学经验的认真总结。基于问题导向的融媒体时代高校思想政治理论课教学模式改革将随着新技术的不断运用发展，随着实践的不断深入总结，一定会不断向前推进。

# 第五章 融媒体时代高校思政课教学手段的创新

在信息化时代，将线上、线下的教学资源应用到教学过程，实现优势聚合效应，是融媒体时代高校思想政治理论课教学模式应用的本质要求，也是融媒体时代高校思想政治理论课教学模式发展的重要趋势。因此，融媒体时代高校思想政治理论课教学模式在应用过程中，应契合思政课立德树人的根本要求，从线上、线下两个层面深入开发各类资源的教学价值。就线上层面而言，融媒体时代高校思想政治理论课教学模式可以开发短视频、超星平台等资源，将其融入高校思政课教学之中，以激发大学生的积极性和主动性；就线下层面而言，融媒体时代高校思想政治理论课教学模式可以开发电视谈话节目形式、移民文化等资源，丰富教学手段和教学内容，提升教学效果。

## 第一节 "互联网+"和融媒体时代高校思想政治理论课教学模式

2020年初的新冠肺炎疫情是新中国成立以来在我国发生的传播速度最快、感染范围最广、防控难度最大的一次重大突发公共卫生事件。这次疫情的影响范围包括经济、政治、文化、卫生、教育等，大大超出了我们的预想，在教育领域内，各级教育主管部门先后发布多项通知，要求高校做到"停课不停教、停课不停学"，确保2020年春季学期教学任务圆满完成，思政课也不例外。当前包括"互联网+"在内的信息技术的高速发展，电脑、智能手机的普及，"雨课堂""超星学习通""钉钉直播""QQ直播"等网络基础设施和直播软件平台的日趋成熟，以及各式各样的课程平台和在线课程教育资源的不断丰富，在疫情前"互联网+教育"的概念已经被大多数教育工作者熟知。在疫情期间开展全面的线上教学工作虽存在一定的困难和挑战，但还是具备了实现的可能条件。形成了多种线上教学方式，打破了传统"灌输式"的教学方式，形成以互联网和大数据为载体和平台的在线教学模式。实践证明，虽然在线教学能充分有效利用网络冲破时间、地域的界限，给大学生一个全新的学习感受，让大学生更方便、更自主地进行学习，激发大学生的学习欲望。但高校思政课不能单纯地采用"线上教学"的模式，单纯的线上教学模式是在疫情期间的"无奈之举"，它并不是真正的融媒体教学，缺少了面对面的授课环节，教师无法对大学生学习情况进行全面有效的检测，不能掌握所有大学生的真实情况，既无法对大学生掌握知识的程度进行判断，而大学生在单纯的线上学习过程中也缺乏有效监督。因此，在后疫情时代，我们应探索如何将线上教学融入传统的教学课堂之中，实现优势互补，形成一种融媒体教学模式，这是高校思政课教学发展的趋势，更是在教学实践中提升高校思政课实效性、针对性，真正落实立德树人根本任务的必由之路。

## 一、何为"互联网+"背景下的融媒体教学

"互联网+"这一具有时代意义的词语首次被正式提出是在 2015 年 3 月召开的第 f 一二届全国人民代表大会第三次会议李克强总理所做的《政府工作报告》中，他在这次报告中还正式提出了"互联网+"的国家行动计划。"互联网+"是指在互联网发展的大背景下，把由互联网的发展而形成的各种类型各种形式的创新成果与我们社会中的政治、经济、文化、生态等领域的发展进行高度融合，使各部门的技术不断进步，组织形式得到优化，改革创新能力和生产力水平进一步提升，从而形成一个以互联网为基奠的经济社会发展新模式。基于此，我们可知"互联网+"的特征就是使各种事物通过互联网这一媒介得以联系，共通共享，跨越时间和空间的限制，重构事物之间结构模式，驱动创新，互联网以它独特的功能给现代的经济社会带来了一场"革命性的改革"。

毫无疑问，教育跟互联网也不能分割开来，在新冠肺炎疫情期间，互联网更是在教育领域发挥了至关重要的作用，"互联网+教育"已成为教育界和各大高校的关注焦点及课题研究的方向。与互联网相关的教学方式不断涌现，如慕课、微课、翻转课堂等，这些教学方式无不渗透着互联网的印记。高校的课程教育如何在"互联网+"的背景下，利用互联网的优势，借助它的正面积极的创新成果来提升高校的课程教学质量，这是高校课程教学重点思考的问题。思政课作为高校课程中必不可少的一门课程，亦是我国的思想政治教育工作的基础，如何利用"互联网+"的各种教学新模式和新思路来开展这门课程的教学工作，更是我们这门思政课工作者的工作重点。习近平总书记也曾指明，政治工作想要与时俱进，就避免不了与网络相联系。互联网是时代发展的产物，任何事物想要跟着时代的脚步前进，就不可能越过互联网这一关，高校思政课的教学工作也不例外，想要得到新一代大学生的认可，就必须在"互联网+"的基础上，对这门课进行综合教学模式探究。在"互联网+教育"这个发展趋势的背景下，将线上教学纳入这门课程的教学模式中，与线下课堂教学进行结合，形成融媒体教学的模式是高校思政课教学发展的趋势。这种模式打破了时间和空间的限制，可以使大学生在课余零散的时间段里对知识点进行反复学习，克服课堂教学的一次性缺陷，也进一步推进高校思政课的课程教学全程化、无界化和即时化，实现高校思政课教学效果的最大化。

融媒体教学就是一种利用"互联网+"普及化的特点，以网络为载体平台，向不同地方，不同学习程度的大学生推广的一种大众化、大规模的开放性的在线学习课程。具体来说就是指在线学习的模式和课堂教师面对面教学相结合。这种模式既可以让大学生在正式学习之前，利用教师提供的课前视频和学习资源，进行课前预习和自学，在课堂之外与教师进行沟通互动，及时解除疑惑，又可以使教师及时掌握大学生的学习进度，让课堂教学效率得到大大提高。在疫情期间，融媒体教学为教学开展提供了新的思路和方法，为"停

课不停教、停课不停学"的贯彻提供了可能。在后疫情时代，探究在高校思政课教学中应用融媒体教学具有重要意义。

## 二、为何要"互联网+"背景下的融媒体教学

融媒体教学，把课堂教学和以慕课、微课为主要形式的线上学习结合起来，不仅使移动学习成为可能，更使师生间的沟通变得方便、快捷，这个发展适应了大数据发展的时代潮流。混合教学模式拓展了大学生视野，培养大学生把学习作为自己的一个兴趣，兴趣是最好的教师，从兴趣出发，掌握技能，养成学习习惯，达到学习的最终目的。不少大学生对思政课有着枯燥乏味、不需要开设这门课程的印象。2016 年 12 月在全国高校思想政治工作会议上，习近平总书记明确指出"要运用新媒体新技术使工作活起来，推动思想政治工作传统优势同信息技术高度融合，增强时代感和吸引力"，明确了思想政治教育工作与现代新媒体技术融合的必要性与迫切性。在"互联网+"背景下产生的大学优质融媒体教学，运用线上线下结合教学的模式来对高校思政课展开教学，将传统的课堂变活，是这门课程教学改革过程中势在必行的。

### （一）国家政策的要求

高校思政课是大学生在高校中接受思想政治教育的一个主要来源和途径，它最重要的一个任务就是对大学生进行系统的马克思主义理论教育。

中共中央、国务院《关于进一步加强和改进大学生思想政治教育的意见》（2004 年）指出："高等学校思想政治理论课是大学生的必修课，是帮助大学生树立正确的世界观、人生观、价值观的重要途径，体现了社会主义大学的本质要求"。高校思政课设立的目的在于将社会主义主流意识形态和核心价值观传递给每一位大学生，以培养具有良好公民道德和正确人生观、价值观的社会主义建设者和接班人。高校思政课担负着立德树人的根本任务，这门课教学效果的好坏关系到大学生能否形成正确的思想道德观念，以及能否正确处理成长成才过程中遇到的各种问题，如世界观、人生观、价值观的问题，政治观问题，学习观问题，人际关系问题，心理健康问题等。

### （二）思政课的课程教学性质的要求

高校思政课意在通过教师指导，帮助大学生逐渐形成符合社会所需要的思想观念、政治素养、道德品质和文化水平。这一性质要求大学生在教师的影响下完成思政课知识学习的同时培育自身的修养和行为，这要比接受"知识"复杂得多、艰巨得多。这就意味着高校思政课教师在教学过程中需要通过运用大学生容易接受的教育载体和教育方式来提升高校思政课的吸引力。网络技术的发展无疑是对高校思政课进行教育载体和教育方法改革的重要动力，更是对教学模式进行改革的重要契机。对这门课程进行融媒体教学改革，既是在这个网络技术高速发展的时代对教育教学带来的潮流和趋势，也是高校思政课的课程教

学性质的内在要求。

### （三）融媒体教学有显著的优势

融媒体教学有助于改善高校思政课在传统的教学模式中存在的问题，如课堂出勤率低，大学生积极性差；在课堂上教师的照本宣科，难以引起大学生产生共鸣；单纯以"教师、教材、课堂"为中心，忽略大学生的能动性和个性的发展，只注重对知识的传授，忽视理论要用于实践。之所以如此，是因为融媒体教学具有如下四方面的优势：

第一，大学生可以形成"我的学习我做主"的观念。传统的教学模式中，教师是主导人，大学生只是被动学习，没有学习的积极性，而这种融媒体教学则把大学生放在中心，让大学生自己掌控自己的学习，教师是一种辅助的角色，让大学生有更多的主动性，学习更具灵活性和自主意识。

第二，促进师生之间、大学生之间的交流互动性。融媒体教学最好的一点就是促进师生之间、大学生之间的互动性。通过线上学习发现问题，从而引发大学生之间讨论交流，甚至是与教师之间的交流，在这个交流过程中，每个人都会得到不同的启发，教师可以根据线上学习后大学生的反馈信息对教学策略进行相对应的调整，大学生自身也可以根据学习效果适时调整自身学习的方式方法。

第三，激发大学生的求知欲。融媒体教学首先要求大学生在课前进行线上学习，对不懂或疑惑的知识点，主动去查阅资料或主动找其他的大学生或教师进行讨论交流以真正理解和掌握这一知识点，这在一定程度上激发大学生的求知欲。

第四，学习资源循环利用。融媒体教学把线上学习和课堂学习综合起来。在学习资源方面，教师可以根据大学生线上学习的学习状况和课堂学习的资源进行整理及组织，把突出的问题和新的解答方式，形成一个新的学习内容，分享给大学生，这也是一种在结合的实践中不断进行总结和反思，而形成一个新的成果。把正式和非正式的教学形式结合，把课程内容随着课程的不断演进而推出不一样的学习资源，更是一种大学生之间自主开展的协作和探究式学习。

## 三、如何践行"互联网+"背景下的融媒体教学

在疫情期间，线上教学模式被高校思政课教学充分采用。进入后疫情时代，在高校思政课教学中，融媒体教学虽然还存在需要完善和改进的地方，但还是有一定的成效。融媒体时代高校思想政治理论课教学模式的开展主要围绕课前案例导人、课中理论融入灌输、课后内化与外化三大块相结合展开，采用构建"线上+线下"相结合的方式，改变教师和大学生的角色定位，形成教师主导，学生主体的角色定位，制定规范的学习策略，使形成集体授课和小组讨论，大学生自主化和教学多样化相结合，打造一个共同高效的学习氛围。

我们必须清楚认识到这种融媒体教学与传统教学模式的不同之处，根据其特点制定切

实可行的教学推进路径，当然我们也应该清楚知道这是一个新兴的教学模式，并没有统一的路径，我们必须在探索中不断总结经验，不断矫正我们的推演路径，以期达到并形成融媒体时代高校思想政治理论课教学模式的准备策略、实施策略、评价指向。

## （一）重新定位教师和大学生角色

一方面，教师要注意角色的转变。在融媒体教学中，大学生可以在线上学习基础知识，教师在课堂讲授时就不能再像传统教学那样把所有的知识点事无巨细地进行讲解，而应该根据线上学习的反馈情况进行讲解。这就要求教师首先要在线上倾听大学生的困惑点和疑难点，然后在课堂上根据这些困惑点和疑难点进行详细讲解，消除他们的疑虑。在此过程中教师应该利用各种手段激发大学生的学习动力，营造良好的课堂氛围。在课下还要去了解大学生是否已解除困惑，在线上进行课后辅导，以及时刻关注大学生的学习状况。尽管线上学习是考验大学生的自主性，学习状况的好坏完全取决于大学生的学习态度和努力程度，但教师的监督同样不可少，如果没有监督，大学生又做不到自律，那么课堂教学就达不到预期效果，因为大学生不学习就不会有困惑点和疑难点。所以，教师应该关注并监督线上学习状况，并在线上设置一些课后练习和测试，以此加强大学生在线上学习态度和努力程度，在课堂上也应不定时抽查大学生的线上学习情况，使大学生有适当的学习压力。教师还可以规定一些考核方式，不同的大学生学习上肯定存在差异性，所以对大学生应有多元的考核，从多方面进行考核，以求对大学生形成综合性的评价。

另一方面，大学生角色的转变。大学生在线上学习的过程中也要根据各自的学习状况，如有些重难点问题在线上学习过程中无法解决的，要对问题进行归纳整理，在线上与教师或其他大学生进行讨论和交流，若还不能得到解决，则可以请求教师在线下课堂讲授或者帮助其建立相关的知识网络或框架加以解决。

## （二）创新设计学习环节

在学习方式上包括两个方面：首先是在线的课程学习，大学生应根据教师预设的大纲和进度进行自主学习和练习，并随时跟进自己的学习进度和学习名次，以期达到学习目的。其次是在线下课堂学习上，大学生根据自己在线学习的状况，在教师进行面对面讲授时有重点地聆听。教师也需根据线上学习的反馈，对大学生不太能把握的知识点在线下进行重点讲授。

在师生之间、大学生之间交流互动的方式方法上，首先是对课程的相关内容和问题的解读和讨论，针对不同班级都应该有一个线上讨论群组和课堂讨论小组，对本课程中的不同问题进行讨论和讲解。其次是对课程的测试，在线学习中的每个章节学习之后都要进行练习测试，并达到及格分数线后方可进行下一章节的学习，以便教师大概了解每个大学生对该课程的掌握程度。再次是课程资料，教师应定时上传课程的相关资料，供大学生随时查看资料，大学生也可以根据自身的学习状况下载适合自己的学习资料，管理自己的资料。最后是关于小组学习、课堂的笔记，以及考试方面。不同章节学习中会出现不同的问题，根据问题的形式可以划分不同的学习小组，针对小组内的重点问题，成员可以共同学习、讨论、进步；在线上学习中大学生也应该形成自己的一份笔记，在观看课程视频后记下自己的体会，并与他人分享自己的笔记成果；关于考试的形式方面，线上学习同样需要进行考试测试，并应结合课堂学习进行测试，如在线测试、课堂考核、期末考试等。

在关于教学事务的处理方面，应该利用线上线下结合的教学方式，首先体现在课程的通知上，大学生可以通过互联网查询自己所选的思政课最新变动，还可以随时通过邮件或者短信查看任课教师的最新通知。其次是在教学的调查上，大学生可以通过填写各类不同的调查问卷或者信息，反映自己的学习状况或者任课教师的相关问题。再次是在教务处理上，大学生可以根据自己的学习情况，提出换班或退课的申请，由相关教师进行处理和操作。最后是在教学的计划上，大学生还可以在网上查看思政课的学习计划和学习任务，以及相对的时间。

教师在具体的教学方面也有相应的改变和要求。首先在上课时间的安排上，线上学习不应太长时间，最好是十五分钟以内，内容应该突出重点，以吸引大学生的注意力为主，便于让大学生进行复习和巩固。其次是在线上课程视频的制作上，应以使用大众化的移动机器确保在一般的 PC 或移动终端都可以正常播放。再次是在大学生与教师的交流沟通互动上，建立群组，便于大家讨论交流，分享信息等。最后是在大学生对于课程的评价上，应让大学生分别对线上和线下进行评价，最终采用两种评价结合的方式得到最后评价。线上评价通过课后作业和在讨论组中的表现实现，线下评价采用课堂表现、课程测试和期末考试实现。

## （三）综合两种教学模式的优势

从教学准备、课前自学、课堂学习、协作学习、个性化学习、课后提升、反馈评价等几方面提出构建个性化的"互联网+"教学环境，以及对如何实现一体化的"互联网+"教学模式。这为充分发挥传统教学优势，利用现今社会网络的普及，让大学生的学习不再是强制性的，而是达到了相对的自由化，不再局限于教室那狭小的空间内，对传统的高校课堂教学进行了颠覆性的变化。通过线上与线下的调和，使以教师为中心的传统教学模式转变至以学生为中心的教学模式，使大学生的学习内容内化于心，外化于行。

## 结语

一场突如其来的疫情既是对高校思政课教学的一次考验，同时也是高校思政课教学模式实现改革创新的机遇。在过去对"互联网+教育"的探索基础上，我们平稳地度过了艰难的疫情时期，迎来了防控疫情常态化、复工复学的后疫情时代。在这个特殊的时代背景下，"互联网+教育"已经进入了一个新的阶段，融媒体教学将是进行高校思政课教学模式改革的正确道路，何况在这条大道上，我们的探索已经取得一定成效，虽还有需要改进完善的地方，但不可否认的是疫情促使融媒体教学普及化。在后疫情时代中，我们更应该关注的是如何将这一模式继续深化，实现传统与现代的结合。

# 第二节　短视频和融媒体时代高校思想政治理论课教学模式

移动互联网快速发展的时代，快手、火山、腾讯微视、抖音等短视频 App 深受大学生的喜爱。作为时代的产物，短视频不只是娱乐消遣的一种方式，在教育方面也有重要意义，尤其在 2020 年春季新冠肺炎疫情暴发后，全国大中小学"停课不停学"，居家学习，延迟开学，抖音等短视频平台成为高校思政课教学的重要载体。在短视频异军突起的时代，高校思政课教师如何扬长避短，将其引入到思政课教学中，为思政课融媒体教学改革注入新的活力，成为重要的时代课题。

## 一、短视频的教学价值

短视频集趣味、创意、社交、内容于一体，用户既能够通过文字、语音和视频等方式在平台上分享所见所闻、点滴生活，也可以为自己感兴趣的视频点赞和留言，实现线上互动交流。高校思政课教师如果能够将短视频的优势合理融入到思政课教学中，就能激发大学生的学习兴趣，提高大学生学习的积极性和主动性。

### （一）载体便携有利于提高大学生的参与度

习近平总书记在全国高校思想政治工作会上提出："做好高校思想政治工作，要因事而化、因时而进、因势而新。"思政课是落实立德树人根本任务的关键课程，面对思维新颖的"00 后"大学生，其不能仅局限于课堂讲解与理论灌输，还要引导大学生联系社会实际，关注身边事。手机作为短视频 App 的载体，具有小巧、便携的特点，大学生了解社会、参与社会讨论和参加社会服务不再受到时间和空间的限制。此次新冠肺炎疫情暴发后，通过抖音等平台，大学生足不出户便能知晓一线医护人员"舍小家，为大家"，奔赴一线，日夜奋战，与病毒抗争，与死神搏斗；能看到在疫情发生后，84 岁的钟南山院士、73 岁的李兰娟院士第一时间带队奔赴武汉，救人于水火之中；也能见识到各个基层党组织充分发挥战斗堡垒作用，成为疫情战场上的"硬核"担当。这些生动的故事和鲜活的材料是这个特殊时期思政课最"接地气"的教学素材和教学资源，深深地触动着每一个大学生，让他们感受到中国特色社会主义大家庭的温暖，大大地增强了大学生对道路自信、理论自信、制度自信和文化自信的认同感，这正是高校思政课的教育目的。

### （二）操作简单有利于激发大学生学习的主动性

习近平总书记曾说过："要运用新媒体新技术使工作活起来，推动思想政治工作传统优势同信息技术高度融合，增强时代感和吸引力。"抖音等短视频 App 深受大学生热捧，"00 后"大学生从小生长在网络环境中，具有很强的网络意识。作为新潮代表的短视频 App 已然成为大学生娱乐、社交、获取资源和表达想法的平台。新冠肺炎疫情防控期间，短视频 App 的功能作用更为突出。"火神山""雷神山"短时间内快速建成与使用的视频浏览量、点击量、点赞量和评论量大幅增加，很多大学生成了该视频作品的粉丝，这大大激发了大学生的民族自豪感，也更加坚定了大学生的理想信念。"00 后"大学生身处"网红"倍受追捧的年代，许多青年大学生也期望借助短视频 App 成为网络思政课上的一名"网红"。大学生只需一键操作就能将欲表达的内容录制成视频上传，供他人观看、点赞和评论。

为了成为一名传递正能量和正确价值观的"网红"，青年大学生需要确定方向、设计内容、拍摄剪辑等，这无疑能够激发大学生主动探索学习。

### （三）影音呈现有利于调动大学生的学习兴趣

短视频以动态的形式呈现，相对于图文来说，视频表达更加丰富、直接和形象，能够给用户更好的视觉体验。短视频的特点之一就是短小精悍。以抖音 App 为例，每个短视频的拍摄时长为 15 分钟，传递的内容是精华内容，可以让人短时间集中注意力，不仅满足了大学生碎片化阅读的习惯，而且给大学生留下了深刻的印象，也调动了大学生的学习兴趣。短视频 App 通常伴有与内容相搭配的背景音乐，具有很强的感染力，更容易带动大学生的情绪，增强对传递内容的认同感。习近平总书记在学校思政课教师座谈会上指出："办好思想政治理论课关键在教师，关键在发挥教师的积极性、主动性、创造性。"高校思政课不能够成为"照本宣科"的课程，而要成为"传道授业解惑"的课程。高校思政课教师可以根据视频的浏览量、点击量、转发量、评论数和点赞数等数据，发现大学生关注的内容，以此为依据进行课堂设计，调动大学生的学习兴趣。

### （四）精准推送有利于保证大学生学习的持续性

短视频 App 作为高校思政课在网络上的延续课堂，内容多元丰富，基于大数据算法，可以根据用户浏览的习惯和经常性关注的内容进行个性化推送。大学生第一次观看老师拍摄或介绍的视频后，后台会优先推送内容相似的视频给大学生，实现精准推送，有利于大学生持续地学习、了解和掌握相关内容。

## 二、高校思政课应用短视频的益处

突如其来的新冠肺炎疫情不仅影响了千千万万个家庭，而且给全社会带来了严峻的考验。在这一场没有硝烟的战役中，我们看到了一个国家自强不息的脊梁，看到了一个民族的牺牲和奉献。全国各地高校积极响应中央号召，进行线上教学，确保全国教育事业顺利开展。各高校思政课主动求变，各显神通，将短视频更加有效地应用到思政课中，进一步促进高校思政课改革创新。

## （一）创新高校思政课的教学手段

传统的思政课比较枯燥乏味，满堂灌的教学模式完全忽视了受教育者的个性差异和水平差异，教学效果往往不够理想。疫情期间大学生居家上课，老师与大学生隔着冷冰冰的电脑，无法看到大学生的上课状态，无法对课堂秩序进行有效的管理，如果仍然采用传统的教学模式，大学生便会进行挂机式上课，往往使得教学效果不够理想。众多高校积极探索引导大学生在趣味中学习，短视频起到了不可替代的作用。随着科学技术日新月异的发展，教学多样性日益凸显。尤其此次疫情暴发后，更多高校将短视频引入思政课，突破了原有的教学模式，提高了高校思政课的亲和力和实效性。

## （二）迎合大学生的需求

短视频短小精悍，在时间上不需要占用太多时间，大学生可以利用闲暇时间观看学习。老师通过短视频呈现大学生感兴趣的内容、解答不同大学生的困惑，既能吸引大学生的学习兴趣和注意力，也能满足大学生的个体需求。同时，通过短视频学习，大学生能够自主安排学习计划，在学习中遇到问题也能及时通过手机向他人寻求帮助，这既有利于巩固和强化学习内容，也能有效提升大学生自学和自我管理能力。

## （三）有效结合教学思想与现代发展

在信息化时代，网络已然成为人们获取信息最快的渠道。对大学生而言，网络同样是他们更新储备知识的有效渠道。短视频传播速度快，大学生可以从这里了解到最新的新闻和最新的政治思想。例如，疫情发生后，青年大学生虽然居家自我保护，但每天能够通过抖音等短视频了解全国各地的抗疫感人事迹，能够直接感知到中华民族齐心协力、共克时艰的中国精神，使得原本枯燥的高校思政课有效地联系社会现实，为大学生解释思想品德的重要性，让大学生明确发展方向和学习目标。

## （四）融洽师生之间的关系

传统教学模式主要以老师讲授为主，大学生与老师之间较少互动，彼此之间缺乏了解。短视频打破了这一状态，一方面互动增多，增强了联系；另一方面改变了教学方式，通过转发、点赞、留言等方式使得课堂内容更加丰富，大学生的学习氛围更加浓厚，为教师和大学生提供了沟通平台，拉近了彼此之间的关系。

# 三、高校思政课应用短视频的难处

2020年之春，一场突如其来的新冠肺炎疫情打乱了所有人正常的生活节奏和生活秩序。全国企业工厂停工停产、学校延迟开学，原本在大学教室里进行的课堂教学改为线上教学，与此同时，短视频成了大学生获知疫情最新情况、了解社会动态的重要平台。在此背景下，各高校思政课各显神通，将短视频融入高校思政课教学中，效果显著，但也存在一些问题。

## （一）内容良莠不齐、碎片化影响高校思政课教学效果

高校思政课并非简单的理论宣讲课，而是要运用这些理论帮助大学生形成正确的世界观、人生观和价值观，提高思辨能力，善于运用马克思主义分析问题、解决问题。习近平总书记在学校思政课教师座谈会上强调："青少年阶段是人生的'拔节孕穗期'，这一时期心智逐渐健全，思维进入最活跃状态，最需要精心引导和栽培。"由于知识结构不足和社会阅历短浅，面对纷繁复杂的社会现象，处在"拔节孕穗期"的大学生容易产生成长的困惑、迷茫和烦恼。高校思政课要做到帮助大学生稳定度过"拔节孕穗期"，扣好人生第一粒扣子，让真善美的种子生根发芽。

"娱乐至上"的时代，短视频作为传播媒介，不免带有"娱乐气息"。

在新冠肺炎疫情特殊背景下，一些媒体和个人为了能够在网络走红各出奇招制作出各种博人眼球的短视频，很多"网红"利用短视频平台炫富、主张铺张浪费和及时行乐，所传递的价值观与主流意识背道而驰。大学生因是非辨别能力比较薄弱，很容易被错误的价值观左右，陷入享乐主义、消费主义和拜金主义，变得心浮气躁、急功近利，这显然与高校思政课的"铸魂育人"目标格格不入。

思政课是一门理论性很强的课程，具有较强的政治性、思想性和系统性，需要进行系统教学。然而，短视频的时间短、独立性强，缺乏连贯性和系统性，这无疑不利于高校思政课的系统化教学。

## （二）高校短视频平台发展困境加大应用难度

互联网发展日新月异的时代，高校思政课搭乘新媒体快车是必然的选择。高校在摸透了短视频的"草根性"后纷纷引进商业化短视频平台，尤其在此次疫情暴发后，很多高校携手短视频平台开展网络教学，深得人心。然而，新事物的发展，前途是光明的，但道路是曲折的。高校短视频平台自身发展困境从一定程度上限制了短视频在思政课上的运用。一是短视频用户流失现象时有发生。短视频的拍摄制作已从过去的单一采访、录制和剪辑分析形式进入到融媒体、全题材和多渠道的一体化体系当中，不同于以往校园传播路径的单一化。当前高校短视频更多地在校际传播，受众对象从本校师生、校友群体扩大到普通用户，他们共同的需求构成了平台流量的主要来源，然而形式单一、缺乏创新元素的短视频在进入平台后并未获得流量较多倾斜，这极易造成黏性较低的用户流失。二是网络育人作用有限。为了从激烈的竞争中脱颖而出，各短视频平台有清晰的属性定位，然而高校短视频的运营策略是"一稿多用"，这就导致火爆于某一平台的内容难以复制到其他平台，且同一平台不同高校制作的内容大同小异，发挥的网络育人作用有限。三是缺乏专业化的组织运营团队。不同于市场上的商业自媒体，高校短视频平台的运营团队及技术资源支撑

严重不足。当前高校短视频的运营团队往往临时抽调组建而成，团队里的人员缺乏短视频运营制作的经验，所以很多高校在筹建短视频平台伊始会邀请专业人员或专业公司进行指导，但依然难以保证一对一指导，况且很多高校刚刚组建完善的管理运营团队又面临成员换届或团队调整，致使视频生产流程简单化、粗糙化，生产深度内容的后劲严重不足。

### （三）高校思政课教师创新意识不足加剧应用难度

习近平总书记曾经在高校思想政治理论教育的工作会议中讲述，"要用好课堂教学这个主渠道，思想政治理论课要坚持在改进中加强，提升思想政治教育亲和力和针对性，满足学生成长发展需求和期待"。思政课作为落实立德树人根本任务的关键课程，既要强调传承真理，培养具有马克思主义立场、观点和方法的理论型人才，又要凸显其行为指导意蕴的价值观引领作用，培养具有创新发展实际能力的应用型人才。这就要求高校思政课教师具备更高的教学水平和创新能力。随着新媒体的发展，高校思政课教师传统的教学方法和内容也因新媒体的介入有所变化。尤其此次疫情暴发后，高校思政课教师被动选择线上教学，但由于长期创新动力不足，线上教学有心无力，导致短视频并未被有效地运用到课堂教学中，具体有如下表现：一方面完全不使用短视频等新媒体技术进行教学，仍以传统灌输的教学方式为主，简单地照本宣科，大学生的状态仍如线下课堂一般，听不懂、学不明，最后兴趣渐失。另一方面教学模式单一，此次线上教学，很多高校思政课教师是在教学过程中会借助短视频来辅助教学，但仅限于播放视频，且播放的视频并未进行合理有效地剪辑，使得播放的视频时间过长或跟课程内容关联度不大，大学生仅把视频当作枯燥课堂上的"调味剂"。在短视频视域下，课堂上面对的是网络的弄潮儿，若高校思政课教师创新意识和创新能力不足，对短视频置若罔闻，很难打通高校思政课的"最后一公里"，实现网络育人的目标。

## 四、高校思政课应用短视频的策略

习近平总书记在学校思政课教师座谈会上的重要讲话以及《关于深化新时代学校思想政治理论课改革创新的若干意见》的颁布，为高校思政课改革指明了方向，提供了理论指引。此次疫情对全国高校思想政治教育是一次严峻的考验。后疫情时代，高校要加强思政课模式创新和改革，更加高效地将短视频等新媒体应用到思政课教学中，使思政课更加"接地气"，更加有温度。

### （一）定位准确，提高育人质量

高校短视频既不能过于严肃、死板，使大学生产生抵触情绪，也不能过于娱乐化，忽视了思政课铸魂育人的目标，还不能简单效仿其他高校生产同类短视频，使大学生丧失兴趣，导致用户流失。这就要求高校思政课教师在利用短视频教学过程中，找准定位。例如，高校思政课可以基于本校深厚的人文底蕴、优势学科、校园文化等，坚持"以大学生为主体"，从在校大学生喜闻乐见的热点出发，找准与高校思政课教学内容的结合点，打造出能够引发师生共鸣且具有特色的系列思政主题栏目，提高短视频在师生之间和校际的影响力，这既保证了用户数量，也提高了育人质量。

## （二）精心选择内容，增强时效性

高校思政课既是必修课，也是启迪思想、触及灵魂的核心课程。所以短视频的选择和设计应坚持内容为主，提高短视频的吸引力。

第一，抓住大学生的兴趣点。高校思政课教师在选择短视频内容时应结合大学生的学习特点以及兴趣爱好。如果教师在课堂上的教学内容正好是同学们喜闻乐见的流行元素，就能够让大学生迅速参与到课堂教学中，提高听课质量，促使大学生积极参与到师生互动讨论教学活动中，提高认同感。

第二，内容接地气。高校思政课教师要将思政课内容与工作、生活相联系，将思政课内容生活化表达在视频中，达到"润物细无声"的传递效果。此次新冠肺炎疫情让"00后"大学生对国家、民族、政治、体制、制度、文化等各方面都有了全面的认识，也使得他们开始认真思考自身命运与社会命运、国家命运的联系。对于当代大学生，此次疫情是一次教育、思考与成长的机会。高校思政课教师要主动抓住这次思政教育的重要时机，借助短视频平台，进行生动有效的思想教育，让大学生懂得把自己的理想同国家的前途、把自己的命运同民族的命运紧密联系在一起，增强对社会主义道路、社会主义制度、社会主义文化的认同感和自信心。

## （三）打破传统，敢于创新

"00后"大学生有着鲜明的时代特征，他们是伴随着互联网的发展和普及成长起来的，对网络、电子设备的依赖性较强。尤其是随着短视频等新媒体已成为大学生娱乐休闲学习的重要载体，高校应敢于打破传统的"老师讲，大学生听"的教学模式，高效应用短视频平台上好每一堂思政课。

第一，教师自制短视频。短视频作为课堂教学的延伸课堂，不用受时间和空间的限制，可以将课程延伸至课下，在食堂、图书馆、足球场都可以学习。教师事前深入了解大学生的困惑，明确大学生感兴趣的内容和理解困难的知识点，以此为依据拍摄短视频，或者教师可以将课堂上无法完全展示的内容拍摄成短视频上传至网络，让大学生利用碎片化的时间掌握更多的理论知识和生动案例，提升高校思政课的教学效果。短视频具有互动功能，可以弥补传统思政课互动不充分的问题。教师发布短视频后，大学生可以通过留言将问题反馈给教师，教师再点对点地回答大学生提出的问题，有效地提高大学生课堂参与度，也拉近了教师与大学生之间的距离，让思政课更加有温度。教师在拍摄视频过程中可以邀请大学生参与，共同制作和拍摄，这有利于师生交流互动，融洽师生关系。

第二，大学生自制短视频。习近平总书记在学校思政课教师座谈会上指出："坚持主导性和主体性相统一。思政课教学离不开教师的主导，同时要坚持以学生为中心，加大对学生的认知规律和接受特点的研究，发挥学生主体性作用。"习近平总书记的重要论述，指出了教师和大学生在思政课中的地位和作用，也指明了思政课改革创新的方向。在"人人都是麦克风，人人都是发言人"的新媒体时代，很多大学生也想通过抖音等短视频平台火一把。高校思政课教师应顺势而为，为大学生提供机会和平台展示自我和表现自我。例如，对于"基础课"这门课程，针对每个章节内容，大学生可以通过组队的形式拍摄系列短视频上传至网络；对于"形势与政策"这门课程，每位同学或每组同学可以利用短视频分享和评析时事热点新闻；对于重大事件或重大纪念日，大学生可以通过拍摄舞台剧、小电影等上传至短视频平台。这种大学生自行定题、拍摄、剪辑，老师从旁指导的模式既充分调动了大学生的学习主动性，也扭转教师在大学生心目中"过于认真""过于严苛"的古板印象，增进师生感情。

## （四）组建专业团队，提升教师创新能力

习近平总书记在党的十九大报告中指出："世界每时每刻都在发生变化，中国也每时每刻都在发生变化，我们必须在理论上跟上时代，不断认识规律，不断推进理论创新、实践创新、制度创新、文化创新以及其他各方面创新。"当代大学生处于科技、信息高速发展的新时代，高校思政课教师作为大学生的"引路人"，应该主动探索新时代大学生的学习特点和内心需求，与时俱进，不断提高创新意识和创新能力。

传统的思政课教学往往是满堂灌，教师占据主导地位，大学生处于被动接受的地位。新媒体时代，大学生获取知识的途径更加广泛，除了课本，还可以通过电脑、手机进行学习。许多大学生的知识面和知识储备量甚至超过教师，如果教师依然拘泥于传统的教学思维和教学方式，则会被大学生质疑，其信息主导的权威地位也会随之被弱化。随着各高校对思想政治教育工作的逐渐重视，高校思政课教学方式、教学内容的改革力度也在不断加大，要求高校思政课教师创新教学理念。在课堂上，梳理"以生为本"的理念，更加注重大学生参与性，师生之间、生生之间通过短视频平台建立起一种交互式的关系，实现思政课上的良性互动。

想要思政课受到大学生的喜爱，当务之急是提升教师的创新意识和创新能力。将短视频引用到思政课教学中可以让抽象、政治性强、理论枯燥的思政课变成趣味性、感召力强的课堂，但是这个转变仅依靠某一位教师的力量无法完成，需要汇集众多智慧和力量。例如哪些教学内容适合拍摄成短视频，以什么形式拍摄，拍摄时长多少，哪位老师的拍摄技术更好，拍摄的视频是否符合主题，这些都需要老师共同商讨解决。所以在高校思政课改革过程中，非常有必要组建一支专业的教学团队，团队中既要有年长、经验丰富的老教师，也要有思维活跃、擅长使用现代信息技术的年轻教师，唯有如此，才能形成合力，推陈出新。在拍摄视频过程中，团队成员秉承资源共享的原则，年轻教师能够充分发挥技术优势，资历丰富的教师提供理论支撑，齐心协力，共同攻克高校思政课改革创新的难题。

此外，团队建设还可以吸纳爱好新闻专业或爱好宣传摄影工作的大学生参与，这样可以使得短视频内容更加贴近大学生的实际和喜好。

实践没有止境，理论创新也没有止境。此次新冠肺炎疫情是高校思政课的一次大考，大考之下，高校思政课教师必须在思想认识上跟上时代，不断认识规律和把握规律，不断推进新时代高校思政课的创新发展，实现育人目标。

# 第三节　超星平台和融媒体时代高校思想政治理论课教学模式

高校思政课是对大学生进行思想政治素质教育的主渠道，是落实立德树人根本任务的关键课程。2019 年 3 月 18 日，习近平总书记在主持召开学校思政课教师座谈会上指出："党中央对教育工作高度重视。我们对思想政治工作高度重视，始终坚持马克思主义指导地位，大力推进中国特色社会主义学科体系建设，为思政课建设提供了根本保证"。这充分体现了党中央对办好思政课高度重视，期望思政课有良好的教学效果。

高校思政课是一门以培养大学生正确世界观、人生观、价值观，增强大学生思想道德修养为主要目标的课程，具有思想性、政治性、科学性、理论性、实践性的显著特征。在高校思政课教学的传统课堂中，大多数教师采取的是以知识单方面输入为主的教学方式，大学生更像一个"听众"，对教师传授的知识只是被动地接受，对课堂的参与程度较低。与此同时，在传统的线下课堂中，课堂互动十分有限。课堂互动的方式相对比较单一，大多时候采取传统的问答方式，大学生参与的积极性不高，再加上高校思政课的教学大多数采取大班教学，人数往往达到 100 多人，课堂互动对大学生群体的覆盖范围十分有限。高校思政课传统课堂教学普遍存在着"三低"的问题，即抬头率低、出勤率低、学习兴趣低。在教学的评价上，传统的考核形式主要是以期末卷面考试为主，忽视了过程性考核的重要性，这些原因都导致了采取传统线下授课模式的高校思政课教学效果不甚理想。如何提高大学生的抬头率、出勤率，提升大学生的学习兴趣，激发大学生的学习热情，进而提升高校思政课的教学效果，切实实现高校思政课立德树人的根本目标，是高校思政课教学始终需要关注的问题。融媒体教学的出现，为高校思政课打破原有的教学模式，创新教学方法，实现信息技术对传统思政课的嵌入提供了一种可能性。探索融媒体时代高校思想政治理论课教学模式，是提升高校思政课教学质量和教学效果的一个必要尝试，也是高校思政课教学顺应时代发展的必然之举。

## 一、超星平台与融媒体教学

### （一）超星平台简介及优势

2020 年初，新冠肺炎疫情的暴发致使中国高校 2020 年春季学期的正常教学短暂停摆。

疫情期间，按照教育部"停课不停教、停课不停学"的要求，各高校的思政课开启了网络教学模式。一时之间，各种线上教学平台如雨后春笋般涌现出来。经过2020年春季学期的教学实践，在对相关的线上教学平台进行对比之后，笔者选择了超星平台作为开展融媒体时代高校思想政治理论课教学模式的线上平台。超星是在移动互联网教育不断发展的背景下，由超星集团专业人员制作的一款线上学习平台。相比较而言，超星平台具有以下几个显著优势：

### 1. 超星平台技术成熟

工欲善其事，必先利其器。融媒体教学的顺利开展必须依托技术成熟的信息技术平台，一个技术成熟、功能齐全、运行稳定的平台对于开展融媒体教学来说是一个必备条件。作为目前国内最大的线上教学平台之一，超星平台是一个集教学互动、资源管理、课程资源建设、教学成果展示、教学管理评估于一体的网络教学平台。它为学习者提供了一个跨越时间和空间的互动交流平台，让学习者可以随时随地体验教学所带来的高效和便利，也能及时帮助大学生答疑解惑。超星平台在使用过程中能够运行顺畅，基本上不会出现卡顿或者闪退等情况，能够保证融媒体教学的顺利进行。

### 2. 超星平台功能强大

除了拥有成熟的平台技术，超星平台还提供了可供课前、课中、课后使用的诸多线上功能。如签到、投票、选人、抢答、主题讨论、随堂练习、问卷调查、作业、评分、通知等。就大学生而言，可以通过超星平台完成教师发布的各项学习任务；就教师而言，可以灵活运用超星平台的各种功能开展课前、课中、课后以及课程考核等各项教学活动，实现平台功能对整个教学过程的全覆盖。除此之外，超星平台还有诸多辅助功能，如班级管理、资料存储等，从多维度满足了信息化时代教师开展融媒体教学的需求。

### 3. 超星平台教学资源丰富

超星平台拥有非常丰富的优质教学资源。就高校思政课而言，超星平台可以提供时事热点、示范教学包、思政资源库等教学资源供教师使用。

思政资源库中的习近平系列重要讲话数据库、教学案例、教学课件、示范课程、实践教学、思政视频、共抗疫情等板块，可直接或间接运用于融媒体教学当中。如教学案例板块，超星平台根据章节顺序，对照章节内容，提供了生动有趣并且具有针对性的案例，并配以案例解析和教学建议，大大丰富了教师的教学资源储备；共抗疫情板块，囊括了抗击新冠肺炎疫情的诸多优秀案例，为教师及时更新教学素材、丰富教学内容、实现教学资源最大限度的优化提供了重要支撑。

### 4. 超星平台操作便捷

便捷的操作是超星平台的又一大优势。教师和大学生可以通过超星网站和超星学习通手机客户端进行相关操作。超星平台的功能板块设计合理，工具栏简洁明了，让人一目了然。不管是学习任务的发布、资料的存储还是数据的导出，都可以快速找到按钮，操作十分便捷。对于教师和大学生而言，经过简单的学习和培训就能够熟练掌握超星平台的使用方法，有利于教师和大学生更好地进行融媒体教学。

## （二）融媒体教学的建构

一般而言，"混合教学模式能集中传统教学方式、自主学习、合作学习、数字化和网络化学习方式的优势。发挥教师在教学中引导、监控、启发的主导作用，同时义能充分激发学生作为学习主体的能动性、创造性和参与意识"。笔者根据高校思政课的教学实践，以超星平台为例，尝试构建融媒体教学。具体而言，从学情分析、课前准备、课中教学活动的组织、课后考核及教学评价四个环节进行建构。

学情分析是开展融媒体教学的基础。教师要从不同专业大学生的特点出发，立足课程内容，分析课程内容的特点，选取适当的教学方式。同时还要增强教学的问题意识，以问题为导向，提炼出大学生在学习中最重要也是最容易在思想上产生误解和困惑的主要问题，将其作为教学的重点难点，从回应和解决大学生关注的问题人手，进行融媒体教学的设计，明确教学目标，优化教学过程，提升教学效果。

课前准备是融媒体教学顺利开展的前提。就教师而言，课前准备主要包括：线下课堂主题讨论题目的拟定、将课程相关材料上传至超星平台、组织大学生开展主题讨论的报名并确定发言名单、教学流程的设计以及教学材料、教学技术的准备。教学材料主要包括教学大纲、教学课件、教学题库、教学微视频、教学案例等，教学技术的准备主要指教师能够熟知超星平台各板块的功能和作用，熟练掌握线上平台的操作技术，能够实现线上、线下场域的无缝切换。就大学生而言，要根据教师给出的主题讨论题目和上传的资料进行主题讨论的发言准备，并撰写讲稿，制作 PPT，在超星平台进行报名。

课中教学活动的组织是开展融媒体教学的关键。要以线下课堂为主和线上教学技术为依托，实现线下课堂与线上教学技术的有效融合，将线上互动功能嵌入线下课堂中，充分运用线上互动，提升线下课堂的互动效果。有调查发现，在线教学中大学生的提问率及互动频率明显高于线下课堂教学，55%以上的大学生对线上教学师生交流互动的效果表示满意。因此，在高校思政课的线下课堂中，可以依托超星平台强大的互动功能，通过在教学过程中穿插一定比例的线上互动，如开展问卷调查、课堂测试、抢答、投票等，提高大学生参与课堂互动的积极性。在线下课堂中，教师还可以通过投屏的方式，将线上互动的实时状态及相关统计数据呈现在投影仪的屏幕上，实现线上教学互动实时数据可视化，提升大学生的现场感、参与感和同步感。除此之外，教师还可以借助 App 的签到、选人等功能实现对线下课堂的有效管理。

课后考核及教学评价环节，主要借助超星平台的作业、考试、调查问卷、学生互评、教师评价等功能，构建合理的课程考核及教学评价体系，从而实现对教学效果的全面、客观评价。

## 二、基于超星平台的融媒体时代高校思想政治理论课教学模式设计

高校思政课的融媒体教学设计，主要包括学情分析、课前准备、课中教学活动的组织、课后考核及教学评价四个环节。现以"基础课"第二章第二节《崇高的理想信念》为例，具体阐述该教学内容的融媒体教学设计。

### （一）学情分析

根据教学内容的特点选择适当的教学方法。信仰问题具有较强的理论性，同时也是重要的现实问题。如果只对大学生进行理论方面的分析和解释，难以达到解疑释惑的目标。因此，这一部分的教学需采取"理论讲授+案例分析+主题研讨"的教学方法。

以问题为导向，提炼课程内容的核心问题。"基础课"的授课对象为大一学生，大多出生于 2000 年以后。作为在 21 世纪成长起来的年轻一代，他们生活在一个价值多元的时代，对于信仰问题存在诸多方面的困惑。他们对信仰问题的思考大多集中在"人为什么需要信仰""到底什么样的信仰才是好的""共产主义信仰为什么是科学的"等方面。因此，要以这三个核心问题为导向，选取有针对性的教学内容，

明确教学目标。引导和帮助大学生深刻认识坚定崇高科学的理想信念的重要性，准确把握马克思主义信仰、中国特色社会主义共同理想、共产主义远大理想的科学内涵和基本特点，引导大学生自觉地树立马克思主义、共产主义的崇高信仰。

### （二）课前准备

在课程开始之前，首先，教师运用超星平台的"通知"功能，将"人为什么需要信仰""到底什么样的信仰才是好的""共产主义信仰为什么是科学的"三个主题讨论的题目以及主题研讨的具体要求发送给大学生，并将与主题研讨相关的材料上传到超星平台的资料区，供大学生学习参考。

其次，运用"群聊"功能，以群接龙的方式进行主题讨论的报名，按照报名的先后顺序确定名单，并在"群聊"中公示。在教学材料准备方面，针对主题讨论的题目选择相应的教学内容，分别选取 2~3 个文字案例和视频案例作为线下课堂教学的材料。同时还要做好教学流程的设计，每个教学环节的具体内容、教学环节的衔接以及各个教学环节所占时间都需要精心设计。

### （三）教学活动的组织

教学活动的组织一般由签到、理论讲授、主题讨论、线上互动等环节构成。

#### 1. 签到

超星平台提供了形式多样、便于操作的签到功能。教师可根据实际情况，灵活采取不

同的签到方式。教师在开展线下课堂教学时，可通过普通签到、手势签到、位置签到、二维码签到等形式组织大学生进行签到。教师还可以自主设置签到的活动时长以及定时发放的时间。以二维码签到为例，教师可通过投屏的方式，将二维码展示在投影仪屏幕上，大学生打开超星学习通 App，使用扫一扫功能，即可实现扫码签到。为防止大学生在签到时作弊，还可以设置每 10 秒钟更换一次二维码。签到完成后，教师可以实时查看未签到的大学生名单，并可通过后台将签到的大学生名单导出。超星提供的签到功能，大大缩短了课堂考勤的时间，有助于教师对课堂的出勤情况进行准确把握，实现线下课堂快捷、高效地考勤。二维码签到如下图所示：

### 2. 理论讲授

"基础课"作为一门具有显著政治性和理论性特征的课程，其教学内容不可避免会涉及一些抽象的概念和理论。对于大一新生来说，这样的理论和概念不易把握。因此，教师必须通过理论讲授的方式，结合相关的教学案例，准确阐释相关的理论和概念，避免大学生出现理解上的偏差。以《崇高的理想信念》一节为例，教师需要结合文字案例和视频案例，对信仰的内涵、作用，信仰的选择标准，共产主义信仰的内涵和特点等问题，进行系统性地讲授，使大学生正确掌握相关的理论知识，提升理论素养。

### 3. 组织大学生开展线下课堂主题讨论

在这一阶段，由教师组织大学生开展线下课堂的主题讨论。大学生就"人为什么需要信仰""到底什么样的信仰才是好的""共产主义信仰为什么是科学的"三个主题发表演讲，展示 PPT，教师对大学生的观点进行详细记录，发言结束后，教师要结合本章节的相关理论对大学生的观点进行逐一点评并总结。

### 4. 开展多种形式的线上互动

（1）问卷。例如，运用超星平台的问卷功能，设置关于大学生信仰状态的调查问卷。

（2）选人。在发起课堂提问时，可以使用选人功能，请被随机选择的同学回答问题。教师可根据大学生回答问题的情况进行适当加分。

（3）随堂练习。教师可以根据教学内容设置一定的随堂练习，用以检测大学生对所学知识的掌握程度，从而更有针对性地选择教学的重点。

## （四）课后考核及教学评价环节

首先，要建立科学完善的课程考核评价体系，大学生成绩评价体系应由过程性考查评价和结果性考试评价相结合，二者各占总成绩的 50%。过程性考查评价应综合评价大学生在线下课堂和线上互动中的表现，可以由签到、参与线下课堂主题讨论、线上互动等方面构成。

其次，建立教学评价和反馈机制。融媒体教学效果的提升离不开教学评价和教学反馈机制的建立。教师可以通过设置调查问卷、组织大学生对教学效果进行评分等方式及时获得大学生对教学效果的评价，帮助教师不断调整和完善教学设计，更好地发挥融媒体教学在提升教学质量方面的作用。

## 三、基于超星平台的融媒体时代高校思想政治理论课教学模式效果

与传统线下课堂相比，融媒体教学的优势得到了凸显。一是融媒体教学课堂的出勤率较传统课堂更高。超星平台提供的多种签到方式不仅使每节课的考勤更加方便快捷，也弥补了传统考勤方式耗时长、覆盖面窄等缺陷，考勤时如果想要作弊更是绝无可能，这些因素无意中对大学生们形成了约束，保证了每节课的出勤率。二是融媒体教学通过合理安排理论讲授、线下课堂主题讨论和线上互动等教学流程，实现了"线上+线下"的有机融合，大学生不再是教师的"听众"和课堂的"旁观者"，而是变成了课堂的主讲人和参与者，通过主题讨论和线上互动，大学生对课堂的参与度大大提升，课堂气氛十分活跃，大学生的低头率明显降低。三是在融媒体教学的模式下，大学生不再单纯地被动接受知识，而是在问题的指引下，主动获取知识，学习兴趣得到了明显提升。

### 结语

高校思政课的融媒体教学，是信息化不断发展的背景下，思政课教学改革的有益尝试。通过对"线上+线下"的有机融合，融媒体教学发挥了传统课堂和线上互动的互补优势，促进了高校思政课教学效果的显著提升，可以预见，融媒体教学将成为未来思政课教学的"新常态"。作为高校思政课教师，应审时度势，与时俱进，不断更新自己的教学理念和教学思维，不断探索更适应时代发展和大学生需求的融媒体时代高校思想政治理论课教学模式。

## 第四节　电视谈话节目形式在高校思政课教学中的应用

当前高校思政课普遍面临着课堂教学实效性有待提高的问题，其主要原因之一是传统思政课教学方式单一，课堂教学主要以教师一对多的单向灌输形式为主，创新性不强，导致大学生缺乏学习积极性，上课抬头率不高，因此亟须丰富高校思政课教学形式，增强课堂教学的吸引力和感染力，充分激发大学生课堂参与的主动性，提升高校思政课的教学实效性。

电视谈话节目起源于西方，在英文中通常被称为"TVTalkShow"，意为"电视交谈的展示"。它在我国出现时间虽然不长，但也已成为一种重要的节目形态。从传播学角度来看，电视谈话节目的传播要素与思政课的课堂教学的构成要素具有较强的相似性，其节目形式完全可以被创造性地应用于思政课，开展"谈话节目式思政课"教学，以此丰富高校

思政课教学形式，提升教学效果。

　　作为电视传播的一种节目形式，电视谈话节目是"在自发即兴的语境中，以两人以上面对面地双向口语传播为基础，视听语言相结合的大众传播活动"。从传播学角度看，思想政治教育则是一种"以提高人们的思想政治品德水平为特定目的的思想政治教育信息传递过程"。高校思政课的课堂教学正是传递思想政治教育信息的重要形式之一。由此可见，电视谈话节目与高校思政课教学都是传播信息的过程。在此基础上，从传播要素来看，两者具有极强的相似性，这决定了相较于其他依赖电视传播的典型节目形式，电视谈话节目形式更加适宜被创造性地应用于高校思政课之中。

### （一）传播者：教师与节目主持人和嘉宾类似

　　电视谈话节目主要以主持人和嘉宾为中心。其中，主持人不仅负责提供话题、引导讨论方向，同时还要把控节目现场。嘉宾则多以提供知识与观点为主，与主持人共同构成谈话节目的信息传播源。主持人与嘉宾、嘉宾与嘉宾之间的讨论，也往往以富有思辨性的、理性探讨方式为主。与电视谈话节目以上两大角色相对应，在高校思政课中，教师既要提供知识、观点，又要把控课堂，负责引导大学生的思考、激励互动，且多以富有启发性的理论探讨方式为主，因此往往兼有电视谈话节目中主持人和嘉宾的角色功能于一身。

### （二）传播对象：大学生与节目观众相似

　　就录制现场和环境而言，电视谈话节目可分为演播室谈话和演播室外谈话，因此其传播对象包括演播室内外的观众。此外，电视谈话节目制作完成后，还会通过电视这一大众媒介进行广泛传播，因此其观众群体还包括电视机前观看节目的观众。观众们除了接收主持人和嘉宾传播的节目信息外，也有可能参与节目中的话题讨论而成为传播者，因而传播者与传播对象之间具有互动性。高校思政课教学中的传播对象主要是课堂内的大学生，他们正如电视谈话节目中的观众，除了接受教师在课堂上传播的信息，也会参与提问和讨论。"思想政治教育不是教育者单向认识和改造对象的活动，而是教育者与教育对象双向互动的过程"。但相较之下，传统思政课的师生互动往往不尽如人意，而电视谈话节目中的观众与节目主持人之间的互动却展现出较强的主动性。

### （三）传播媒介：兼具人际传播和大众传播

　　电视谈话节目包括演播室内外的讨论和电视的大众传播。前者属于人际传播媒介，后者则属于大众传播媒介。因此，电视谈话节目是人际传播和大众传播的结合。不过，对于电视谈话节目而言，谈话才是主体行为，因此人际传播仍然是大众传播的基础，其传播效果也影响后者。高校思政课教学中同样也以教师和大学生之间、大学生和大学生之间的人际传播媒介为核心。同时，随着网络MOOC的发展，课堂教学过程有时也会被拍摄成为教学视频并通过网络这一大众传播媒介进行传播，因此也可能涉及大众传播媒介。

### （四）传播内容和特点：关注社会热点，注重价值引领

首先，电视谈话节目的主题分类及其内容与高校思政课内容具有重合性，价值引导具有一致性。电视谈话节目内容大致包括五类主题：一是新闻时事类，着眼于当代社会的热点、焦点、难点问题，注重廓清事实、分析影响、预测趋势、提供意见，谈话嘉宾多为此类问题的相关专家、学者。二是社会话题类，以社会普遍存在或特殊现象等不以时效性见长的事件、问题作为话题，注重问题背后的原因探讨、意义挖掘和价值引领。三是专业话题类，多就某一专题或以专业人士、精英人物的个案和相关事件为线索，注重对专业问题的理论探讨。四是人物访谈类，通常选取某一领域的标志性人物，通过谈话解读其人生经历，展现其人生观和价值观。五是生活情感类，以感性话题为切入点，注重探讨人生、婚姻、家庭、友情、生活等方面的价值选择。高校思政课的特点正是通过理论教育、榜样示范、比较鉴别等多种方法，结合社会现实，引导大学生逐步树立正确的世界观、人生观和价值观。以"基础课"为例，其教学内容与电视谈话节目主题具有高度相关性的，包括树立正确的人生观、科学的理想信念、践行社会主义核心价值观、提高道德素养、培养法治思维等。其次，电视谈话节目的内容具有人文传播的特点，倡导人文精神、批判精神的同时往往积极弘扬传统文化、高扬时代精神、普及法制观念、提倡主流价值观，其与"基础课"教学中"弘扬中国精神""传承中华传统美德"等内容无疑也具有一致性。最后，电视谈话节目的效果着眼于"通过主持人娴熟的驾驭技巧……使节目变得丰富有趣，信息量大，使观众对访谈内容眼到、耳到、脑到、心到"，这也与高校思政课教学中要求大学生"入眼、入脑、入心"是高度一致的。

由此可见，电视谈话节目与高校思政课教学在传播学要素上具有高度的相似性，这也成为电视谈话节目形式通过创造性地运用融入高校思政课的理论依据。

## 一、电视谈话节目形式在高校思政课教学中的应用价值

尽管电视谈话节目与高校思政课教学之间具有相似性，但它们仍然存在不同之处，而这些区别正好说明将电视谈话节目形式引入高校思政课的价值所在。

### （一）创新教学形式，吸引大学生注意力

自 20 世纪 80 年代以来，广播电视媒介在我国得到迅速发展。电视作为当时社会中大众传播媒介的一种主要形式，一出现就受到了人们的热捧。在信息相对匮乏的年代，电视节目不仅具有难得的娱乐性，更拥有作为官方媒体代表的权威性。从早期的电视剧、综艺节目引发万人空巷的观看热潮，到其后新闻节目、综艺节目、谈话节目等各种电视传播节目形式走向多元化，电视逐渐走进了千家万户，成为人们生活中不可或缺的一部分，其大众化的特征也越来越明显。例如，谈话节目以 1996 年中央电视台的《实话实说》节目的创办为标志，经过 20 多年的沉淀，涌现出大批形式丰富、受众广泛的经典谈话节目。其

中，影响较大的有中央电视台的《对话》、东方卫视的《东方直播室》、凤凰卫视的《时事辩论会》和《鲁豫有约》、湖南卫视的《天天向上》等节目。近年来，随着网络节目的成熟和发展，网络谈话节目也获得了年轻网友们的大量关注。不过，由于电视传播的特点，尽管以上节目关注度很高，制作过程中往往也会邀请部分观众进入演播室，甚至为观众提供直接参与话题讨论的机会，但限于演播室空间的限制，能够真正走进节目录制现场的观众毕竟是少数。因此，人们与电视节目之间的距离可以说是既近又远，处于"熟悉又陌生"的状态，而熟悉感意味着高接受度，陌生感则意味着新鲜度。因此，电视节目在人们的心中总有着一道特殊的"光环"。这道"光环"也同时加之于电视谈话节目上，赋予一般群众，尤其是喜好新鲜事物的年轻人以特殊吸引力。当电视谈话节目形式被应用到高校思政课中，其"光环"自带的熟悉感能够在较大程度上保证大学生对这一教学形式的高接受度，其陌生感则会一下子冲破大学生对传统课堂教学形式的倦怠心理，极大地激发出他们对课堂的新鲜感，其权威性又保证了课堂教学所需的严肃性，因此能够在创新高校思政课教学形式的同时最大限度地吸引大学生注意力，提高大学生抬头率。

### （二）转变单一信息流模式，提高大学生参与度

传统思政课教学以"教师—大学生"的一对多模式为主，其信息流也主要是从教师到大学生的单一模式。电视谈话节目形式则是"主持人—嘉宾"+"场内观众"+"电视观众"的混合模式，信息从主持人和嘉宾之间流向场内观众，再经由电视媒介流向电视机前的观众。这种多级信息流模式，能够形成"不同意见的即时交锋，话题的起承转合与自然铺展以域的标志性人物，通过谈话解读其人生经历，展现其人生观和价值观。五是生活情感类，以感性话题为切入点，注重探讨人生、婚姻、家庭、友情、生活等方面的价值选择。高校思政课的特点正是通过理论教育、榜样示范、比较鉴别等多种方法，结合社会现实，引导大学生逐步树立正确的世界观、人生观和价值观。以"基础课"为例，其教学内容与电视谈话节目主题具有高度相关性的，包括树立正确的人生观、科学的理想信念、践行社会主义核心价值观、提高道德素养、培养法治思维等。其次，电视谈话节目的内容具有人文传播的特点，倡导人文精神、批判精神的同时往往积极弘扬传统文化、高扬时代精神、普及法制观念、提倡主流价值观，其与"基础课"教学中"弘扬中国精神""传承中华传统美德"等内容无疑也具有一致性。最后，电视谈话节目的效果着眼于"通过主持人娴熟的驾驭技巧……使节目变得丰富有趣，信息量大，使观众对访谈内容眼到、耳到、脑到、心到"，这也与高校思政课教学中要求大学生"入眼、入脑、人心"是高度一致的。

南此可见，电视谈话节日与高校思政课教学在传播学要素上具有高度的相似性，这也成为电视谈话节日形式通过创造性地运用融人高校思政课的理论依据。

## 一、电视谈话节目形式在高校思政课教学中的应用价值

尽管电视谈话节目与高校思政课教学之间具有相似性，但它们仍然存在不同之处，而

这些区别正好说明将电视谈话节目形式引入高校思政课的价值所在。

## （一）创新教学形式，吸引大学生注意力

自 20 世纪 80 年代以来，广播电视媒介在我国得到迅速发展。电视作为当时社会中大众传播媒介的一种主要形式，一出现就受到了人们的热捧。在信息相对匮乏的年代，电视节目不仅具有难得的娱乐性，更拥有作为官方媒体代表的权威性。从早期的电视剧、综艺节目引发万人空巷的观看热潮，到其后新闻节目、综艺节目、谈话节目等各种电视传播节目形式走向多元化，电视逐渐走进了千家万户，成为人们生活中不可或缺的一部分，其大众化的特征也越来越明显。例如，谈话节目以 1996 年中央电视台的《实话实说》节目的创办为标志，经过 20 多年的沉淀，涌现出大批形式丰富、受众广泛的经典谈话节目。其中，影响较大的有中央电视台的《对话》、东方卫视的《东方直播室》、凤凰卫视的《时事辩论会》和《鲁豫有约》、湖南卫视的《天天向上》等节目。近年来，随着网络节目的成熟和发展，网络谈话节目也获得了年轻网友们的大量关注。不过，由于电视传播的特点，尽管以上节目关注度很高，制作过程中往往也会邀请部分观众进入演播室，甚至为观众提供直接参与话题讨论的机会，但限于演播室空间的限制，能够真正走进节目录制现场的观众毕竟是少数。因此，人们与电视节目之间的距离可以说是既近又远，处于"熟悉又陌生"的状态，而熟悉感意味着高接受度，陌生感则意味着新鲜度。因此，电视节目在人们的心中总有着一道特殊的"光环"。这道"光环"也同时加之于电视谈话节目上，赋予一般群众，尤其是喜好新鲜事物的年轻人以特殊吸引力。当电视谈话节目形式被应用到高校思政课中，其"光环"自带的熟悉感能够在较大程度上保证大学生对这一教学形式的高接受度，其陌生感则会一下子冲破大学生对传统课堂教学形式的倦怠心理，极大地激发出他们对课堂的新鲜感，其权威性又保证了课堂教学所需的严肃性，因此能够在创新高校思政课教学形式的同时最大限度地吸引大学生注意力，提高大学生抬头率。

## （二）转变单一信息流模式，提高大学生参与度

传统思政课教学以"教师—大学生"的一对多模式为主，其信息流也主要是从教师到大学生的单一模式。电视谈话节目形式则是"主持人—嘉宾"+"场内观众"+"电视观众"的混合模式，信息从主持人和嘉宾之间流向场内观众，再经由电视媒介流向电视机前的观众。这种多级信息流模式，能够形成"不同意见的即时交锋，话题的起承转合与自然铺展以及情感的真实流露"。当电视谈话节目形式被创造性引入到高校思政课后，教师承担主持人的角色，邀请的教师、专家、学者成为嘉宾，现场的大学生则成为观众，整个课堂因为新增了"教师—嘉宾"这一人际传播信息流，使原来信息场中的单一信息流模式因此被打破，转变为"教师—嘉宾"+"大学生"的双重信息流模式，由一对多转变为了多对多。课堂教学形式也转变为围绕教师、嘉宾和大学生共同关注的话题，以课堂为谈话空间和中心话语空间，以现在时刻为话语时间，通过提问、对话、辩论等方式，联系历史、

时代、当下和未来，以教师和嘉宾的观点、情感、态度为中心话语场向大学生不断辐射传播，营造了一个具有强大吸引力的高校思政课信息场。

在这个信息场中，教师和嘉宾之间的谈话减少了原本由教师一人承担理论教学的枯燥感，不仅拓展了话题广度，而且深化了讨论的深度，有助于提升高校思政课的教学内容质量。同时，信息场中的大学生则既是围观者又是参与者，教师和嘉宾之间的谈话仿佛是发生在自家客厅里的谈话一样真切，由此充分激发出所有大学生的"在场"意识，催生出强烈的参与感。这种氛围能为不善于主动参与讨论的大学生提供自由的思考空间，也能激发愿意开口的大学生参与讨论和发言的热情。由此，大学生因自我思考的深入、自我表达的实现和自我价值的体现而得到极大的满足。这个信息场同时还是语言表达、知识传播、智慧展现、心理渲染的综合信息场，主流价值观在多元思想的碰撞中被传递着，在智慧的交织中形成一个个信息话语的旋涡，辐射出一轮轮具有强大磁力的信息波，让大学生在心理上、认知上和价值观上不断产生高强度的感应和心灵震撼，切实提高高校思政课的实效性。

### （三）拓展知识广度与思考深度，为"课程思政"提供实践路径

电视谈话节目被引入高校思政课后，首先，可以实现对多专业多领域教学资源的充分调动，增强高校思政课与社会的联系，拓宽大学生的视野。尤其是通过邀请校内外各专业教师、各领域专家和各行业精英担当谈话嘉宾，不仅能够拓宽高校思政课的知识广度与思考深度，而且还能通过交叉学科和多领域的碰撞激发出思想火花，提升课程含金量，真正变"水课"为"金课"。其次，在全国高校掀起"课程思政"建设的背景下，要实现"既要充分发挥专业课程的育人价值，又要牢牢把握高校思政课的核心地位，坚持用好课堂教学主渠道"的目标，电视谈话节目形式的引入将为"课程思政"提供实践路径。开展谈话节目式的思政课，不仅可以综合利用各专业课程的教师资源、挖掘其育人价值，而且能够最大限度地保证高校思政课教师在信息传播过程中的主导地位。这必将大大增强思想政治教育合力，真正形成"思政课程"与"课程思政"之间的协同效应，进一步提升育人效果，对于构建"全程、全员、全方位"育人体系、促进高校坚持社会主义办学方向、落实"立德树人"根本任务具有重要的理论和现实意义。

## 一、电视谈话节目形式在高校思政课教学中的应用策略

要实现电视谈话节目形式在高校思政课教学中的应用价值，就必须以有效的策略实现电视节目形式与课堂教学形式的有机融合，尤其是要将电视谈话节目的传播优势和课堂教育传播的特点相结合。以下从电视谈话节目的要素及其策划入手，结合高校思政课的教学要素及教学设计，对电视谈话节目形式在高校思政课教学中的应用策略展开初步探讨。

### （一）教师要进行自我能力审视和提升

要完成一堂成功的谈话节目式思政课，对教师个人的能力要求较高。

对于电视谈话节目主持人来讲，"更被看重的不是个人的容貌和仪表，而是学识、经验、价值观和现场表现、新闻敏感以及节目掌控"，因此，除了要求高校思政课教师具备足够的知识储备和较高的理论水平之外，还需要具备捕捉社会热点的能力、识别大学生与嘉宾需求的能力、较高的语言表达能力、较强的谈话调控与应变能力、巧妙的情感沟通能力以及坚定的价值引领能力。例如，在与现场嘉宾和大学生的谈话、问答过程中，教师要对紧扣主题的话题做必要的引申阐述，对于游离主题的话题巧妙回避、适当引导，对涉及是非认识、价值判断的问题敢于亮出自己的观点，对尚未有定论且涉及复杂形势的一般不轻易表态或有意渲染，对理性话题的讨论适当运用感性因素，增强教育感染力。通过综合运用以上各项能力，才能真正实现谈话节目式高校思政课信息的自然开流、巧妙引流与主动升流。

## （二）要对谈话节目式思政课进行整合策划

整合策划具体包括对大学生需求、思想特点、行为特征进行调研，同时结合教师的教学内容、教学目标、教学风格和所在高校对思政课的教学要求等因素，明确谈话节目式思政课在整个高校思政课教学体系中的定位。例如，通过调研发现大学生对传统思政课形式接受度低，学习主动性下降，而教师的教学内容又适合以邀请嘉宾进行对谈的方式进行传播，那么谈话节目式思政课就可以在课程教学安排中占据更高的比例，承担更重要的角色。

## （三）要对谈话节目式思政课进行主题策划

首先，确定选题。高校思政课教师可以通过多种渠道搜集潜在选题，包括报刊、杂志、网络等媒体报道及舆论关注的线索。尤其要注意选择受到大学生关注、能够触及大学生思想深处，而且通过谈话节目式教学能够起到良好的价值引导作用的问题。面对众多潜在选题，高校思政课教师还要注意进行筛选。这一环节中，教师应充分发挥议程设置的功能，以"守门人"的角色建立起选题的评价标准和筛选原则，选择符合高校思政课教学要求和便于实际操作的选题。

其次，确定话题的价值趋向和谈话脉络。这是对选题的进一步处理，需要高校思政课教师进一步判断选题内容可供讨论的方向，设计谈话角度，尤其要注意挖掘选题针对大学生这一群体的特殊内涵和意义，提升选题的思想政治教育价值。在此基础上，还要进一步细化谈话思路和话题走向。这里需要坚持一个"大方向、小变化"的原则，即预先确定话题的主要线索和谈话的基本脉络，但在实际操作过程中要留下灵活应变的空间，并且要对可能出现的特殊或突发情况准备好应变方案。

## （四）要根据选题策划和教学目标邀请合适的嘉宾

嘉宾对于谈话节目式思政课的顺利进行和既定教学目标的实现卜分重要，因而应当具有良好的综合素质。具体而言，嘉宾应该同时具备谈资、谈技和谈品。谈资即掌握与选题相关的足够资料，并对该主题具有或权威、或周全、或亲身经历的独特见解，这需要嘉宾具有较强的专业素养和丰富的社会经验，能够以深厚的理论素养实现以理服人，同时又能联系大学生的思想实际，有的放矢地进行正面引导。谈技即具有一定的口才和辩才，语言表达简练、有逻辑，甚至具有幽默感；谈品即在谈话中顾及其他对话者和大学生，杜绝"话语霸权"。此外，鉴于思政课的特殊性，嘉宾还必须具备较高的思想素质、道德素质及过硬的政治素质，能够自觉运用马克思主义的立场、观点、方法观察问题、分析问题和解决问题，体现主流价值导向。

## （五）要设计现场谈话路径和用语

教师在这一环节首先需要设计开场词和导语，尽量提纲挈领、富有创意地抛出主题，引发大学生的强烈兴趣和关注，激发其参与热情；设计谈话结构与进程，合理设置悬念、层层细化问题；设计谈话中的主要兴趣点或具体故事，活跃气氛的同时推动话题不断发展；设计互动环节，包括多种因素的多重互动，如主持人和嘉宾、观众和嘉宾、主持人和观众，场内和场外多层次的互动，微信和微博等新媒体互动方式的引入，都要有所创新又相互协调；设计结语，做出基本事实判断和价值判断，明确价值导向，引导大学生的进一步思考，充分实现谈话节目式思政课的价值引导作用。

# 第六章 高校思想政治理论课翻转课堂教学模式的实践

党的十八大以来，党和国家高度重视高校意识形态工作，反复强调高校思想政治工作的重要性。2016年12月，习近平总书记在全国高校思想政治工作会议讲话中指出，"要运用新媒体新技术使工作活起来，推动思想政治工作传统优势同信息技术高度融合。"思政课是高校思想工作的重要阵地，改革创新高校思政课教学模式，要充分利用新媒体信息化技术，做到与时俱进，满足"90后""00后"大学生的学习需求，而翻转课堂教学理念无疑给教学改革带来了新思路，具有重要的现实意义。

## 第一节 翻转课堂教学模式的内涵及特征

翻转课堂教学模式，是多媒体信息化时代教学改革的重大成果，把翻转课堂教学理念运用到高校思想政治理论课之中，不能是翻转课堂的简单模仿，必须抓住思政课的政治宣传、价值引导等任务与特点，实现对翻转课堂的再创新，形成"自主、协作、探究式学习"的教学模式，使融媒体技术与高校思政课教学充分结合起来。

### 一、思政课翻转课堂教学模式的特点

翻转课堂突破传统的"以教为中心"的教学模式，强调"以学为中心""以学生的全面发展为重点"，注重将学生的学习过程和学习结果相统一、课堂学习与课下学习相统一，使得学生在学习过程中提高其自主学习能力和自我管理能力，凸显学习的多元化、多样性、过程性和激励性。思政课翻转课堂教学模式是结合思政课的特点和面临的现实困境，将翻转课堂理念运用到思政课中，形成"自主、协作、探究式学习"的教学模式。

#### 1. 自主性

思政课翻转课堂给予学生自主学习的空间，鼓励学生采取自行支配课程学习时间。课下，学生可以自由发挥、自我选择、自我管理，完成课前材料的学习；课上，学生自主探讨、自主合作、自我理解，完成课上知识的学习；课后，学生进行自我评价、开展延伸自主学习。因而，这种教学模式让学生从"要我学"转为"我要学"，成为学习积极者。

#### 2. 协作性

思政课翻转课堂注重"知行合一"，注重合作意识，发挥团队力量。学生通过课前协作学习、课上协作讨论以及课后协作延伸学习，完成教学目标。借助小组共同学习、共同

讨论的平台，相互交流，各抒己见，完成新知识的建构，在学生心中形成协作学习的意识和行为惯式，提高学生独立解决问题和自主学习的能力。

### 3. 探究性

思政课翻转课堂注重探究性学习，激发学生的创新能力，提高学生思维能力。课下课上以问题为导向，开展问题式研讨，以小组合作方式完成整个学习。这种教学模式让学生成为知识的探究者，教师仅仅是组织者、参与者和指导者，有助于学生在学习实践中获取直接经验，养成科学精神和科学态度，掌握科学方法，提高学生综合运用所学知识解决实际问题的能力。

## 二、思政课翻转课堂教学模式实现条件

翻转课堂注重以技能性辅助知识学习，但缺乏价值引导或生活思辨。因此，翻转课堂并不是万能的。思政课的翻转课堂教学模式既要分析把握翻转课堂的教学理念，设计合理有效的教学方案，还要遵循思想政治教育的基本规律和要求，实现思政课的教学目标。

### 1. 适度把控"翻转"理念的运用

所谓"翻转"，主要指教育理念、教学方式的翻转等，但"翻转"必须依据课程具体情况而定。思政课翻转课堂教学方案要做到因具体课程而定、因具体知识点而定，实现翻转课堂"本土化"，找准两者的契合点，真正为思政课教学所用。一方面，翻转课堂要适应思政课的特点、要求。高校思政课不仅要完成知识目标，而且还要注重培养大学生从"知""意"到"行"的过程，帮助大学生树立正确的世界观、人生观和价值观。因此，在"翻转"过程中，要紧扣思政课的教学特点与要求，不能为形式而丧失了课程的内容与目标。另一方面，翻转课堂要解决思政课的教学困境。当前，思政课教学过程中存在一些教学困难，如要加大学生参与思政课的覆盖面、增强思政课的吸引力，调动学生的积极性，最大程度发挥学生的能动性等。这就需要将信息技术与思想政治理论特点相结合，创新适合思政课需求的教学模式与方案。

### 2. 课前微视频或资料的有效开发

与传统的课堂教学模式不同，翻转课堂的课程体系必须更加完善，课程传授不再以一节课为单位，而是以"微课"为单位，更加细化、明确课堂教学的知识点，它往往是以课前的视频、资料学习为前提。实现翻转课堂，必须要有效开发课前微视频或资料，帮助学生实现课下学习任务。由于思政课具有较强的意识形态功能，这对开发教学微视频或资料提出更高难度和挑战。一方面，微视频或资料要能调动学生探究学习的积极性，在取材的过程中贴近生活、贴近学生、贴近社会；另一方面，微视频或资料要发挥社会意识形态功能，做好正面引导工作，帮助学生树立正确的思想观念。

### 3. 学生自主协作探究的学习意识

在多媒体信息化时代，自主协作探究的学习能力是必备要求。翻转课堂主要依靠学生

的自主学习、协作学习、探究学习来实现教学任务、达到教学目标。尤其是课下学习是翻转课堂的重要环节，它的成功与否直接影响到翻转课堂整体的教学效果。可见，其对学生的自主协作探究的学习意识要求较高。如果没有良好的学习意识，翻转课堂容易流于形式。当前，大学生已经习惯传统教学方式，过分依赖教师的课堂讲授，容易造成学生缺乏自主协作探究的学习能力、学习意识。在实施思政课翻转课堂时，要创造有利条件（通过团队成员互相监督等）来提高学生自学能力、培养自学意识，毕竟这是实现教学的重要条件。

### 4. 教师把控引导课堂的操作能力

翻转课堂教学不仅是改变以往讲授为主的传统教学方式，而是采取"问题"式研讨，包括热点讨论、焦点辩论、主题汇报等具体形式。整个过程中，教师扮演学生学习的指导者、促进者、参与者、合作者等角色，与学生平等地交流沟通，对学生学习进行监督并适时引导。同时，要求教师有较强的把控、引导课堂操作能力，如果教师在教学中没有转变角色，容易让学生丧失课堂学习的主体地位。相反，如果教师完全放弃主导作用，课堂看似热热闹闹，学生也成为了课堂的主人，但教学效果肯定不理想。因而，课堂把控引导要关注意识形态层面，对于关键观点、根本立场、核心原则等方面要及时亮明态度，既要产生争辩又要实现越辩越明的效果，真正教育引导学生正确认识世界和中国发展大势；正确认识中国特色和国际比较；正确认识时代责任和历史使命；正确认识远大抱负和脚踏实地，并自觉把远大抱负落实到实际行动中。

## 三、思政课翻转课堂教学模式实施要求

基于两年的翻转课堂教学实践，虽然得到学生、同行以及专家的认可，取得较好的教学效果，但在实施过程中仍然发现一些问题。为更好推进思政课翻转课堂模式的实施，还需要做好以下几方面：

### 1. 翻转设计贴近大学生的特点

当前，"90后""00后"大学生的成长环境相对优越，其生活在信息化时代，思想开放独立、个性自信张扬、思维活跃开阔、竞争创造意识强，在行事上更加注重实际、不重视形式、要求方法简单实用，同时也存在理想信念容易缺失、价值观念容易西化、思想呈现功利化、政治意识淡薄等问题。有的大学生适应社会能力较差，一旦面临挫折，心理脆弱、思想浮躁、意志薄弱。对于这些问题，课堂设计要考虑到大学生的思想特点，尤其是微视频或材料要贴近大学生的实际情况，满足他们的实际需求，让他们在交流争锋中得出答案，真正解决他们的思想困惑。

### 2. 翻转设计符合思政课要求

习近平总书记在全国高校思想政治工作会议上指出，我国高等教育肩负着培养德智体美全面发展的社会主义事业合格建设者和可靠接班人的重大任务，必须坚持正确政治方

向。翻转课堂的设计必须坚持立德树人并贯穿于整个教学全过程。一是翻转设计要认真研究并吃透思政课教材，准确分析课程教学中的重点、难点，将教学目标划分为一系列的子单元目标。二是围绕教学内容中学生最关心的社会热点、难点，准备好课下微视频或相关资料，并根据每个子目标细化成每个课堂的具体任务，解决大学生反映最突出、最关注、最直接的问题。

### 3. 课下课上翻转教学准备充分细致

要达到翻转课堂教学的预期效果，课下课上准备要充分、细致，否则整节课堂容易松散，教师不好掌控。一是对教学内容反复琢磨推敲，精心设计翻转的内容与形式，不断追问以何种翻转教学形式更适合每一个教学知识点，以何种教学手段能达到最佳教学效果。二是定好翻转形式之后，要细致安排学生开展课下准备工作，及时掌握学生准备过程中的信息反馈，指导学生完成课下学习，力图在课上能有争辩、有思想火花。三是充分考虑到课上讨论中存在的各种情况和问题，做好相关的预案。例如：如果讨论结果很快达成一致或讨论结果无法在有限时间内达成一致，教师如何有效地引导或控制等问题。可以说精心的准备是翻转课堂的前提，是学生全身心参与的保证。只有做好课下课上翻转教学的前期准备工作，教师才有可能保证教学活动顺利实施。

### 4. 健全翻转课堂教学的保障机制

创新翻转课堂教学模式关键要建立一套完善的、各方通力合作、密切配合的保障机制。翻转课堂教学在课下所花费的时间远远大于课上教学时间，单靠思政课教师来完成是远远不够的，需要学校相关部门的配合、协助。一是学校应高度重视翻转课堂，并作为重要课程内容加以建设，保证经费投入和财力支持，提供必要的物质保障。其中，包括微视频或材料的录制费用、网络视频资源的购买费用等。二是加强教学效果评价建设，对过程性教学效果予以肯定，并对表现突出的教师给予精神鼓励和物质奖励，以调动教师的积极性和主动性。三是从制度上鼓励、推动开展思政课翻转课堂实践与研究，尽量提供多样化、个性化的教学工具与教学手段。四是改进对教师的考核机制，不论从舆论及政策导向上，还是对教师工作业绩或职称评聘等考核评价体系上，突出教书育人的实绩，不仅考核其学术水平，更应考核其职业道德、教学态度及育人效果等。五是协调学校团委、学生处等学生管理部门与思政课协同，将思政课课上与课下学习、线上与线下学习结合起来，形成党委统一领导、各部门齐抓共管的工作格局。

## 第二节　思想政治理论课翻转课堂教学模式实践的价值

思政课是高校大学生的必修课之一，是对学生进行思想教育的主要课程，在高校课程中具有重要地位。但由于教师的教学方式单一，一直都是老师根据课本知识讲，学生听的教学方式。在该教学模式中学生听课专注度不高，学习积极性也不够，使得课堂教学效率低下。课程思政即在高校各专业学科中渗透思政知识，在专业课程中挖掘思政教育元素，加强对高校学生的思政教育。翻转式教学模式是信息技术不断发展的背景下出现的新型教学模式，改变了学生与老师在课堂中的角色关系，在课堂上不再以老师讲课为主，学生在教学中的主体作用越来越大。翻转式课堂教学模式具有提升课堂效率，提高学生学习积极性的作用，对培养高校学生的综合素养具有重大意义。

信息技术的发展不仅为社会带来了经济效益，还为人们的生活提供了便利，而且对学校的教学模式也提供了很大的参考价值。翻转式课堂就是在信息技术的发展中创立起来的新型教学模式，对学生学习效率的提高具有极大的促进作用。信息技术背景下高校的思政课程可以有更进一步的突破，尤其是对理工科专业的学生来说，思政课一直都是学生们学习的痛点和难点，思政课的乏味让理科专业的学生常常无法对其感兴趣，将思政教育渗透于其他学科的课程思政又往往存在教学效率低的问题。而采用翻转式课堂教学模式，可以摆脱教师在课堂上费尽口舌讲解但是学生们没有人认真听得低效率课堂现状，从提高学生的积极主动性出发，让学生做课堂的主人，教师在课堂上起到引导作用，让学生借助信息技术手段自主去探索并提出问题，教师与学生一起解答问题，从而提高课堂质量，提升教学效率。

# 一、翻转课堂教学模式的特点

## （一）重新建构学习流程

翻转课堂式教学模式，是指学生在课前或课外观看教师的视频讲解，自主学习，教师不再占用课堂时间来讲授知识，课堂变成了老师学生之间和学生与学生之间互动的场所，包括答疑解惑、合作探究、完成学业等，从而达到更好的教育效果。传统的教学方式不同的是翻转式课堂教学模式是教师在课前教师录制视频，学生观看视频并自主思考，然后在课堂上对观看视频中遇到的问题、自主思考时的独特见解与老师学生一起探讨，找出问题的答案，除了课前录制视频，老师主要起到答疑解惑的作用。这一教学方式重新构建了学习流程，学生自主思考和课堂上共同探讨有助于提高学生的学习效率，让学生在不断提出问题并解决问题的过程中提高对知识的理解。

## （二）教学信息清晰明确

在翻转式课堂里，教师录制视频时目标明确清晰，所要传达的教学信息也清晰明确，因为录制视频是教师独自完成的，不会因为其他因素的影响而扰乱教师的教学思路，传统课堂上教师在讲授知识时常常会因为课堂中的其他因素影响教学思路，甚至会影响一些重要知识点的讲解，而翻转式课堂的教学思路清晰，教学信息目标，学生观看视频时能够清晰跟上老师的思路学习知识，学习效率高，还有助于学生形成独立思考的能力。此外，有些视频在播放过程中还设置了答题，学生观看完一段视频还需要答题，教师在后台可以根据学生的答题情况了解学生对知识的掌握情况，从而在课堂上对学生的薄弱环节进行重点讲解，提高教学质量。

### （三）课程复习方便快捷

教师在课前为学生录制的视频学生是可以无限次观看的，这有助于学生对不懂的知识点进行反复学习。同时，在回答视频中设置得的问题时，如果不懂或者做错，学生就可以返回去重新观看视频，在不断观看中提高对知识的理解。传统的课堂教学中，教师在课堂上讲完知识后，学生可能因为注意力不集中而错过了重要知识，这时就没有办法重新返回课堂听老师讲解，但是翻转式课堂里老师课前录制的视频学生可以反复观看，在课堂上与老师互动学习后，课后可再次观看，促进知识的消化吸收。

## 二、翻转课堂教学模式在课程思政方面的教学意义

### （一）提升课堂教学效率

思政课是高校的必修课之一，传统的思政课教学方式让课堂内容变得枯燥无味，教师花费大量时间备课，课堂上也认真讲解知识，但是总体的课堂效率依旧不高。将翻转式课堂模式应用于课程思政方面能够极大地提高教学效率。一方面因为在课前观看视频时能够让学生在上课之前对课堂知识进行充分熟悉，通过在观看视频中回答问题的情况，教师对学生掌握知识的情况有了基本了解，学生和教师对正式课堂都做了充分的准备，课堂上只需要学生将自己学习中存在的疑惑和问题提出来，教师进行解答，弄清楚疑惑后学生对知识的掌握程度会进一步提升。另一方面学生在课前观看视频，课堂上探讨学习等方式，在反复学习中充分消化吸收了知识，这不仅使学生的综合能力提高了，而且课堂教学效率也会有很大的提高。

### （二）提高学生的学习积极性

翻转式课堂留给学生自主思考的时间多，学生能够通过自己已经掌握的知识和其他阅历，在观看课堂视频时积极思考，形成自己独特的见解，课堂上老师答疑解惑时能够让学生有茅塞顿开的感觉，在这样提出问题的过程中，学生对学习的积极性提高。因为一般情况下通过自己思考提出的问题学生都会认真去探索解决问题的答案，学习积极主动性会提高。此外，在翻转式课堂模式中，每个专业的教师在录制视频制作问题时都可以穿插一到两道关于思政知识的问题，将思政知识渗透到每门学科的教学中，学生形成学习思政的习惯，便会积极主动地去提高自身的思想觉悟，同时学习的积极主动性也会相应提升。

### （三）促进理科专业实现"理实一体化"

将思政课程渗透到高校教育教学中的各个学科中，提高各学科教师对学生思想政治教

育的重视程度，认真践行先"立德"再"树人"的教育观念。学生的思想政治教育不仅仅需要在思政类课程中体现，更需要在各专业课程中重视起来。尤其在理科专业里，教师需要积极挖掘理科专业中能够提高学生思想政治的教学资源，积极对学生进行思想教育，在讲好专业课知识的同时重视思想政治教育。而翻转式课堂可以有效地将思想政治教育跟专业知识教育融合起来，使学生在学好专业知识的同时加强思想政治修养，自觉提高政治觉悟，有效实现"理实一体化"。

## 三、翻转式课堂教学模式应用于高效课程思政的策略

### （一）在录制专业课程时充分挖掘思政元素

思想和政治教育必须始终贯穿于高校学生学习的各个方面，只有思想信念牢固，青年大学生才能够成长为对社会有用之人。翻转式课堂模式教学方式新颖，对学生的吸引力大，在翻转式课堂模式中渗透思政教育能够对学生的思想政治教育起到事半功倍的效果，因为学生感兴趣，所以会去学习，学习效果当然也不会差。所以，教师在翻转式课堂第一个环节录制视频讲解知识点时就需要渗透思政教育，同时在课堂上与学生探讨问题时也需要融入思政教育，善于采用思政资源解答学生问题，让学生在潜移默化中提高思想觉悟和政治觉悟，做有担当有责任有信念的青年大学生。

### （二）设置思政专项问题

在翻转式课堂里，学生在观看视频过程中一般都需要回答问题，通过问题的回答来判断学生对知识的掌握程度，那教师在设置问题的时候可以打开思维，不仅仅设置跟课堂内容有关的问题，可以设置一些思政类的问题，提高对思政知识的熟练程度。此外，教师也可以在视频末尾设置专项思政类练习题，即使在理工科类的课程中也可以设置思政类问题，转换学生的学习思路，让学生每时每刻都记住思政学习，树立正确的价值观，提高综合素质。

### （三）发挥思政的"引领性"作用

思想教育是对高校学生最主要的教育，专业课教育虽然对提升学生的专业技能，培养对社会有用的实用性人才重要，但是没有思想支撑的人才是经不起使用的，思想才是一个人才最宝贵的财富，高校应该积极利用翻转式课堂模式的有利优势，因势利导，将思政教育贯穿于各课程教学中，做到每门课程都有思政教育，即实现课程思政。发挥思政在专业课中的引领性作用。翻转式课堂模式对提高课堂效率和学生学习积极性方面都有极大的促进作用，课程思政方面运用翻转式课堂模式可以促进思政教育的实施，有利于将思政课程渗透到高校各专业课程中，实现学生的全面发展。

总结：翻转式课堂模式发挥了学生在课堂中主体位置的作用，锻炼了学生独立思考的

能力，有助于学生提高学习积极性。课程思政是教师在每门专业课中融入思政教育，翻转式课堂教学效率高的优势对课程思政方面具有极大作用，能够让思政教育有效渗透到其他学科中，在长期潜移默化的培养中提高学生的思想政治水平，培养学生的综合素质，让学生能够全面发展。

# 第三节　深圳特区移民文化资源和高校思政课教学实践

深圳特区的移民文化是深圳经济特区建设发展精神成果的集中表达，其包含的创新精神、契约精神、包容精神、进取精神与高校思想政治教育的价值追求存在着高度的契合。对深圳特区移民文化资源的开发利用是生成高校思政课教学亲和力和提高高校思政课教学针对性的重要手段，可以有效丰富高校思政课理论教学资源，完善高校思政课程体系，优化高校思政课实践教学方案。

## 一、深圳特区移民文化及精神特质

深圳作为中国改革开放建立的第一个经济特区，一直充当着我国对外交流、开放的"窗口"和改革开放的"试验田"，四十年间凭借骄人的经济成就和创新能力迅速崛起为一座具有全球竞争力的城市。随着中国特色社会主义进入新时代，深圳再一次承担起建设中国特色社会主义先行示范区的历史新使命。基于移民社会所形成的独具特色的移民文化为深圳成功崛起提供了持续发展动力。

### （一）深圳特区移民文化的内涵

深圳是一个典型的移民城市。据宝安县志等文献记载，1979 年深圳建市之前有 31.41 万的原住民，其中客家人占深圳原住民的六成以上。改革开放后，深圳设立经济特区，在政策吸引下，广东广府系、潮汕系以及客家系三支人口率先移民深圳，与此同时，也吸引了湖南、广西、江西等邻省以及河南、四川、重庆等中西部地区人口。《深圳市 2019 年国民经济和社会发展统计公报》显示，全市年末常住人口 1343.88 万人，其中户籍人口 494.78 万人，占常住人口比重 36.8%，且常住人口中超九成是外来移民。浩大的人口流动，倒挂的人口结构使深圳成为中国最大的移民城市。不同地域人口的流入带来了频繁的文化交流，不同文化在深圳独特的社会环境下互相融合、浸染、改造，最终形成了具有独特精神的深圳移民文化。

"文化"这一概念语义丰富，据统计，中外记录在册的"文化"定义多达 200 个以上，其中最宽泛意义上的"文化"是与特定人群的生活方式相联系的，在文化与生活的视野下，我们可以认为文化的本质是人的生存态度和生活方式，是凝结在某一群体中的核心价值、意义体系。沿着这个逻辑出发，所谓移民文化是指移民社会中人们的生活方式和价值观念，而本文所说的深圳特区移民文化则是指深圳自成为经济特区后，伴随巨大移民潮而逐渐诞生的移民文化，即深圳人在改革开放 40 年的过程中形成的区别于其他地方人的生活方式和价值观念。深圳移民文化深刻地塑造了深圳人的精神风貌，潜移默化地引导、影响着深圳人的思维习惯和行为方式。

## （二）深圳特区移民文化的精神特质

移民文化产生于移民社会，移民社会的形成来自人口的迁徙和流动。

移民现象在空间维度上具有普遍性，在时间纬度上具有历史性，是人类史上一种广泛的、持久的活动。移民文化具有一些共同性的特征，如冒险、拼搏、开拓、进取、开放、兼容等。深圳移民文化除了具有上述特征外，还有独特的精神特质，主要包括：

### 1. 创新精神

深圳特区诞生于创新实践之中，深圳因改革而生，因创新而兴，改革创新精神是深圳精神的核心，经济特区的建设是开创性的事业，是要开辟出一条新路。回顾深圳特区发展历程，创新是深圳发展的灵魂，也是深圳肩负起历史使命的必然要求。深圳特区在创建伊始就肩负着开启和推进全国改革开放和现代化建设进程的重大历史使命，要冲破传统体制的束缚，"杀出一条血路"。深圳经济特区要肩负起先行先试的重任，承担起"探路尖兵"的使命，就必须以敢为天下先的胆魄和勇气，摒弃因循守旧、墨守成规的教条主义，敢闯敢试，通过创新实践，为我国改革开放和现代化建设打开一条新路。创新是深圳人不可或缺的素质，离开出生地来到深圳的移民普遍都怀揣梦想，富有开拓与创新精神，憧憬在这片土地上实现人生理想与自我价值，移民群体的开拓创新精神与深圳创新发展的城市理念完美契合，并在创新实践中内化为城市文化的精神内核和价值观念，推动深圳特区的创新和发展。

在创新精神的指引下，深圳敲响了土地使用权拍卖的第一槌，拉开了土地利用市场化的序幕；发行了改革开放后的第一张股票，吹响了我国发展股份制企业和资本市场的前奏。在创新精神的传承下，深圳积极营造创新人才环境，优化营商政务环境，培育创新创客文化，涌现了诸如华为、腾讯、比亚迪等一批具有国际竞争力的创新型龙头企业，培育了一大批创客空间、服务平台和创客群体，并将继续努力打造具有全球竞争力的"创新之都"。

### 2. 契约精神

移民的流动性突破了传统社会中家庭、邻里、伙伴等初级关系，取而代之的是在社会交往中渐次发生的同事、雇佣、买卖等次生关系，这为深圳特区践行契约精神提供了良好的社会基础。契约精神是移民群体组成的陌生人社会的通行证，严守契约是社会交往有序进行的前提，助力社会主义市场经济平稳运行和法治社会长足发展。深圳是中国特色社会主义先行示范区和经济发达地区，契约精神是市场经济社会的基础，也是维护正常的交易秩序的要求，市场本身就是若干交易合同关系的总和，市场化的本质是契约化，市场经济的健康有序发展与合同制度完善与否密切相关。除此之外，契约精神不仅体现为一种商业道德，更体现为一种守法精神。契约就是商人之间的法律，对契约的普遍遵守逐渐发展为尊法守法的法治意识。

### 3. 包容精神

兼容并包是移民社会的普遍特点，来自各地的移民带着其原生地的生活方式和文化背景在社会活动中互相接触、碰撞，最终融合成独具特色的移民文化。对于深圳特区来说，移民群体年龄较为年轻，接受新生事物较快，个体对外来文化表现出较强的包容力，甚至将"来了，就是深圳人"作为城市的口号，凸显了深圳的强大包容性。除了对多元文化较强的整合能力外，深圳的包容精神还体现在城市的容错机制方面。在鼓励创新的基础上，对创新创业失败给予更多的宽容，给予个体更多探索梦想和成功的机会。

### 4. 进取精神

深圳的城市发展得益于社会主义市场经济的繁荣，得益于竞争中迸发出来的能量与活力。要在竞争中处于不败之地，就要不断开拓进取，学习提高。终身学习已经成为深圳人的文化自觉，各种读书学习活动此起彼伏，周末图书馆里座无虚席、一位难求，网上购书量持续走高，学习进取在深圳早已蔚然成风，成为深圳人提升自我、亲近文明的一种生活方式。

## （三）深圳特区移民文化精神的时代价值

深圳特区移民文化是中国本土生长的、集中体现了深圳特区建立以来精神文明的总体成果，其身上兼具中国传统文化的烙印和现代文化的气息，既传承了中华优秀的传统文化，又适应了市场经济体制的需要，是新市民文化的雏形。深圳特区的成功经验有着独特的成分，这些禀赋和要素很难在其他城市简单复制，但深圳特区开拓创新、遵守契约、包容进取的特区移民文化精神却对中国特色社会主义新时代的市民文化发展具有示范和引领作用。深圳特区是中国特色社会主义实践探索的一个典范，深圳特区移民文化拓展了中国特色社会主义文化现代化实现的途径，为解决中国发展问题提供了可参照的方法。

# 一、深圳特区移民文化精神与高校思政教育的内在契合

高校思想政治教育的主要目的是培养中国特色社会主义事业的合格建设者和可靠接班人，而深圳经济特区建设是改革开放以来中国特色社会主义建设和发展的一次成功探索，为中国特色社会主义道路的形成和发展做出了重要贡献。深圳特区的移民文化是深圳经济特区建设发展精神成果的集中表达，其包含的创新精神、契约精神、包容精神、进取精神与高校思想政治教育的价值追求存在着高度的契合。

## （一）创新精神培育改革创新的自觉意识

改革创新是当代中国最突出、最鲜明的特点。高校青年大学生具有丰富的想象力和创

造力，是改革创新的生力军。高校思想政治教育致力于培育大学生改革创新的自觉意识，帮助大学生树立大胆探索未知领域的信心，鼓励大学生勇做改革创新的实践者。然而改革创新的道路往往布满荆棘、充满艰辛，需要强烈的责任感和使命感支撑人们克服和战胜改革创新过程中的艰难曲折。深圳特区用其实际行动诠释了改革创新精神，深圳特区建设过程中广泛吸收人类文明成果，敢于大胆探索尝试，敢于质疑现有定论，勇于开拓新的方向，攻坚克难，追求卓越，引领中国开创了一条中国特色的自主创新之路，并深入实施国家创新驱动发展战略。深圳特区移民文化的是创新精神的高度浓缩和改革历程的生动诠释，创新精神已经深刻融入到深圳特区城市发展建设之中。

## （二）契约精神强化规则意识

高校思想政治教育致力于提升大学生的思想道德素质和法治素养，要求大学生在社会生活中遵守公共行为准则，维护公共秩序，信仰服从法律，尊重法律权威，推动社会主义法治建设。大学生对社会规则的认同与遵守，核心在于规则意识的培育与建设。遵守规则的本质是对自我的约束和管理，是一种内心的自觉，对规则的遵守能够有效强化大学生责任意识，完善自我品格，提高道德水平。遵守规则往往表现为遵守法律，只有坚守法律底线，才能树立崇高的法律信仰，推动全面依法治国的进程。另外，规则意识所延伸出来的诚实守信、合作共赢等价值观念也有助于引导大学生形成正确的人生观、价值观。然而，当代中国处于深刻的社会转型期，规则制度的建立往往滞后于社会实践活动，规则的缺位在一定程度上导致了人们对规则的无所适从，并进一步表现为一定程度的道德冷漠和法治意识淡薄。深圳特区移民社会孕育出的契约精神有助于培养高校大学生建立良好的规则意识，树立正确的价值观念。契约精神促成了深圳高度发达的市场经济水平，铸就了深圳法治社会的基石，用生动实践证明了遵守规则的重要意义。

## （三）包容精神拓宽视野胸襟

随着中国特色社会主义进入新时代，我们比历史上任何时期都更接近、更有信心和能力实现中华民族伟大复兴的目标，也前所未有地面对着复杂的国际形势和机遇与挑战并存的外部世界。高校大学生在新的历史方位下也必须具备更宽广的视野，更广阔的胸襟，勇担民族复兴大任。新时代的青年大学生必须在传承中华文明优秀传统文化的同时，要有气度去吸收世界文明的优秀成果，为世界文明宝库增添更多的瑰宝。能够深刻认识和把握中国的国情，理性看待中国的发展，不断加深对中国与世界关系的认识，思考和探索中国与世界的良性互动，并积极参与其中。深圳特区在改革开放过程中较好地继承了中原文化的厚重底蕴，吸收港澳文化的灵活开放，学习两方文化的科学理性，兼容五湖四海的移民带来的各种文化，营造出了兼容并包的文化环境，开明地对待各种新生事物，鼓励不同意见的交流与辩论，创造了宽松宽容的社会氛围，逐步培育了全球视野，涵养了包罗万象的气度，形成了博采众长的思维。深圳移民文化的包容精神正是契合了新时代中国特色社会主义合格建设者的培养方向，为拓宽青年大学生视野与胸襟提供了思路和方法。

### （四）进取精神强化青年使命担当

高校青年大学生是国家未来发展的中坚力量，帮助其树立共产主义的远大理想，认识其自身肩负的历史使命，以高度的历史责任感刻苦学习、不断进取、努力成才，是高校思想政治教育的核心任务。深圳特区的发展历程就是一部生动的拼搏进取篇章，深圳特区从改革开放的"窗口"到中国特色社会主义道路的"排头兵"，再到"中国特色社会主义先行示范区"，始终以强烈的历史主体意识和舍我其谁的责任担当，将时代赋予的使命镌刻在自己的精神旗帜上，这种强烈的使命感无疑可以激发高校青年大学生的责任担当意识，激励高校青年大学生为国家发展和民族振兴不懈奋斗。

## 一、深圳特区移民文化资源融入高校思政课教学的实践意义

将深圳特区移民文化资源融入高校思政课教学能够有效提高思政课教学的思想性和理论性、亲和力、针对性。

### （一）增强思政课教学的思想性和理论性

思想性、理论性是思政课发挥立德树人作用的根本要求，思想性反映了思政课的政治立场和政治方向，理论性反映了思政课的学理性和系统性，思政课教学只有增强思想性、理论性，才能在社会思想观念日益多样、社会价值取向日趋多元、各种社会思潮纷繁复杂的环境中更好感染人、说服人、武装人。将深圳特区移民文化资源融入高校思政课教学，不断推进高校思政课的课程内容建设，是增强高校思政课教学思想性、理论性的重要突破口。

深圳特区移民文化是深圳城市建设至关重要的软实力，是深圳经济特区改革开放四十年重要的精神成果，是中国特色社会主义道路实践探索的重要成就，其本身具有高度的先进性和示范性，具有极其丰富的思政课教学资源可供挖掘。如，深圳特区的迅速崛起启示人们，社会主义虽然是在生产力落后的基础上建立的，但完全可以发挥出巨大优越性；深圳特区市场经济建设的成果破除了市场经济等于资本主义的传统认知，让人们认识到市场经济在社会主义条件下完全可以释放出更大的能量与活力；深圳特区打造全球"创新之都"的经验证明，中国可以为积极推进全球发展贡献中国智慧、中国力量。

### （二）提升思政课教学的亲和力

"亲和力"最早属于化学领域的概念，指代原子之间的关联特性，后被引入心理学、教育学并被广泛使用，比喻使人亲近、愿意接触的力量。

提升高校思政课教学的亲和力能够增强思政教育的吸引力、感染力和同化力，让受教育对象对思政教育感到亲近和易接受。接受思想政治教育的主体不是抽象意义上的人，而

是一个个生活在特定地域之中，切实受到地域文化影响的大学生。教育心理学认为：人们对于其亲近的事物更易产生学习的兴趣，从而便于发生学习联想，加深学习印象。所以，将集中体现深圳特区精神价值的移民文化融入高校思政课教学之中无疑是提升高校思政课教学亲和力的有效途径。通过调动大学生日常熟悉的人、物、事来组织教学活动，在丰富高校思政课教学内容的同时，获得与大学生情感领域的共鸣，进而产生价值取向的趋同，提升大学生的"在场感"和学习动力。

### （三）提高思政课教学的针对性

深圳特区移民文化属于深圳本土文化，它与深圳所处的历史背景、城市定位、经济发展等因素密切相关，反映了地方经济、文化、历史的发展成就与特色，将其融入高校思政课教学研究能够有效提高高校思政课教学的针对性，将教学内容与大学生生活密切联系的各项现实资源及地域发展实际结合，帮助大学生认识深圳，缩短融入社会的时间成本，同时还能引导大学生通过了解深圳特区移民文化精神，达到与深圳共生共荣，为深圳发展贡献力量，为地方社会发展和经济建设输送人才。

## 四、深圳特区移民文化资源融入高校思政课教学的路径

### （一）深入挖掘移民文化资源，有机嵌入思政课理论教学

深圳特区移民文化资源所蕴含的创新、开放、拼搏、进取等元素为高校思政课教学提供了丰富、有效的素材，而要将其有机嵌入思政课理论教学中，则需要教师提高对移民文化资源的驾驭能力，深入了解移民文化资源的内涵和价值，深入挖掘深圳移民文化中可用于思想政治教育的资源，找寻深圳移民文化与高校思政课教学的契合点，选取适合的文化资源，对于能够融入的要素，还要进一步明确融入形式、融入程度、表达方式等，完成从移民文化资源到课堂教学的转化，使之适合高校课堂特定的传播场所。

在文化资源要素的选择方面，一是要坚持思政课立德树人的教育功能和正确的政治导向，突出思政课意识形态塑造的本质，尊重思政课教学的基本规律，切忌用热闹花哨的素材冲淡思政课的思想性、政治性和理论性。二是坚持以统编教材为主、移民文化资源为辅的原则。在尊重统编教材内容和思政教学目标基础上，合理嵌入、适度使用移民文化资源素材，切忌本末倒置，将思政课演化成移民文化宣传普及课。三是坚持选择具有代表性的经典文化要素，移民文化资源融入高校思政课教学是为了提高教学实效性，文化资源并非要在所有教学章节都有所体现。要精心设计教学环节，选取精品，重点突出，精心镶入，切忌为了融入而盲目滥用文化资源。另外，还要注意创新话语表达方式，改进教学方式方法，力求增强课程的亲和力与说服力。总之，对移民文化资源元素的挖掘和融入要经过认真的筛选和整合，使其能够紧紧围绕教学目标展开。例如在培育大学生改革创新精神时，可以融入深圳改革开放过程中不断开拓创新、敢为人先的案例素材，并结合先行示范的时

代使命，鼓励大学生做改革创新的生力军；在讲授"培育和践行社会主义核心价值观"内容时，可以结合"深圳十大观念"展开，"深圳十大观念"作为一个整体，其所蕴含的"以人为本，实事求是，改革创新，自强互爱，振兴中华"价值追求与社会主义核心价值观深度契合，有助于大学生借助具体的素材来理解抽象的理论，激发其自觉践行社会主义核心价值观的热情。

## （二）探索多样化课程形式，完善思政课的课程体系

深圳特区移民文化资源融入高校思政课教学除了在原本的课程体系中有机嵌入文化元素外，还可以结合移民文化资源特色，开发系列选修课程，将移民文化资源转化为思政课的课程资源，完善思政课的课程体系。

在探索多样化课程形式时要注意坚持守正与创新相统一，既要守住高校思政课教学在价值引领方面的初心，又要在遵循规律的基础上推陈出新。

选修课程在定位上要与思政公共课有效衔接，对公共课起到有效补充作用；在指导思想上要以中国特色社会主义思想为指引，突出马克思主义的世界观和方法论，利用深圳移民文化资源的亲和力与针对性，将天下事讲成身边事，将有意义的事讲成有意思的事。要善于将抽象的理论与现实中生动的实践相结合，将政治理论所涉及的宏观结构性命题具象为大学生可感可知的事件与场景。例如可以通过深圳特区快速崛起的发展历程来阐释中国特色社会主义制度的优越性，通过深圳法治建设释放出来的巨大驱动力来讲授依法治国的必要性与重要性等。在教学内容上既关注大学生的兴趣，又强调与高校思政课教学的定位相符。课程内容既要回应现实生活中大学生的理论关切，又要解决他们思想中存在的困惑，培养其理论兴趣，提升其理论思维能力。在表达方式上，转换话语体系，改变传统思政课教学的"说教感"，用更加接地气的话语来阐述，将"思政味"蕴藏在大学生听得懂、愿意听的语言中，让大学生听得懂、听得进、能接受，真正实现入耳入心。

## （三）创新实践教学活动形式，优化实践教学方案

深圳特区移民文化资源融入高校思政课教学过程中，还要注意课堂教学与社会实践相结合。正如马克思所言，全部社会生活在本质上是实践的，真理往往是理论彻底性与社会现象内在本质性的统一。高校思政课的实践教学活动可以依托博物馆、纪念馆、美术馆、知名景点等展开，从大学生可触可感的生活情景出发，为其提供更多观察体悟机会，不断提升其认识问题、分析问题和解决问题的能力，进而实现理论知识与实践能力同步提升，真正培养出能够担当民族复兴大任的时代新人。

# 第七章 融媒体时代高校思政课混合教学模式的实践

高校思政混合型教学是线上教学与线下教学有机融合的产物，能够通过两个教学空间的优势互补，有效克服二者各自固有的弊端，大大提升高校思政课的实效性。这充分展示了高校思政课混合型教学的发展前景乐观，但由于高校思政课混合型教学具有较强的复杂性和不确定性，其本身又尚未发展成熟，导致其在教学实践中仍存在着一系列的问题。

因此，高校思政课混合型教学仍然需要不断地通过改革、优化、创新和展望等方式来持续推动其自身的发展。

## 第一节 高校思政课混合型教学的改革

思政课是全国高等学校公共必修课，是一种融思想性、政治性、科学性、理论性、实践性于一体的课程。该课程主要以习近平新时代中国特色社会主义思想为指导，针对大学生成长过程中的思想认识、道德素养、法治思维等问题，开展马克思主义的世界观、人生观、价值观、道德观和法治观教育。为了不断增强高校思政课的亲和力、针对性和有效性，提升大学生思政课的获得感，开展了基于超星平台的高校思政课混合型教学改革。

### 一、高校思政课混合型教学改革的理念

结合高校思政课的课程目标、课程特点以及大学生实际，教学改革的理念主要如下：

#### （一）主导性与主体性相结合

在高校思政课教学过程中，教师始终要把握主线，坚持其政治性和意识形态培育功能，从正面加强引导，反面坚持批判，坚定教师的主导作用。与此同时，要注意高校思政课面对对象是大学生，是要解决大学生成长过程中思想道德上的难题，是要点亮大学生心中的信仰光芒，因此在教学过程中要充分认识和了解大学生，必须充分调动大学生的积极主动性，让大学生充分"在场"，发挥学生主体作用。学生主体作用的发挥可结合课程内容通过线上线下的方式运用总结、举例、提问、练习、分析、讨论等多元化形式，让大学生参与教学、表达观点、融入情感，享受课堂的气氛，把情感和精力投入学习中。高校思政课教学首先必须坚持教师主导性和学生主体性的统一。

### （二）理论性与实践性相结合

理论是有魅力的，是能够打动人、说服人的。"说理引导法是在思想政治教育中坚持方向原则和民主原则的具体表现。"高校思政课教学首先必须坚持理论性。如果高校思政课上仅仅是讲故事、看视频、情境表演，课堂喧哗热闹，大学生貌似也沉浸其中，但教育效果如何恐怕要打一个大大的问号了。高校思政课主要解决大学生的思想认识问题，帮助大学生树立正确的三观，最有效的方法还是要依靠讲道理，如此才能引导大学生分清是非、明白事理。当然，重视理论性的同时要注重说理引导的技巧和方法，讲究针对性和艺术性，方能以理服人。高校思政课教学不仅仅强调理论性，同时也要坚持理论与实践的统一。理论来自实践，要充分用好新时代中国这本大书，鼓励大学生走进社会参与实践，了解中国的发展，明确新时代大学生的责任和使命，培养担当意识，坚持理论性和实践性的有效统一。

### （三）显性教育和隐性教育相结合

"00后"大学生成长于互联网时代，个性鲜明独立，从小接触多元观点，更加有主见，高校思政课教学改革要充分考虑教育对象的特点，要注重显性教育和隐性教育的相统一。既要开篇明义，明确课程的意识形态特点，坚定不移地引导大学生坚持中国特色社会主义共同理想和树立共产主义远大理想，实行显性教育。同时也要开发多渠道巩固和加强教育成果，开展混合型教学抢占网络阵地，实现体验式教育加强朋辈影响，灵活采用各种课堂教学方法实现熏陶感染，显隐结合，更好地提升教学效果，更好地增强大学生的获得感。

## 二、高校思政课混合型教学改革的实施

坚持主导性和主体性相结合、理论性和实践性相结合、显性教育与隐性教育相结合的教学改革理念，基于课程特点和大学生实际，采取了基于超星平台的混合型教学，即"线上教学+线下课堂教学+实践教学"的模式，三部分相互联系、相互作用，致力于提升高校思政课的教学效果。

### （一）线上教学：拓宽时空，充分发挥学生主体性

大学生思想政治道德水平的提升，需要教师施加教育影响，但归根到底要通过大学生自身的内化才能实现。思想政治道德水平的提升是一个极其复杂的矛盾运动过程，需要反复学习实践才能巩固形成，线上教学正好弥补了受时空所限的传统思政课教学的缺憾。线上教学以超星平台自建课程为依托，贯穿于教学的全过程，通过问卷、互动、讨论、作业等充分发挥大学生的主体作用，保障大学生充分在场，提升高校思政课的亲和力和针对性。

线上教学有课前、课中与课后之分，不同时间点对于线上平台的运用方式有所差异。课前线上教学主要从三方面展开：其一通过线上平台发布章节相关资料设问引导大学生自主预习；其二创设问卷掌握大学生思想实际、具体学情为课堂教学铺垫；其三结合课程内

容了解大学生最关心、最困惑的知识点为备课打基础。以"基础课"的第一章"人生的青春之问"为例，可在课前依托超星平台发布讨论"你的青春是什么颜色的"以及发布问卷调研"对于你的大学生活，你有明确的规划吗"，提前了解大学生的思想动态以及对大学生活的把握，提升教学的有效性和针对性。课中线上教学主要作用为辅助线下课堂，可适度利用学习通选人、发起讨论等活动引导大学生充分参与讨论、表达观点，形成思想的流动激起思想的交汇碰撞，推进朋辈影响和教学相长。值得一提的是生于网络时代的"00后"不少大学生更习惯于线上表达，屏幕之后的发言更为真诚与实在。比如在"基础课"的第二章"坚定理想信念"中，设置了互动分享环节"理想时间轴体验活动"，羞于课堂发言的大学生在线上反而畅所欲言，少数大学生长远而明确的人生理想分享对于没有目标的大学生会产生触动和启发。

课后线上教学主要通过发布拓展资料、作业任务点、讨论及PBL等形式督促大学生开展课后学习与思考，进一步巩固学习效果。比如"基础课"第一章课后可依托平台发布《雇佣人生》微电影，布置课后作业请大学生谈谈观后感，引发大学生对人生的反思并为下一个知识点教学铺垫；同时可以依托平台发布相关资料，如电子书目冯友兰《一种人生观》；拓展阅读"你愿意一辈子隐姓埋名吗？"推动大学生拓展学习，巩固教育效果。

2020年4月，中国互联网络信息中心（CNNIC）发布第45次《中国互联网络发展状况统计报告》，报告指出截至2020年3月我国网民规模为9.04亿，手机网民规模为8.97亿；从网民属性结构来看，20~29岁网民占比为21.5%；从职业方面来看，在我国网民群体中学生最多，占比为26.9%。自媒体时代的到来，大学生群体"一人一机、人不离机、机不离手"已成现实。线上教学从网络原住民的"00后"大学生实际出发，充分利用大学生的碎片化时间进行更加灵活、生动、互动的教学方式延伸了传统课堂教学，显隐结合、优势互补。

### （二）线下课堂教学：问题导入，重点突破，以理服人

思政课是教人做人的课程，主要围绕一条"做人"的逻辑主线展开——"做怎样的人以及怎么样做人"。以"基础课"教材为例，首先在绪论以及第一章明确了"做怎样的人"，引领大学生成为有理想、有本领、有担当的时代新人，正确认识人生观并树立正确的人生观。第二章到第六章都围绕着"怎么样做人"而展开，第二章"坚定理想信念"明确了做人的方向和目标，要树立崇高的理想信念——信仰马克思主义、树立中国特色社会主义共同理想和共产主义远大理想；第三章"弘扬中国精神"明晰了做人的精神状态——以爱国主义为核心的民族精神和以改革创新为核心的时代精神；第四章"践行社会主义核心价值观"指明了大学生做人的价值参照——弘扬和践行社会主义核心价值观；第五章和第六章则明确了做人的道德规范以及法律规范。线上教学更多地是从感性推动大学生内化，线下课堂则更多地紧扣现实难点，注重情理交融，用理论打动人、说服人和感染人。

"线下课堂教学"以教师课堂讲授为主，根据教学内容结合大学生实际灵活运用多样的教学方法精讲重点和难点。高校思政课不能脱离理论的精、准、透。教师必须不断提升

自身理论水平、深入浅出精讲理论，不仅使大学生掌握"是什么"，还要明确"为什么"，更应懂得"怎么做"。结合大学生实际及教学目标，在明晰章节重难点基础上确立了清晰的问题链条。具体可见表7-1。

表7-1　"基础课"问题链

| 章节标题 | 问题链 |
| --- | --- |
| 绪论 | 新时代是怎样的一个时代？——新时代需要培养怎样的人才？ |
| 第一章<br>人生的青春之问 | 人是什么？——人生观是什么？——怎样的人生观是正确的？——我应该怎样度过这一生？ |
| 第二章<br>坚定理想信念 | 什么是理想信念？——理想信念有用吗？——只有个人理想可以吗？——为什么要树立中国特色社会主义共同理想？——共产主义远大理想在今天有意义吗？——我们如何实现理想？ |
| 第三章<br>弘扬中国精神 | 为什么中华文明没有中断？——什么是中国精神？——为什么要爱国？——新时代要如何爱国？——新时代要如何弘扬创新精神？ |
| 第四章<br>践行社会主义核心价值观 | 什么是价值观？——为什么需要核心价值观？——什么是社会主义核心价值观？——社会主义核心价值观的自信从何而来？——大学生要如何践行社会主义核心价值观？ |
| 第五章<br>明大德守公德严私德 | 什么是道德？——我们为什么需要道德？——我们需要怎样的道德？——我们需要的道德从何而来？——我们应如何进行道德实践？ |
| 第六章<br>尊法学法守法用法 | 法律是什么？——我们为什么需要法律？——法律是如何运行的？——社会主义法律是怎样的？——中国特色社会主义法律体系有什么特点？——中国特色社会主义法治道路和西方有什么不同？——如何培养法治思维？——我国公民有哪些法律权利与法律义务？ |

结合章节的清晰问题链，主要运用PBL法引导大学生抽丝剥茧，引导大学生分析问题和解决问题，在师生互动基础上教师总结精讲，厘清其内在逻辑，分析其深层原因，用理论说服大学生。"理论只要说服人［adhominem］，就能掌握群众；而理论只要彻底，就能说服人［adhomi-nem］。"

除PBL法和理论讲授法之外，课堂教学较常用的还有案例教学法以及情境教学法。案例教学法是"基础课"较常用的方法，容易促进大学生的情感共鸣，助力思想进步。结合大学生实际，在线上学情调查基础上，案例的选择要注重典型性、新颖性、代表性，符合"三贴近原则"。比如在讲到"改革创新是时代要求"时就可以引用贴近大学生实际的本校师兄师姐的典型案例实现榜样激励。情境教学法主要结合教学内容设计情境促使大学生产生共鸣或引发反思，尤其适用于道德篇及法律篇。例如道德两难选择情境设计等。总而言之课堂教学方法上的选择要结合课程内容和课程目标以及大学生特点加以设计，重点解答大学生疑惑、有的放矢，提升教学的针对性和有效性。

### （三）实践教学：注重实效，在体验中促进知行统一

思想道德水平最本质的表现还是外化行为。实践是认识的来源，也是认识发展的动力，要提升大学生的思想政治道德水平、提升巩固教学效果最终还是要回到实践当中去，实践教学是不可或缺的必要环节。高校思政课实践教学以小组为单位，通过体验式实践、观察实践和社会实践等让大学生走进社会、认识社会和服务社会，积极弘扬和践行社会主义核心价值观，提升大学生的社会责任感、使命感和担当意识。大学生小组在教师指导下选定主题进行活动策划，按照策划外出实践，结合活动开展情况制作成PPT或视频并在班级进行汇报展示，后期提交策划书、活动总结等作业，教师根据大学生社会实践表现评分，采取教师评价、小组互评和学生自评相结合。高校思政课实践教学按照教学内容有目的、有计划地引导大学生在体验中认知、感受、体会和领悟，引导大学生更好地去认识社会、了解社会，正确认识个体与社会的关系，明晰大学生的使命感和担当意识，推动大学生在实践中实现教育和自我教育的结合，实现知行统一。

## 三、高校思政课混合型教学改革的优势

在高校思政课混合型教学中，线上教学、线下课堂教学和实践教学三部分各有特殊性，不同在其组织形式、教学方法、课堂要求等，但这并不代表三部分是彼此割裂的，相反它们是辩证统一的，统一于课程内容、课程目标以及教与学的全过程。

### （一）提升了教学的亲和力和针对性

习近平总书记在全国高校思想政治工作会议上强调，"要用好课堂教学这个主渠道，思想政治理论课要坚持在改进中加强，提升思想政治教育亲和力和针对性，满足学生成长发展需求和期待"。亲和力是指思政课对大学生所具有的亲近、吸引的潜在功能，以及大学生对思政课产生的亲近感和趋同感。高校思政课混合型教学从大学生特点和实际出发，授课过程中结合线上线下手段采用总结、举例、提问、练习、分析、讨论等形式，运用问题链充分调动大学生的积极性，让大学生参与教学，成为课堂的主人，享受课堂的气氛，把情感和精力投入到学习中，培养和提升大学生对课程的兴趣，提升了教学的亲和力。高校思政课混合型教学通过线上预设任务充分掌握大学生思想状况和具体学情，有的放矢，提升了教学的针对性。

### （二）更加符合思想政治品德的形成规律

思想政治品德素养的提升和思想政治品德形成规律一样，是在实践基础上主客观因素相互平衡、相互协调的结果，是知、情、信、意、行五个因素共同作用的结果，是一个矛盾运动的长期过程。高校思政课是教人"做人"的课程，思想政治品德等素养的提升仅仅依靠传统的课堂教学是远远不够的。高校思政课混合型教学拓宽了教学的时间和空间，将

线上与线下、理论与实践、个体与团体教育都结合了起来，将高校思政课教学渗透到网络空间、实体空间和实践维度，贯穿于全过程，将五个因素更加有机地统一结合在一起，更加符合课程目标，更加符合思想政治道德形成的规律，有助于提升教学效果。

### (三) 实现了 1+1+1>3 的融合整体加大效应

高校思政课混合型教学由线上、线下课堂以及实践三部分组成，但这三部分并不是彼此割裂的，相反它们是紧密相连，互为依存的。线上教学为线下课堂教学提供方向和辅助；线下课堂教学通过理论解剖、问题引导和案例解析直面大学生思想实际回应重点巩固线上成效；实践教学从知转向行，内化转向外化，提升使命感和担当意识。混合型教学实际上实现了教学资源、方式、内容和时空的大融合，各有特色的三部分有机协调，整体大于部分，能够进一步促进大学生的获得感，提升大学生的思想政治道德素养。

## 四、高校思政课混合型教学改革的反思

高校思政课混合型教学有其自身特点，在考核方式上也相应要有所改变与创新。

### (一) 混合型教学应创新考核方式

基于超星平台的混合型教学考核三部分相互作用、相互影响，在考核中应当以形成性评价为主，定性与定量相结合，形成性与结果性考核相统一。平时成绩以形成性评价为主，线上学习情况、线上讨论的参与度以及线上作业完成情况等，可以通过学习通后台进行数据的统计与分析；线下课堂教学的表现，可以通过大学生的出勤率以及课堂参与度来进行评价；社会实践的完成质量，可以通过大学生的活动过程、课堂展示以及社会实践相关作业来评价，成绩由教师评价、小组互评以及自我评价产生。期末成绩采取闭卷考试方式，以试题库的形式抽题组成试卷，年级统考。其中，可相应增加平时成绩所占比例。线上与线下相结合、形成性与结果性考核相结合、学生自评与教师评价相结合的考核方式符合思想道德形成的特点，也符合高校思政课的课程特色，更能检验课程教学的实效性。

### (二) 混合型教学改革始终要坚持内容为主

内容决定形式，形式反作用于内容。要明确高校思政课，不论采取何种教学模式、教学方法，始终要坚持内容为主，方式、方法是服务于内容、服务于教学目标的，不能喧宾夺主、本末倒置。习近平总书记在思政课教师座谈会的讲话中对于思政课教学提出了"六个统一"的要求，其中第一个要求就明确指出思政课教学"要坚持政治性和学理性相统一，以透彻的学理分析回应学生，以彻底的思想理论说服学生，用真理的强大力量引导学生"。因此，高校思政课需要通过混合型教学的展开引导大学生自主学习、查找资料、主动思考，在有一定思考的基础上教师总结答疑，用理论感染大学生，用价值引导大学生，努力培养有理想、有担当的时代新人。

### （三）混合型教学改革教师要牢记使命

习近平总书记强调，"办好思想政治理论课关键在教师，关键在发挥教师的积极性、主动性、创造性。"高校思政课教师自身必须不断加强建设，努力往总书记提出的"六要"（政治要强、情怀要深、思维要新、视野要广、自律要严、人格要正）靠拢，明确立德树人的神圣使命，积极主动学习理论知识，开阔视野、勇于创新，不断提升自身教学水平，做到"学高为师，身正为范"，努力以知识涵养大学生，以人格魅力感染大学生，以坚定的信仰引领大学生，做大学生人生路上的引路人。

### （四）高校思政课混合型教学改革需注意的问题

基于超星平台的基础课混合型教学改革在实施的过程中也存在一定的问题，需要进一步改善。第一，平时成绩考核的定性与定量问题。混合型教学的线上教学基于超星平台开展，产生学习数据作为平时成绩的依据，但实际教学过程中发现大学生有投机取巧现象，成绩考核存在一定纰漏，需要教师在课堂教学的过程中更好地把握与规范，始终谨记技术为手段、为方法，不能颠倒。第二，实践环节谨防搭便车现象。在高校思政课实践教学环节中，大学生以小组合作的基本形式开展实践活动，教师在教学过程要加强管理，同时也要促进组员之间的相互督促和影响，防止搭便车现象。第三，加强教师团队建设，推行集体备课制。混合型教学工作量较大，如何构建合理的教师团队，调动课程组教师的积极性和创造性使其各尽其能，需要进一步探索。

## 第二节　高校思政课混合型教学的优化

在现代化信息技术迅猛发展、国家教育信息化规划以及精品在线课程的多重合力的推动之下，高校思政课混合型教学迅速兴起。2014 年复旦大学牵头建设的全国首门高校思政课在线课程"基础课"在智慧树播出，开启了我国高校思政课在线开放课程的先河，为高校思政课"混合型"教学模式建立奠定了基础。这门课程采取线上教学与线下研讨、多校多位教师讲授与一位教师引导讨论相结合的方式开展，课程性质属于"混合型"多校共建共享的在线开放课程。复旦大学王桃珍博士和高国希教授称这种教学模式为"混合型"慕课，或者"中国式"慕课。2019 年，政府在思政课改革创新的意见中指出，各高校要创新思政课的教学模式，提升思政课教师的信息化能力素养。随后教育部明确鼓励各高校在现有基础上积极开展混合型教学。于是，高校思政课在全国范围内兴起了混合型教学研究与实践的新浪潮，先后出现了基于 MOOC、SPOC 以及各种平台等多种形式与技术手段相结合的混合型教学。

混合型教学是指"一种将面授教学与基于技术媒介的教学相互结合而构成的学习环境"，它融合了线上学习和线下课堂教学的优势，"既要发挥教师引导、启发、监控教学过程的主导作用，又要充分体现学生作为学习过程主体的主动性、积极性与创造性"。具体而言，"是指在适当的时间，通过应用适当的媒体技术，提供与适当的学习环境相契合的资源和活动，让适当的学生形成适当的能力，从而取得最优化教学效果的教学方式"⑧。

疫情期间，为响应国家"停课不停学"的号召，众多高校思政课采取线上教学的方式授课。大规模的线上教学是对混合型教学的全方位检验，同时也暴露了一些共性问题，如教师和学生对平台操作不熟悉，线上互动无法深入等。随着信息技术的发展，线上线下混合的教学模式在技术手段、信息传达等方面将越来越便捷。有学者认为，混合型教学在后疫情时代将进一步发展，或将成为未来主要的教学形式。高校思政课不同于其他专业课重在知识的传授，其目的在于思想的引领，对学生知行合一提出更高的要求。因此，混合型教育模式运用到高校思政课教学过程中，对教师与学生信息技术素养与能力准备等各方面提出了更高的要求，产生了一系列亟待解决的问题，如体验式教学环节中教学环境如何设计，如何重新定位教师和学生的线上和线下课堂的角色，如何进入深度学习等等。有效地解决其存在的弊端，构建高校思政课混合型教学路径，是更有效地开展高校思政课教学的重要前提。

## 一、高校思政课混合型教学的现况

为深入了解高校思政课混合型教学的运用效果，进一步提高思政课教学质量，本研究依托问卷星平台对广州大学华软软件学院授课学生就混合型教学的相关问题进行问卷调查，为完善高校思政课混合型教学，提供了重要的参考依据。

### （一）基本情况及问卷调查结果分析

截至目前，全国各高校的思政课，利用不同的平台，开展了线上线下的混合型教学，并且取得了一定成效。自2018年始，广州大学华软软件学院思政课各教研室尝试开展线上线下混合型教学，线上教学主要利用网络平台，创建网上课堂——蓝墨云班课（现已更名为"云班课"），创建云班课的主要用途有三：一是提供拓展阅读的课程资料，将与课程相关的专著、论文、视频等资料放在云班课中，供学生参考。二是给学生提供一个讨论问题发表观点的平台。高校思政课为公共必修课，大班上课，班额高达100人。因学生多，课堂时间有限，有很多同学在课堂上没有机会表达观点和发表见解，课后同学们可以通过云班课畅所欲言。统计结果显示，参与答题讨论的学生占比80%左右，个别班级超95%。三是畅通学生与教师交流的渠道，学生将自己的疑惑和问题通过云班课向教师提问，不受空间和时间的限制，方便高效。云班课的使用贯穿课前、课中、课后整个教学过程。线下教学主要围绕高校思政课教学目标开展专题教学，以教师讲授为主，授课内容除了完成主要教学目标，还围绕学生在云班课上提出的共性问题进行讲解。教师根据教学目标备课，并将相关教学视频和专著投放到云班课，学生学习完成之后在云班课上讨论并提出问题。教师再根据学生的疑惑进行二次备课，将学生提出的共性问题进行整理并重新准备课件，在课堂上进行讲解。线下讲授结束后，学生可以在云班课上继续提问、讨论，教师适时进行答疑。

广州大学华软软件学院思政课线上线下混合型教学已经过五轮实践，基本上改变了传统的满堂灌的教学方式，尝试着将教学流程变成"学—导—行"，教学成效初显。疫情期间，思政课教师利用Q群课堂和腾讯课堂等多种平台开展线上教学，云班课除了发挥课前的作用之外，还增设了课中讨论环节，学生同时利用在线听课和在线讨论两套平台开展学习。疫情后，思政课教师积极探索教学方式，深化混合型教学，更大程度地利用线上资源和平台。根据教学的疑难点和学生共性问题进行微视频录制，并投放到云班课，供学生提前学习以及课后复习。总体而言，广州大学华软软件学院的思政课混合型教学，在利用线上平台方面，先后经历了线上平台作为课前预习和课后答疑的辅助，到线上资源共享、学生提问、预习、重难点学习、复习、考核等多种形式并举的局面，并实现了线上和线下的深度融合。

混合型教学打破传统的教学模式让高校思政课教学与学习更高效的同时，也对学生的自主学习能力和教师的网络信息技术素养提出了更高的要求。广州大学华软软件学院思政课混合型教学依然处于探索阶段，尚未形成特色。为进一步完善高校思政课混合型教学，检验高校思政课混合型教学的实效性，就高校思政课混合型教学的相关问题开展了针对学生和教师的问卷调查，并辅助以深度访谈。

开展问卷调查，调查内容主要包括教学形式设计、课程目标实现、学习获得感等方面。调查问卷发放对象为思政课实施混合型教学以来的授课对象，涉及大一、大二共16个班，1601份问卷，回收1601份，回收率1000%。表7-2是主要问题的问卷调查结果。

表7-2  问卷调查结果

| 问卷调查的主要问题 | 认同率 |
| --- | --- |
| 1. 相较于传统教学方式，混合型教学方法在思想引领、启发性和趣味性上做得更好 | 90.40% |
| 2. 认同思政课的混合型教学法，并且愿意学院在其他思政课上推广 | 89.100-10 |
| 3. 教师录制的微课程画面清晰，教师讲解清楚，能很好地辅助你掌握相关知识 | 88.30% |
| 4. 云班课操作快捷方便，可以让你随时随地学习 | 96.50% |
| 5. 教师录制的微课程视频有针对性地讲解清楚你在各章节中的疑难点 | 89.60% |
| 6. 云班课让你有更多的渠道获得课程平时成绩加分 | 97.50% |
| 7. 面授教学内容设计合理，能够很好地融合线上资源和教学内容，起到互补作用 | 82.40% |
| 8. 课程在线视频画面流畅，声音清晰 | 97.40% |
| 9. 在线提问交流对课程学习有较大的帮助，在线答疑及时高效 | 93.20% |
| 10. 你希望学校能在线下课加入跨校直播互动 | 99.10% |

整体而言，学生对高校思政课使用混合型教学比较接受，并且希望进一步推广到其他高校思政课。

## （二）学生评价

在开展问卷调查的同时，对部分学生进行了深度访谈。结合学生在教师评价系统上的留言，汇总了大量学生对高校思政课混合型教学的评价和建议。以下是部分学生的评价与建议摘录。

学生评价：思政课教学过程中，教师运用线上和线下相结合的方式，增强了我们的学习兴趣，改变了我对思政课枯燥无味、形式单一的固有看法。云班课在上课之前能提供相关的视频和文章给我们学习，让我们提前了解学习的内容，拓展了视野。线上的及时答疑和课后的解惑很好地帮助我们解决了很多困惑。

云班课很方便，在课堂我们可以通过手机进行一些简单、操作方便的互动，让我们在大班也可以有序地开展大范围的讨论，这是传统课堂所不能及的。

学生建议：教师课前在线上提供的学习资源较为丰富，但是每个学生对于同一个资源的理解可能不同，所以希望教师在课堂教学中，多增加讨论，实现差异化教学、个性化教学，增加每一个学生的参与度和自主性。

混合型教学在高校思政课运用中得到了学生的肯定，相较于传统的满堂灌，混合型教学极大地调动了学生学习的自主性，提高了学生的学习兴趣，也改变了学生对高校思政课枯燥乏味的看法，提高了高校思政课的教学质量。

## （三）教师评价

本研究对任课教师进行了深度访谈，基于教师的视角，混合型教学在思政课运用中的主要成效表现为：一是极大地提高了学生的学习积极性，课堂上和线上师生互动增多，有利于教师及时了解学生的动态和对知识点的掌握情况，在备课和教学过程中更有针对性；二是极大地减轻了教师批改作业和成绩考核的负担；三是促使教师自身不断反思进步，提高自身的信息素养与计算机技术水平；四是颠覆了传统的基于"学"而"教"的模式，从知识的传授者转变为思维的引导者。学生有更强的获得感，教师有更多的成就感。

# 二、高校思政课混合型教学存在的问题

整体而言，在高校思政教学中引入混合型教学在一定程度上提高了教学效率，增强了高校思政课的趣味性，学生自主学习的能力也有所提高，但是在运用过程中也存在一些问题。

## （一）在理念上，混合型教学内涵界定不清，导致在使用过程中流于形式

美国犹他州立大学教授 Merrill 的研究表明：只讲究信息设计精致化的多媒体教学和远程教学产品，虽然质量是上乘的、外观也颇吸引人，但由于其并非按照学生学习的要求加以设计，因此只会强化教师讲授式的教学。信息技术的运用，为教师的教学提供了重要的助力，但是在运用于高校思政课过程中，出现了为技术而技术的现象。在教学课件制作和

教学步骤设计过程中，出现了为追求混合的形式而忽略其主要教学目的现象。

混合型教学不仅是教学方法和技术的混合，更在于教学思想和教学理念的转变。基于建构主义的混合型教学的目标有二个：一是教师整合网络和实体课堂的混合与设计，二是为学生的自主学习的混合与设计。目的在于实现教师从"教"转向"导"，学生从被动接受知识到主动吸收知识，充分发挥学生的主动性与积极性。面对混合型教学，部分教师简单地把传统的"课堂—课外"的教学变为"线上—课堂—课外"的形式。把线上学习简化为传统教学的一种技术助力，未将其与传统课堂进行深度融合。课前在云班课上发送学习资源流于形式，也未进行适当引导，学生未能很好地领会与吸收教学资料内容。线上互动碎片化，未成系统。线上考核形式化，困于考核形式的限制，线上考核以客观题为主，但高校思政课注重思想的引导与意识形态的引领，因此在考核方面，客观题不能很好地反映学生的习得情况。另外，有些课堂出现线上教学和线下教学两张皮现象，线上教学内容和线下教学未能进行深度融合，出现内容重复，而又有些重要内容没有涉及到，导致高校思政课的教学有"混合"之名而无"混合"之实。

### （二）在教学设计上，学生团体之间的差异性未引起教师足够的重视

混合型教学以学生为中心，注重个性化教学和学习，然而目前而言，从教学资源的准备上，依然没有做到个性化教学资源的供给。一方面与思政课的大班教学有关，整体而言，思政课教学班额高达 100 人，甚至更多。

个性化教学提供的前提是足够多的师资和尽可能小的班额。这个问题在传统教学中也存在，混合型教学应用之后依然未能从根本上实现个性化教学。Wolff 等认为在混合型教学中，学生团体之间的差异性尚未引起足够的重视，这一困境也同样存在于"金课"建设中。基于学生的差异性来实现"高阶性"目标，仍需研究者做进一步探索。

由于学生个体差异大，教师在云班课投放相关教学资源时无法顾及每一个学生的现有知识储备。混合型教学在一定程度上帮助教师加深对学生的了解，但是要实现差异化的"精准教学"，需要高校思政课教师投入更多的精力进行两方面的研究与考察：一是对学生的思想状况进行个性化的了解和调查；二是要结合国家的大政方针和教学目标，有针对性地根据授课对象学生的思想状况进行教学资源的整合，据此进行精准备课。

### （三）在技术准备和学习思维转变上，教师与学生的准备度不够

混合型教学对教师和学生的信息技术操作能力提出了更高的要求。一是要求教师学习新的信息及技术，需要具备一定的信息技术能力，如网络平台管理和实操能力，以及与之相应的网络教学能力，而不是简单地把实体课堂迁移到网络上展开。二是在高校思政课教师普遍师资不足的情况下，"思想道德修养与法律基础"教学任务繁重是普遍现象，混合型教学在前期增加了教师的工作量。信息技术素养准备不够与工作量的增加在一定程度上影响了教师开展混合型教学的积极性与主动性。信息技术素养不过关，部分教师和学生信

息素养准备不够，在混合型教学过程中面临着教学平台各种技术掌握不牢或是完全不会操作的情况。疫情期间，学生在各种线上平台的操作过程中对平台相关功能键的操作不熟悉，教师也面临着教学平台突然中断，而不能及时处理等一系列问题。另外有部分年龄大的教师，对一些新的教学平台的使用不熟悉，导致在授课过程中出现教学中断现象。

高校思政课混合型教学对学生的自觉性提出了更高的要求，要求学生及时转变学习思维。在线学习达到一定的时长并且对教师发布的资源进行理解消化，才能在线下实体课堂上更好地理解教师讲授的内容，否则学生的收获较之于传统课堂不会有明显提高。调查研究发现，有部分学生并未转变传统的学习方式，没有主动参与或完全不参与线上自主学习。

## 三、高校思政课混合型教学的路径优化

基于混合型教学的基本理念与高校思政课的教学目标以及目前混合型教学运用存在的问题，笔者认为可以从教学设计、教师与学生的信息技术能力、教学环境等方面对高校思政课混合型教学路径进行优化。

### （一）积极构建以学生为中心的混合型学习环境

在教学维度上，混合型教学被重新理解为一种新的"学习体验"。在经历了技术辅助、教师主导视角之后，混合型教学的理解转变为学生视角，关注混合型学习带给学生学习思维的转变以及对学生学习的支持。不少学者指出，混合型教学并不是简单的线上线下的技术混合，而是为学生创造一种高度参与的个性化学习体验。"思想政治理论课程教学法是一种德育课程教学法，与智育课程和其他课程教学法不同，具有其特殊性，其教育过程不是一种简单的认知过程，而是包含知、情、意、信、行等心理过程的复杂动态过程。"换言之，高校思政课的教学无论是采取何种教学模式，其目的都在于对学生进行人生观、价值观、道德观与法治观教育，并且使学生将相应的观念"内化于心，外化于行"。要达成此目标，高校思政课的教学不仅在课堂内，更应该延伸到课堂外，要构建有助于积极调动学生积极性并主动学习的线上线下混合的学习环境。

混合型学习环境的构建，一方面要求学生转变思政课学习思维，另一方面要求学生不仅在思政课堂内去学习，还要深入到实际生活中去体验与感悟，实现"课内"与"课外"深度融合的混合型学习；不仅要在线下课堂上学习，还要在教师的引导之下通过各种线上平台和相关网站进行学习，实现"线上"与"线下"的混合型学习。为此，高校思政课教师应该打破传统的备课和授课思维，重新整合教学资源，构建以学生为中心的混合型学习环境。

### （二）重构教学设计，实现差异化教学

相较于其他课程，思政课更贴近学生的生活实际，因此在教学过程中能引导学生解决真实生活中的困惑，能更好地激发学习兴趣。在此基础上，高校思政课教学必须面向真实的世界，教学设计要关注学生在真实世界遇到问题的情景及解决问题的指导。这就要求教

师转变传统的讲授式教学方式，从知识的传授者转变为学生学习过程中的引导者。

高校思政课教材逻辑性较强，各章节直接的逻辑联系紧密。学生在社会经验与经历相对单薄的情况下，即便教师在课堂上从学理性和逻辑性上对相关内容进行了很好的演绎与阐释，但是部分学生还是一知半解。传统的课堂教学方式，受制于时空的限制不能大规模地开展差异化教学。混合型教学的合理运用为高校思政课的个性化教学提供了重要支持。教师在课前备课时，可以利用云班课对学生的思想现状进行调研，在此基础上对教学目标进行分解，从而设计出具体要解决的问题，据此开展以问题为导向的备课与授课。具体而言，在教学设计中不但要设计共性问题，还要针对性地对部分学生提出的个性问题进行设计并做好相应的准备。如在云班课上可以设计学生自由提问环节，教师对学生的提问进行整理并整合相应的学习资料，及时投放到云班课。个性化学习资料的投放，有效地激活学生的学习兴趣。在课中教师有针对性地进行引导，同时开展线上线下同频互动。课后通过线上和线下两个渠道对学生进行教学效果的检测，如线上辩论与线下小组讨论等方式，考查学生的掌握程度并及时进行指导。教师的课后指导不受时空限制，学生的提问和展示亦可随时随地进行。在混合型教学中，线上学习可以随时随地进行；线下学习有了课前线上学习铺垫，学习更加深入；以问题为中心的教学设计，在一定程度上满足了学生差异化需求。

### （三）积极开展信息技术培训，提高师生信息技术能力

混合型教学不是单纯的信息技术与传统教育教学的混合，而是需要教师和学生具备基本的信息技术能力。在高校思政课的教学和学习中曾出现部分教师和学生对云班课的使用不熟悉的情况。为此，针对性地对教师和学生就相关的教学和学习平台进行专业培训，有助于提高学习效率。在云班课的技术培训方面，我们尝试开展"以老带新"的模式，即在统一培训之后，由对云班课使用熟练的教师对一些信息技术不熟悉的教师进行指导。在学生中也培训出一批熟练使用云班课的学生，并将相应技能传递给下一届学生。

学习进阶理论认为，学生的学习过程是认知从简单到复杂的连续发展过程，在此过程中需要跨越不同的认知水平。混合型教学可以实现课前对于教学内容有基本的认知，课中教师对教学内容进行深入讲解，课后引导学生进行积极思考并与运用相结合。线上与线下的混合型教学，使高校思政课的学习从低阶认知向高阶学习成为可能。传统教学的设计思路与此相似，但是由于时空限制，并未真正实现知识学习从低阶向高阶的转变过程，只是停留在低阶认知的简单重复。在高校思政课混合型教学的过程中，教师必须引导学生转变其传统学习思维，在教师的指引下完成课前课中课后连续的学习过程，而不是依照传统的思维方式只把线下课堂学习当成唯一的学习渠道。

# 第三节　高校思政课混合型教学的创新

在高校教育体系中，思政课作为一门必修课贯穿于整个教育、学习过程，是对大学生

进行思想政治理论教育的主要方式与渠道，也是意识形态教育的主要阵地。但是多年来由于教学方式的单一性，专业性不强，说服力小等原因，高校思政课一直不受大学生喜爱与重视，不仅是大学生逃课的首选，也是相互挖苦的重灾区，存在着出勤率低，听课率低、抬头率低的"三低"现象，被大学生普遍认为是意识形态灌输的课程。

2016年12月，习近平总书记在全国高校思想政治会议上发表重要讲话。他强调，高校思想政治工作关系高校培养什么样的人、如何培养人以及为谁培养人这个根本问题。要坚持把立德树人作为中心环节，把思想政治工作贯穿教育教学全过程，实现全程育人、全方位育人，努力开创我国高等教育事业发展新局面。

高等教育领域是各种思潮、文化传播流行的聚散地，大学生在面对各种思想文化的同时，只有保持良好的思想认识，才能够进一步规范思想和行为，避免误入歧途。高校思政课的落脚点是立德树人，鼓励大学生不论其种族、语言或宗教信仰，都对其国家的命运负有强大的责任感。虽然思政课是每一位大学生都必须完成的课程，但是要做到让大学生喜欢是存在一定的挑战性和困难。从传统的以讲授课程为主的线下教学到疫情时期大规模启用线上教学，高校思政课教学在质量上始终没有能够达到实质性的改进。其针对高校思政课所面临的诸多困境，后疫情时代更多高校的思政课教师选择线上线下混合教学模式。

## 一、当前高校思政课存在的问题

当前高校思政课主要有两种形式，即传统的线下教学，以及由于疫情而大规模开展的线上教学。传统的思政课教学主要是通过课堂直接面对面讲述式教学，作为课堂的主导者，教师以"编剧+导演+演员"三者合一的身份通过语言讲述、情感传达的方式来解析课本内容。例如"基础课"作为立德树人的基本课程，无论将来从事什么样的职业都要求我们在有道德、懂法律的基础上来进行社会生活，可也正是因为它太过于常识性、大众化，思想理论教育在其传达知识过程中脱离了大学生现实生活，因而无法有效发挥其作用。科学的理论是搞好教学的基础，传统的课堂教学重在"教"，重视知识的传授，有利于教师主导作用的发挥，但对于大学生如何学则很少顾及。这样的课程最明显的缺点是理论无法与实践相联系，缺乏师生互动，导致课堂没有生机。究其原因，师生"互而不动"大致包括以下几种情况：

（1）懒，懒得回答。思政课都懒得来上更别说回答问题了。

（2）羞，不好意思回答。大家都没有站起来，我为什么要站起来说。

（3）怕，不敢回答，害怕在周围同学的注视下说话。除此之外还包括大学生对课程毫无兴趣，因而基本没听课。这是传统的思政课所面临的问题。

2020年突如其来的一场疫情打破了生活和学习的节奏，全国从小学到大学一致响应"停课不停学"，兴起了比如电视或者网络直播教学等，这大大推动了"互联网+教育"的发展与进步。其实很早以前教育界就倡导要不断进行改革创新，例如把慕课等网络教学带入高校思政课的案例也有很多，但是像疫情时期这样大规模的线上教学还是第一次。高校思政课也在这样的背景之下开展了线上教学。但是大规模地实施线上教学后，其弊端显而易见。

第一，线上教学对教师除了专业知识的要求之外附加了对智能网络技术的要求。在线上教学过程中为了达到教学目的要求所有教师都必须熟悉计算机通信、互联网技术，甚至还要求熟悉教学技术和网络交流等，对教师培训和教学管理的要求较高。线上教学需要教师拥有更丰富的教学资源。

第二，线上教学中大学生与老师之间缺乏直接的面对面交流。而且，当周围没有人可以进行交流和探讨时，这对学习过程是一个重大不利因素，它很难在大学生群中营造出学习的氛围。同时高校大部分大学生对于思政课线上教学仍处于好玩儿的认知阶段。

第三，线上学习的关键还包括用户身份验证问题。由于尚未提出最佳技术解决方案，因此大多线上考核仍面临无法知道谁在电脑另一端进行考核作答的问题。甚至学习过程中也无法知道屏幕后方学习的对象，或者有无对象都难以确认。

第四，线上学习系统的经济成本较高，需要购买课程本身以及相应的硬件，同时需要参与者拥有最少一台电脑或者其他智能设备。并且由于需要不断访问信息源，因此有赖良好的网络环境。但并非每个学习者都能拥有智能设备与技术支持。因而线上教学存在不公平现象也是我们必须要面临的难题。

## 二、高校思政课混合型教学的优点

2019 年 8 月，中共中央办公厅、国务院办公厅印发的《关于深化新时代学校思想政治理论课改革创新的若干意见》强调："大力推进思政课教学方法改革，提升思政课教师信息化能力素养，推动人工智能等现代信息技术在思政课教学中应用，建设一批国家级虚拟仿真思政课体验教学中心。"基于传统的思政教学以及突发性的单一线上教学所面临的问题，在后疫情时期，"互联网+教育"通过线上线下混合型教学模式开始登上高校思政课教学舞台。

第一，线上线下混合型教学更具多维性。线上教学模式提供了更多的学习交流平台，如学习通、钉钉、微信、QQ 等。与此同时要求教师不仅具有其学科的专业知识，而且还必须具有信息和教学技术的本领。这一技术需要接受专业的网络知识培训，目前由各高校独立完成。同时在这种情况下，授课内容绝不可能再局限于一本教科书，因此教师需要借助大量的其他文献，例如参考书、字典、百科全书等来作为强有力的支持，还可以通过网络在电子媒体上获得更多的信息。

第二，线上线下混合型教学更具多样性。前期平台的选择以及教学过程的安排需要教师做好准备。在此基础之上线上教学不受时间空间地点等的限制，大学生可以按要求自主学习，包括提前预习、课后复习、课堂回答、小组讨论等环节，而线下学习又可以避免线上无法面对面学习所造成的学习氛围低等弊端。教师可以更直观地面对面第一时间把握问题，及时引导解决。而互联网的丰富内容及形式应用于高校思政课更能提升课堂气氛，提高课堂互动率，大大增加大学生学习兴趣。

第三，线上线下混合型教学更具灵活性。大学生可以灵活地掌握自己的学习时间表，结合自身学习的能力以及专业背景来进行学习安排。能够在所提供的教育资料和信息来源的系统上独立工作，通过网络访问信息源、互联网，在信息平台上互动，从而提高思想表达能力。这种结合自身专业背景的学习方式，还可以与专业知识技能相结合，取得多重学习的效果，可谓一石二鸟。

第四，线上线下混合型教学更具实践性。教育的重点是认知、学习而不是教学活动。传统的思政课线下教学更多的是有组织的教学活动，而线上教学更能实现差异化、个性化的培训。但是线上教学需要更严格的自律性，其结果直接取决于大学生的独立性和自觉行为。因此"混合型教学+翻转课堂颠覆传统教学"，对我们追求打破传统的"老师讲，大学生听"的课堂向"大学生讲，老师听"的课堂转变起到推动作用。

线上教学部分可更多为理论的讲解，提供一些术语、概念、定义等的讲解与阐述。视频可以保存下来，不懂的大学生亦可反复观看，或者因为网络问题没能及时观看的同学也可以自由支配时间进行观看。线下部分则更多实现于"大学生讲，老师听"的环节。基于线上网络资源的充分准备，"大学生讲"的质量会大幅度提高。同时线下教学义可以确保教师对"大学生讲"过程中出现的错误或者不完全准确的定义、观点及时纠正与引导。

## 三、高校思政课混合型教学的改革创新

线上线下相结合的教学模式一定程度上消除了两者各自固有的弊端，是高校思政课改革的方向之一，有着乐观的前景。

第一，线上线下教学需要创建一个与之对应的信息和教育平台，在该平台上，可以更方便更快捷地组织大学生对必要信息源的访问。这一任务需要平台开发者与高校思政课教师共同完成，并在平台建立之后对思政教师进行专业的知识和技能的培训。在这一环节里，一方面，对教育和信息源材料质量的要求大大提高，它要求教师在资料的筛选过程中更加严谨。

另一方面，对平台开发者的要求更高。不仅仅要求网络技术高水平，更要求所开发的平台产品适用于教学的各个环节，同时保证能够不断地更新。

第二，有必要开发特别的电子资料和工具与之相配合。线上课程学习，有必要提供指向其所处位置的所有链接以及其他信息资源。课程的结构、实践班级的安排，以及实践活动的组织等都伴随着多媒体工具，这些借助工具的应用极大地扩展了大学生的知识面，提高了反思能力、现实比较以及观察能力等。通过多种形式展现课程，不仅提高大学生学习积极性，同时对自主学习也都有着极大的帮助。

第三，线上线下混合教育模式更应注重开发大学生的独立研究、探索、创造性活动的能力，要求创建针对热点话题的独立思考方式与解决方案。线上教学立足于大学生获得缺失的知识，采取激励措施引导大学生参与学习。选择适当的教学方法、教学技术，在认知

活动的不同阶段通过个人或小组活动的方式突破传统思政课按部就班传授知识的局限性，并在此基础上不断把思政课的"知"的理论与"行"的实践相结合，理论融入到实践中，在实践中外化出来。知行统一的最高层次既不是"真知"，也不是"真行"，而是"真信"，即"真知"与"真行"相融合后，在大学生头脑中形成坚定不移的信仰和信念。最终实现思政课立德树人的目标。

第四，线上线下混合教学模式需要考核形式的改革和创新。单纯的线上考核方式所存在的问题需要采取特殊措施，例如，在考核的软件上安装摄像头等。而线上线下结合的考试模式则可避免这一情况的发生。同时混合模式的考核形式打破传统的纸张考试模式，可以减少不必要的资源浪费，切实践行绿色发展理念。这一考核形式需要我们拥有大量的题库作为基础，同时我们要不断地更新题库。

第五，线上线下混合型教学要求维护意识形态安全。由于网络的介入，线上线下混合型教学中互联网也会成为意识形态领域的主战场之一。全球化进程飞速发展，国际形势不断变化，西方资本主义国家有着网络技术上的优势，因此借机向他国大肆输入西方价值观、推销自己意识形态的例子比比皆是。以文化输出为战略，在打压异己的过程中也趁机诋毁冲击我国的政治制度，因此我们必须时刻警惕，掌握话语权，维护网络意识形态的安全，防止网络中纷扰繁杂的资料反作用于大学生身上。

随着互联网技术的发展和学习方法的改进，线上教学的发展将继续并会不断得到改善。但是我们必须承认单一的线上学习的质量很低，线上学习系统效率的进一步提高需要交互性支撑。而线下教育恰好满足了这一点，只有在与教师进行真正的交流互动，情感传达的时候，教育才变得全面。而必要地使用不同类型的电子通信的组合，又能通过虚拟通信来弥补个人联系的缺乏。后疫情时代线上线下混合型教学持续不断改革发展的过程中，高校思政课教师不仅要不断提升自己的专业知识，同时要努力提高网络技术水平，把控分配好混合模式教学过程中线上线下的学习内容及时间，有效地组织大学生参与到线上线下混合教学模式中，力争把高校思政课变成真正使大学生受益的课程。

# 第四节　高校思政课混合型教学的展望

高校思政课是以马克思主义理论为指导，对大学生进行世界观、人生观和价值观教育的课程。随着互联网和信息时代的到来，为了增强高校思政课的吸引力和有效性，教师必须结合当代大学生的特点，采用混合型教学，即"线上教学+线下教学"模式。线上教学基于MOOC平台（大规模开放式在线教学平台），充分利用网络资源进行教学，线下教学包括课堂教学、实践教学，其中课堂教学以教师为主，依照教学大纲、授课内容，结合大学生思想、学习、生活的变化情况，灵活地采用多样的教学方式讲解重点和难点内容；实践教学是课外体验式教学，鼓励大学生在理论内化于心的基础上以实践外化于行，促进大学生真正实现知行合一。

高校思政课混合型教学如何展开实施，事实上，自国家先后出台《教育信息化十年发展规划（2011-2020年）》和《教育信息化"十三五"规划》等文件以来，在助推新时期教育信息化发展的基础上，促进信息技术与教育教学的深度融合，已成为高校思政课教师和学者关注的课题。本文试图在互联网和信息化发展的时代际遇下从高校思政课混合型教学的现实挑战、价值意蕴及实践路径等维度，探寻高校思政课混合型教学如何实施的问题，力图为高校思政课混合型教学实施的理论和实践探索可行之道。

# 一、高校思政课混合型教学的现实挑战

马克思、恩格斯曾明确提出："资产阶级，由于开拓了世界市场，使一切国家的生产和消费都成为世界性的了。"当今世界以信息和网络通信科技的发展为根基，世界图景愈发呈现出一体化的态势。这种全球化的态势具体影响到高校思想政治教育领域，不仅给高校思政课教师带来了教学硬件器物上的改观，而且夹杂着西方教育大众化的文化理念迅速影响到高校思政课教师。直面新态势对高校思政课混合型教学改革的现实挑战，是实事求是评估高校思政课混合型教学改革建设成败得失，是新时代促进高校思政课建设创新的必然起点。

## （一）对教师教学理念重塑的挑战

一方面，高校思政课面向的教学对象是大一新生；另一方面，高校思政课教师也有很大部分是"60后""70后"，对于这部分教师而言，往往习惯采取传统线下教学的形式。在高校思政课程混合型教学中，教学主体的转变体现在以教师为中心向以学生为中心的教学模式的转变。高校思政课混合型教学的目的更多是通过创新教学模式，以学生为中心，重视体验式学习，强调教学相长，增强大学生运用马克思主义的世界观、人生观、价值观、道德观、法治观分析问题、解决问题的能力。因此，高校思政课混合型教学首先得注重教师教学理念的重塑。

## （二）对教师素质能力提升的挑战

高校思政课承载着思想政治、道德素养、法律规范等诸多方面教学内容，其教学目标的实现对教师素养能力提升存在一定的挑战。具体体现在以下两方面：一是网络共享平台课程建设，如慕课的制作或选取上。慕课的制作一方面需要有一定的人力资源的调配及财力、技术资源的支持，另一方面对于教师的临场应对、仪表仪态、镜头的熟悉感等方面都有一定的素质要求。如果不制作慕课，那么在大规模网络开放课程中选取适合大学生层次或基础的慕课，也需要教师具有一定的辨析能力。二是线下讲授，是对线上内容的补充性质，还是解疑性质，或是拓展性质的，需要教师根据现实需要来确定和安排。

## （三）对教师教学统筹联动的挑战

与其他高校思政课相比，虽然高校思政课教学内容与大学生联系最为紧密，但是高校思政课的教学内容仍倾向于直接阐释社会主义意识形态，很少将实际问题充分融入教材。高校思政课混合型教学实际上促使教材体系向教学体系的转化，是高校思政课教学内容与信息技术的互融互通。对于线上的慕课、互动讨论、答疑解惑而言，这是思想政治教育内容通过网络信息技术虚拟化的展示。对于线下的讲授、实践拓展而言，这是思想政治教育内容的实践转化。因此，高校思政课混合型教学中，教师应做好线上与线下教学的统筹联动，有效调动两者的教学效能。

## 二、高校思政课混合型教学的价值彰显

高校思政课教学实施混合型模式，除了充分发挥教师的教学主导功能之外，也增强了大学生的学习主动性。它不仅克服了线下教学的缺点，还充分发扬了线上教学不受时间和空间束缚的优点。其通过线上教师的知识灌输与线下大学生的知识内化相结合、线上大学生的自主学习与线下教师的答疑解惑相结合，理论教学与实践教学相结合，充分改善了传统线下教学形式单一的缺点，弥补了单纯线上教学模式教师主导性不足的缺陷。高校思政课混合型教学的价值主要彰显在如下两个方面：

### （一）实现了线上教学和线下教学的结合

2020 年春季为抗击新冠肺炎疫情，我国实行"停课不停学"和大规模在线教学。此次全球最大规模的信息化教学反映了网络技术为教学提供了极大的便利。然而，无论技术多么先进，网络教学都不能完全取代真实的课堂环境和人际交往。高校思政课混合型教学能够融合线上教学和线下讲授及实践教学的优势，把线上的网络教学平台作为高校思政课理论教学的重要载体，形成大学生正确的理论认知；把线下的课堂教学和社会实践活动作为思想政治教育实践教学的重要平台，引导大学生自觉把理论认知转化为实践，最终实现线上教学和线下教学的结合。

### （二）实现了思政小课堂和社会大课堂的结合

片面强调理论性，必将导致高校思政课教学缺乏活力。理论的意义在于指导实践，只有实践得以落实，才能更好地体现理论本身的价值和现实的意义。习近平总书记曾对学校思政课教师做出重要指示："要坚持理论性和实践性相统一，用科学理论培养人，重视思政课的实践性，把思政小课堂同社会大课堂结合起来，教育引导学生立鸿鹄志，做奋斗者。"高校思政课通过线上教学和线下教学的结合，实现了课程理论性和实践性的有机统一，有助于大学生真正做到知行合一。"理论的东西之是否符合于客观真理性这个问题"，"要完全地解决这个问题，只有把理性的认识再回到社会实践中去，应用理论于实践，看它是否能够达到预想的目的"。在科学掌握理论知识的基础上，增强高校思政课的实践性能够实现大学生对马克思主义科学理论的高度认同与真正内化。高校思政课混合型教学，坚持思政小课堂和社会大课堂的结合，彰显了辩证思维。

## 三、高校思政课混合型教学的实践路径

信息化的广泛应用必然推动混合型教学的开展。因此，建构成熟的高校思政课混合型教学体系成为亟待解决的现实课题。

### （一）重塑教学理念，创新教学模式

高校思政课从大学生的实际出发，以教育引导大学生认识自我、了解社会、了解时代特征为出发点，帮助大学生形成科学的正确的人生观和坚定的理想信念；培养大学生爱国主义精神和社会责任感，引导大学生自觉践行社会主义核心价值观；引导大学生提高思想道德素质和法治素养，自觉成长为对民族复兴负责的时代新人。高校思政课混合型教学立足于大学生的实际，坚持"一个核心""两条路径""三大原则"以及"四个结合"的思路，将高校思政课建设成大学生喜欢的、有获得感的课程。

"一个核心"是指课程的核心目标，旨在培养大学生成为有理想、有本领、有担当的时代新人。"两条路径"即"线上教学"和"线下教学"，线上充分运用互联网资源和学习类 App，线下充分把握课堂教学主阵地和

社会实践活动。"三大原则"即"三贴近原则"，分别为贴近实际、贴近生活、贴近大学生，高校思政课与大学生实际成长结合得最为紧密，坚持"三大原则"才能更好地发挥实效性。"四个结合"即课程设计所遵循的原则及方法，分别为加强理论教学与体验实践相结合、加强个体学习与团队学习相结合、加强大学生自学与教师精讲相结合以及加强案例教学与问题引导相结合，无论是线上还是线下路径，都要充分注重"四个结合"，提升教学的实效性。

### （二）丰富线上课程元素，提高内容质量

线上教学一般而言往往采取以"短视频（约 10 分钟）+互动教学"为基础教学单元的方式，依托大学生的交互式讨论进行及时反馈，教学后期可以根据课程技术平台的"学习行为大数据"进行教学反馈。在高校思政课程的线上教学中，更注重以下几个环节：

第一，教学案例、教学视频制作或选取应坚持寓教于乐。高校思政课的显著特征是亲和性。线上教学案例、教学视频的制作或选择应注意丰富的案例元素，如：根据教材内容的不同，用心准备一些符合专题教学内容的案例图片、原始文献、新闻播报、纪录片片段（如《道德观察》《感动中国》《今日说法》等视听材料）。另外，一些贴近大学生生活场景的教学案例和视频素材可以吸引大学生的注意力。例如，在导论章节中，教师选择"改革开放 40 年左右的变化"的视频片段，通过对比的方式，增强大学生对新时代历史定位的深刻理解。总而言之，教学案例、教学视频的制作或选取应寓教于乐，体现时代的特征，彰显科学性，融合趣味性，才能更好地吸引大学生的注意力，调动大学生的学习积极性，达到寓教于乐的教学效果。

第二，互动提问要结合时事热点，在教学内容上，高校思政课教学视频力求做到教材全覆盖，关注时政形势，开阔大学生的视野。在教学视频或专题讨论区可以加入问答题或选择题，通过问题的回答和讨论，深化教学重点、难点。比如，在第一章"正确认识人的本质"这节中，让大学生在开始学习前思考一系列的问题：当前人性恶的表现是不是人的本质造成的？人性恶的表现还需不需要思想道德素质及法治素养的引导？思想道德素质及法治素养的引导带给我们什么，如果不坚持思想道德素质及法治素养的引导又会带给我们什么？如何才能进一步提高思想道德素质及法治素养等等。互动式提问能迅速调动大学生解决问题的兴趣，有利于推进教学。

此外，教师应及时发布辅助学习材料和测试练习。教师依据章节在线上平台上发布教学案例、教学视频、阅读文献和课件教案等，供大学生使用、复习和巩固。大学生应在规定的时间内完成每一章的课后考试练习和阶段测试。所有课程结束后，教师可以依托"网络大数据"提取每位大学生章节检测成绩和阶段性测试成绩作为大学生线上学习平时成绩的计算依据。总之，高校思政课在具体的线上教学实践中应丰富线上课程元素，提高内容质量。

## （三）融合线下教学形式，补充线上教学环节

高校思政课混合型教学以教学目的和大学生实际为出发点，以"三贴近"为基本原则，以学习、理解、运用理论为归宿，以掌握和运用马克思主义理论和方法分析解决问题为检验标准。高校思政课线下教学作为线上教学环节的补充，主要采取教师课堂讲授形式，以教师队伍为单位，邀请在相关问题研究方面颇有名气的教师，围绕重点和难点，为大学生深入专题授课，专题讲授之余辅之以大学生小组主题讨论或课外实践活动。高校思政课混合型教学的线下教学形式，在于持之以恒地焕发大学生的学习热情，充分发挥大学生的学习主导功能，形成一套稳定的教学体系。

一方面，"线下课堂教学"主要由教师团队在课前讨论。课前教师约定时间进行集体备课，每位教师根据专业背景和研究专长进行教学素材的收集和课件的制作并作教学交流。课中，每位教师可在统一的教学大纲和教学进度的基础上灵活开展教学活动。课后，教师鼓励大学生通过相关主题的选择以 PBL 小组合作方式组队实践调研，在线下课堂进行主题发言和 PPT 展示，让大学生在自己的学习与探索中，进一步巩固对重点、难点、热点问题的理解。另一方面，"实践教学"主要为课外体验式教学，在整个年级统一开展。课外实践以小组为单位，要求大学生通过社会调研或志愿服务活动等活动形式，走进社会、了解社会、服务社会，增强大学生的社会责任感、担当意识。大学生小组基于实践活动开展情况，制作实践活动汇报课件或成果视频，并在课堂上进行汇报，期末提交实践活动策划书、实践活动汇报课件或成果视频等作业。教师可根据大学生社会实践表现评分，也可采取教师评价、小组互评和大学生自我评价三种形式相结合的形式评分。总之，高校思政课混合型教学应注重融合线下教学形式，以此作为线上教学环节的补充。

## 四、高校思政课混合型教学的改进与展望

现今，"作为一项整体的'慕课'实验已经借助其高端优质的大学课程系列产品引起全球范围内公众的密切关注，并成功地督促高等教育机构内部启动自省程序，开始新一轮教育改革运动"。高校思政课混合型教学改革是主动适应新一轮的教育改革运动并且积极探索"互联网+教育"新模式的结果。对其未来的前景与改进方向我们提出三点思考。

### （一）纵横拓展教师主体认识，全面提升网络教学引导力

网络技术的融合应用将促进教育的全面改革，"互联网+教育"模式的产生更契合教师教学等各项工作需要和教学对象的多元化信息需求。伴随着网络技术融合教育的进程不断加速，高校思政课混合型教学的创新发展，要求教师在万物互联的技术特性下不断拓展教学业务范围，并在强互动、低时延的网络优势中全面提升教师网络教学的引导力。

一方面，教师应正确认识"线上教学"与"线下教学"的差异。高校思政课教师通过网络教学平台建立课程，促进网络课堂教学实现跨越时空限制的发展，实现教学时间和地点的自由切换。以"超星泛雅"教学平台或"学堂在线"等网络平台为例，不同院校的高校思政课教师顺应其教学对象的学习习惯，构建了富有特色的慕课课程，为教学对象参与线上学习提供了有效渠道，实现了教学能力的提升。线上教学的主要内容往往基于几段约10分钟的慕课视频，其特点是知识点集中，大学生可以反复温习。

相较于线下传统课堂固定的教学时间和地点，线上教学更具有灵活性。就二者区别而言，线上教学更有助于理论知识的理解，课堂教学侧重理论知识的运用。另一方面，高校思政课混合型教学要抓住新兴技术赋能的机遇，加强师资队伍建设。高校思政课混合教学的课程管理和运作工作量很大，而制度化的团队建设是保证高校思政课混合型教学高效运行的前提。

为此，高校思政课混合型教学应通过在线平台创立"教师团队+助教"的团队合作机制。线上教学对教师的知识结构和网络实操能力的要求很高，教师以大数据、人工智能等技术对课程内容发挥强效管理作用。因此，最大限度地提升网络教学的引导力，就显得尤为重要。

### （二）全面关注教育对象的反馈效果，强化实时评价机制

网络技术与教育的融合应用有助于提升教学影响力，实现跨越式发展。传统的线下教学的考核方法比较简单，一般是平时成绩和期末考试成绩的总和。相较之下，线上教学"可以深入每个大学生学习过程的具体环节，收集和分析每个大学生的学习基本情况，全面跟踪每个大学生的学习过程、详细分析每个大学生的学习行为"。高校思政课混合型教学的评价机制也可结合网络技术的应用有所创新。首先，这是网络技术赋能教育平台，强化教学服务效果。比如，"超星泛雅"教学平台或"学堂在线"等网络平台可以通过24

小时在线互动机制的开启，通过答疑解惑，稳步提升教育对象的满意度。其次，这是跨界融合资源互利共赢的必然结果。线上教学可加强与各大慕课平台的战略合作，围绕关系链、传播链进行资源整合与有效传播，将慕课传播、数据统计、教学评价等服务效力发挥到最大化，为教育对象提供更有价值的服务。具体来说，在网上习题设置方面，结合网络技术的应用，网上习题的设置方式可以不断改善。如考虑类似游戏闯关模式的设置或奖惩机制的建立，也可考虑将大学生线上参与度与线下参与度等综合表现纳入考核，使对大学生学习情况的评价更具有综合性、全面性。

### （三）集中发力内容建设，合理安排线上和线下的课程内容

线上教学实际是线下教学在网络空间的运用和拓展，不是完全取代真

实的课堂环境和人际交往。高校思政课混合型教学能够融合线上教学和线下讲授及实践教学的优势。从内容上看，基于高校思政课教材大纲和视频时长的局限性，线上教学的内容侧重于"点对面"的一般性、基础性的理论知识讲授，往往较难以"点对点"的形式深入讲解。从形式上看，线上教学的表达方式虽然丰富，但无法实现师生面对面的持续互动。因此，线上教学之余有必要开展线下专题课堂教学或小班讨论来补充教学。高校思政课混合型教学是在以生为本的基础上适应"互联网+教育"发展趋势的结果。可见，高校思政课混合型教学关键点在于集中发力内容建设，合理统筹线上和线下的教学环节。

具体而言，课程的实施基本可分为五个步骤：一是线上学习，二是互动讨论，三是教师专题讲授，四是总结提升，五是巩固反馈。线上学习即教师提前在网络平台发布学习资料，大学生先行预习；或者教师提出问题，大学生自行查找资料分析问题成因及解决方案。讨论互动即根据课程内容可在线上或线下进行，亦可两者相结合。教师结合大学生实际、社会现实以及教学重点通过网络平台相关学习资料开展讨论，掌握大学生学习情况，导入主题。教师专题讲授即根据大学生讨论情况结合重点难点翻转课堂，利用灵活多样的教学方法精讲重点难点。总结提升即对所讲内容进行总结，帮助大学生进一步梳理知识体系、提升能力。巩固反馈就是发布作业，开展相关实践活动，巩固教学效果。高校思政课混合型教学，既能改善传统大班授课缺乏互动的问题，又能调动大学生的学习积极性。

总之，网络技术的融合应用将促进思想政治教育领域的深刻变革，高校思政课混合型教学改革与实践将面临更多的机遇和挑战。然而其融合线上教学和线下教学优势的混合型教学无疑将是共享知识社会均衡优质网络教育资源、实现特色化教学的重要途径。

# 第八章　融媒体时代高校思政课教学模式的创新原则

原则是对规律的主观反映，亦是借助规律有效认识问题和解决问题的基本遵循。深入探索融媒体时代高校思想政治理论课教学模式原则，有助于更好地认识和把握融媒体时代高校思想政治理论课教学模式的本质和规律，从而为科学地开展教学活动、设计教学环节提供指引，保证融媒体时代高校思想政治理论课教学模式的科学性和有效性。因此，融媒体时代高校思想政治理论课教学模式要切实解决好培养什么人、怎样培养人、为谁培养人的根本问题，必须正确地确立并遵循融媒体时代高校思想政治理论课教学模式的原则。

## 第一节　教学模式创新的亲和力原则

高校思政课承担着引导大学生加强自我修养，提高思想道德素质，成长为"有理想、有本领、有担当"的时代新人的重任。这一重任的实现取决于高校思政课实效性的增强，而高校思政课实效性的增强则离不开其亲和力的提升，因此，探讨高校思政课亲和力成为开展融媒体时代高校思想政治理论课教学模式的重要原则。

### 一、高校思政课亲和力的内在机理

要提升高校思政课亲和力，首先要明确何谓高校思政课亲和力。亲和力原本是化学领域中的一个概念，指的是物质之间相互发生化合反应的作用力。后来这一概念被引入社会科学领域，经过社会心理学、传播学与教育学等学科多向衍生，发展成为一种关注人的需要和感受的指示性范畴，用以表示各学科使人产生亲近感的力量。这一范畴应用到不同学科中会形成具有不同学科特色的含义。所谓高校思政课亲和力，就是高校思政课教师基于大学生成长发展需要和期待，协调各种要素所开展的高校思政课教学活动，对大学生产生的一种具有感染、吸引和凝聚作用的合力，使其能够以积极主动的心态去亲近、认同和接受高校思政课的教学内容，从而推进高校思政课立德树人的根本目标实现。高校思政课亲和力作为一种正向合力的存在，并不是自发的，随机的，而是有其内在的逻辑格局，即合规律性、合目的性与合感受性的有机统一。

#### （一）思政课亲和力的合规律性

合规律性是高校思政课亲和力存在的首要前提，也是高校思政课亲和力作用的方向保障。高校思政课亲和力在本质上是一种正向合力，有着明确的作用方向，但这一作用方向不是主观臆断的，而是由高校思政课亲和力的合规律性确定的。事实上，高校思政课亲和力只有真正地合规律性，才能够确定其正确的作用方向，实现其存在价值，否则就会偏离其方向，陷入事倍功半甚至适得其反的困境。高校思政课亲和力的合规律性主要体现在三个方面：一是尊重教学内容的真理性。教学内容是高校思政课亲和力的重要基础。高校思政课亲和力不仅要致力于教学内容的传播，更要厚植教学内容的魅力，而这一切都是以尊重教学内容的真理性为前提的。唯有如此，高校思政课亲和力才能最大限度地激发其说服力，使大学生自觉地提升自身的思想道德素质和法律素养。二是遵循教学规律的客观性。教学规律是高校思政课亲和力的重要作用依据。高校思政课亲和力虽然需要调动大学生的兴趣，但它从来不是任意迎合，而是在遵循高校思想政治工作规律、高校思政课教书育人规律、大学生成长成才规律等条件下发挥作用的，因此，遵循教学规律的客观性成为高校思政课亲和力的基本要求。三是关注教学活动的现实性。教学活动是高校思政课亲和力的重要载体。

作为承载高校思政课亲和力的载体，教学活动需要"接地气"，而要做到"接地气"就需要了解并适应时代的发展、高校思政课的变革、大学生思想道德素质的状况等现实情况，这实际上就是要求关注教学活动的现实性。

## （二）思政课亲和力的合目的性

合目的性是高校思政课亲和力存在的重要条件，也是高校思政课亲和力提升的价值指向。恩格斯指出："在社会历史领域内进行活动的，是具有意识的、经过思虑或凭激情行动的、追求某种目的的人；任何事情的发生都不是没有自觉的意图，没有预期的目的的。"高校思政课亲和力作为人的自觉活动的产物，无疑有着明显的合目的性。事实上，这一特性贯穿于高校思政课亲和力作用的整个过程，它不仅有机地衔接着高校思政课亲和力的各个要素，促使其汇聚成最大合力，而且还指引着高校思政课亲和力的发展方向，促使其存在价值不断提升。高校思政课亲和力的合目的性主要体现在两个层面：一是具有合理的目标指向，这是合目的性的重要标识。高校思政课亲和力在生成之初，就已被人们赋予了鲜明的目标指向，即推动高校思政课的有效开展。这一目标指向既符合社会发展需要，为中华民族培养担当复兴大业的时代新人，又符合个体发展需要，为大学生提供成长成才所需的知识和能力。由此证明，高校思政课亲和力是具有合理的目标指向的。二是积极引导目标实现，这是合目的性的意义所在。高校思政课亲和力的确具有合理的目标指向，但只有将其转化为现实才具有实际意义，可是这一转化不是自动完成的，而是需要在高校思政课教学活动中通过感染、吸引和凝聚等积极作用来引导实现的。

## （三）思政课亲和力的合感受性

合感受性是高校思政课亲和力存在的基本要求，也是高校思政课亲和力作用的内在驱动。高校思政课的育人本性要求高校思政课亲和力必须要能够浸润心田，而浸润心田不可能通过强制性手段来实现，只能由大学生自觉自愿地接受，这决定了高校思政课亲和力需要具有合感受性。正所谓"感人心者，莫先乎情"。事实上，高校思政课亲和力生成的每一环节、每一要素都在塑造着一种契合大学生主观感受的积极情景，以促使其对高校思政课教学活动持续产生正向性情感体验，如亲近感、愉悦感、新奇感等，并通过这些情感体验引发其共鸣，催发其求知、明德、践行的行为动机，从而使其能够更加主动亲近、愿意认同和乐于接受高校思政课的教学内容。从这一过程来看，高校思政课亲和力的合感受性是有层次的：第一层是正向的情感体验，第二层是引发情感和心灵共鸣，第三层是催发行为动机。当然，不是所有的正向情感体验都能引发情感共鸣、催发行为动机，但要催发出行为动机，正向情感体验则是必要条件。正如列宁所说："没有'人的感情'，就从来没有也不可能有人对于真理的追求。"伴随合感受性层次的深化，高校思政课亲和力的作用也会愈发凸显。

## 二、提升高校思政课亲和力的现实问题

习近平总书记在全国高校思想政治工作会议上首次提出"提升思政课亲和力"，此后提升高校思政课亲和力得到广大思政工作者的广泛响应，而且也取得了显著成效，但由于部分高校思政课教师对其内在逻辑格局理解或把握不到位，导致其在教学实践中异化出了一些新问题，需要警醒和反思。

### （一）情感体验与思想启发脱节

不可否认，高校思政课是一种情感互动的课程，情感体验在高校思政课教学活动中具有重要的作用。作为一种对客观事物的态度体验，情感体验不仅可以判断高校思政课教学活动是否符合大学生的需要，还可以催发大学生对高校思政课教学活动选择与否的行为动机。如果符合，它就表现为正向情感体验，如亲近感、愉悦感等，促使大学生接受高校思政课的影响；反之，则会表现为负面情感体验，如厌恶感、倦怠感等，导致大学生抗拒高校思政课的影响。显然，提升高校思政课亲和力需要在正向情感体验上下功夫。不过，由于情感体验具有易变性、不稳定性和不可控性等特征，提升高校思政课亲和力不能仅仅停留在这一层面，还需要通过理性的思辨和沉淀所进行的思想启发来引导。唯有如此，才能将高校思政课的影响变得更稳定更持久也更有效。遗憾的是，在提升高校思政课亲和力的过程中，有的教师由于偏重情感体验而忽略了理性的思辨和沉淀，结果导致情感体验和思想启发的衔接存在着严重的脱节现象。这一问题的出现使得高校思政课教学效果要么情过无痕，随着时间流逝而变成空洞的口号，要么感情用事，演变成一种容易被误导的非理性因子，无论哪种效果最终都无益于高校思政课有效性的提高。

### （二）主体迎合与政治属性背离

政治属性是高校思政课的根本性质，这一性质要求提升高校思政课亲和力必须坚持马

克思主义意识形态的主导地位。可是，在提升高校思政课亲和力的过程中，部分高校思政课教师认为高校思政课内容抽象、枯燥、有距离感，不易被大学生喜欢和理解，因此，淡化或者空泛化了其意识形态性，取而代之的是盲目迎合大学生无知和荒诞的"喜好"。这种迎合看似是"尊重"大学生张扬的主体性，实质上却背离了高校思政课的政治属性。大学生正处于"拔节孕穗期"，主体意识凸显但又不够成熟是这一时期的典型特征。这一特征决定了大学生在这一时期不能自觉地形成正确的意识形态，倘若高校思政课亦不能承担起从外部灌输意识形态的重任，大学生就会在多元的价值观和复杂的社会环境中彻底失去意识形态的防护，形形色色的错误思潮（如历史虚无主义、普世价值观、个人主义等）很容易乘虚而入，这对大学生的健康成长、时代新人的培养、民族复兴大业等都可能造成严重冲击。由此看来，提升高校思政课亲和力是要尊重大学生的主体性需要，但不能背离高校思政课的政治属性，毫无原则地迎合放任。

### （三）方法运用与教师能力不匹配

教学方法是完成教学任务的方式和手段，其恰当与否是提升高校思政课亲和力的重要标准。由于教学方法的改进、选择与运用都取决于高校思政课教师，因此，衡量一种教学方法恰当与否，在很大程度上要看其与教师能力是否匹配。只有教学方法与教师能力良好匹配，才可能最大限度地激发出二者的亲和属性，从而提升高校思政课的亲和力。由于高校思政课教师能力存在差异，因此同样的教学方法可能会出现不同的匹配情况，导致不同的作用效果。只要这些作用效果与教学任务具有一致性，就有助于提升高校思政课亲和力。但是，在高校思政课亲和力提升的过程中，部分高校思政课教师却因对自己的教学能力过于自信，对于教学方法的认识又不足，出现了简单复制、一味求新等情况，结果导致形式化、庸俗化或者娱乐化，严重偏离了高校思政课立德树人的根本目标，这显然不符合提升高校思政课亲和力的初衷。

## 三、提升高校思政课亲和力的基本路径

高校思政课亲和力是依托高校思政课各要素优化而形成的合力，它不可能离开这些要素而单独存在，亦不可能仅凭某个要素而独立支撑。因此，提升高校思政课亲和力需要在坚持合规律性、合目的性与合感受性有机统一的前提下，从其教学内容、教学方法和教师能力等要素着手改进，协同发力。

### （一）增强思政课教学内容的说服力

高校思政课亲和力最深层的根基来自高校思政课教学内容的政治性、理论性和现实性所汇聚而成的说服力。当前，增强高校思政课教学内容的说服力，首先，要坚持高校思政课教学内容的政治性。毛泽东指出："没有正确的政治观点，就等于没有灵魂。"高校思政课教学内容要具有政治性，必须要坚持马克思主义的指导地位，与其基本原理、立场和观

点相符合；坚持社会主义的根本方向，遵循社会主义核心价值观的指引；坚持无产阶级政党的领导，体现无产阶级政党的执政理念。其次，要强化高校思政课教学内容的理论性。高校思政课教学内容需要"彻底"才能说服人，而要"彻底"则需要不断强化其理论性，不仅要保证高校思政课教学内容是科学的，能够揭示理想信念、爱国主义、中国精神、社会道德等内容的本质特征，还要保证高校思政课教学内容具有严密的逻辑，能够经得起推敲，"逻辑严密，思维清晰，才能讲明白，讲透彻，只有理论讲解透彻了，教育对象才会豁然开朗、茅塞顿开，才会亲近理论及其教育。"最后，要凸显高校思政课教学内容的现实性，这需要其能够拥抱时代，反映时代发展趋势，回应时代问题；也要能够走近社会，尊重社会发展的规律，反映社会发展的需要；还要能够亲近大学生，关注大学生的内心需要，解决大学生面对的困惑和问题。

### （二）增强思政课教学方法的感染力

过河首先要解决桥或船的问题，提升高校思政课亲和力同样也要解决"桥或船"的问题，而且它不仅要解决"桥或船"有没有的问题，更要解决"桥或船"好不好的问题，这两个问题的解决实质上就是要增强高校思政课教学方法的感染力。首先，解决有没有的问题，需要传统和现代结合，创新多种多样的教学方法。事实上，长期以来，高校思政课已经积累了不少的教学方法，如讲授法、案例教学法、体验式教学法等。然而，在现代信息技术革命的冲击之下，这些传统方法的局限暴露得异常明显。当然，我们不能因此而摒弃传统方法的有效之处，也不能忽略现代信息技术的优势，将传统与现代结合，以"互联网+思政课""自媒体+思政课""大数据+思政课"等方式改造传统方法，发展更多符合时代需求的新方法，无疑是最佳方案。其次，解决好不好的问题，需要增加教学方法的互动性、艺术性和针对性。增加教学方法的互动性，是要拓展互动交流的渠道和途径，使大学生能参与到高校思政课教学活动中，与高校思政课教师同频共振；增加教学方法的艺术性，是要强调高校思政课教学活动的情境性，使高校思政课教学资源能物善其用、有机融合，形成"有意思"的教学活动；增加教学方法的针对性，是强调要尊重大学生的个体性差异，因材施教，因人而异。

### （三）增强思政课教师的感召力

教师是高校思政课教学活动的主导者，也是提升高校思政课亲和力的关键要素。因此，提升高校思政课亲和力，需要不断增强高校思政课教师的感召力。马克思指出："如果你想感化别人，那你就必须是一个实际上能鼓舞和推动别人前进的人。"何以"鼓舞和推动"？首先，在思想上，树立以生为本的教学理念。高校思政课教师必须心中有大学生，才能认真倾听大学生的心声，诚挚关照大学生的困惑，尊重大学生的主体性，发展大学生的个性，服务大学生的成长成才。其次，在能力上，提升理论水平和业务能力。高校思政课教师需要不断地拓宽理论视野，完善知识结构，提高理论素养，以保障其能准确而透彻地析事论理；也需要不断地练好教学基本功，掌握好教学方法，运用好教学载体，整合好各种资源，以保障其能有效组织和实施教学活动。最后，在自我个性上，提升人格魅力，做到言传身教。高校思政课教师一方面需要塑造可亲的性格，拉近师生的关系，实现"亲其师，信其道"，另一方面需要提升自我修养，涵养道德，锤炼品格，真正地做到德配其位，言行如一，以身作则，身正为范。

# 第二节　教学模式创新的主导性和主体性统一原则

习近平总书记在 2019 年 3 月 18 日的思政课教师座谈会上的讲话中强调，推动思想政治理论课改革创新，要不断增强思政课的思想性、理论性和亲和力、针对性，思政课改革创新要坚持主导性和主体性相统一。2019 年末新型冠状病毒肺炎疫情的暴发，给高校正常的教学工作带来了很大的影响，为了减低疫情对教育的影响，基于主导性和主体性相统一的高校思政课教学改革，将现代信息技术与高等教育深度融合，采取线上和线下相结合的融媒体教学，充分发挥高校思政课教师的积极性和大学生的主动性，切实增强高校思政课的铸魂育人功能，已经成为高校落实"三全育人"综合改革和高校思政课创新的必然要求。

## 一、主导性和主体性统一的必然逻辑

基于主导性和主体性相统一的融媒体时代高校思想政治理论课教学模式改革以马克思主义意识形态为价值导向，通过"线上+线下"全方位教学设计，改变了以往灌输式的教学旧模式，形成了科学规范的新模式，对于深化高校思政课的守正创新有着重要的意义。

### （一）打牢课堂教学根基的必然要求

课堂教学是高校思政课教学的根基和主渠道，也关系着高校思政课改革创新的成功与否。要想提升高校思政课的课堂成效，必须要坚持课堂教学这个重要阵地，通过课堂传播爱国理念、坚定理想信念、分享灿烂文化、带领学生实践、发挥学生主体性、分析热点问题等方面下功夫，高校思政课教师要具有坚定的政治站位、深厚的家国情怀、宽广的理论视野，以理服人，以德服人，掌控好发挥好这个高校思想政治教育的主渠道。

当前我国高校大部分思政课教师都能积极准备课堂教学工作，教学基本能力达到了课程要求，但是一些教师把教学形式改变当作课堂教学的亮点，在一定程度上偏离教学内容这个根本抓手，从而使课堂教学流于形式，看起来丰富多彩，但是实质上的学理性和说服力不够，导致课堂教学效果一般。因此高校思政课教师要深入学习掌握习近平总书记关于教育的重要论述，领会相关精神，并结合本校实际情况，认真进行理论教学和实践教学，重视教材内容的解读和文件精神的分析，强化课堂教学效果。高校思政课教师还应该充分发挥教师在课堂上的主动性作用，积极开展课堂活动和理论引导，尊重大学生的主体意识，增强大学生对中国特色社会主义建设伟大成就的亲身体验，充分发挥高校思政课的示范效应，强化高校思政课教学实效，打牢高校思政课课堂教学的根基。

## （二）推动高校网络教学变革的现实需要

当前互联网技术的快速发展，也推动着高校教学模式的持续变革。随着新媒体、大数据以及云平台技术的广泛应用，高校思政课的网络教学工作也日益成熟。高校思政课教师如何用好网络阵地，搞好网络教学，让高校思政课在充分发挥"铸魂育人"的功能，是当前我国高校思政课教师队伍探索高校思政课教学改革创新的新命题。在疫情期间，我国网络在线教学取得了良好的效果。截至 2020 年 5 月 8 日，全国 1454 所高校开展在线教学，103 万名教师在线开出了 107 万门课程，参加在线学习的大学生共计 1775 万人，合计 23 亿人次，如此大规模的网络教学使全社会对教育信息化的认识发生了质的飞跃，为各个高校加强思政课建设提供了智力支持。

在当前情况下利用好信息化手段进行高校思政课网络教学同等重要。

高校思政课教师也要认真做好教材电子化、授课视频化、线上答疑解惑和布置作业等工作，努力提升教学效果。结合使用学习强国、超星学习通、钉钉、QQ、微信、ZOOM 云视频会议等多种授课工具，采用多渠道保障在线教学"不掉线"，引导大学生参与课堂活动，发挥高校思政课教师在课堂的主导性，确保课堂效果不打折，课堂质量不下降，大学生的主体性可以得到充分保障，把信息技术与高校思政课教学相结合，推动高校思政课网络教学不断变革。

## （三）促进融媒体教学改革的重要指引

2018 年，教育部颁发的《教育信息化 2.0 行动计划》中指出："因应信息技术特别是智能技术的发展，积极推进'互联网+教育'，坚持信息技术与教育教学深度融合的核心理念……发挥技术优势，变革传统模式，推进新技术与教育教学的深度融合"。随着人工智能、大数据、学习分析等技术在教育领域的广泛应用，当前高校融媒体教学已经成为一种课程改革的重要方向。基于主导性和主体性相统一的融媒体时代高校思想政治理论课教学模式改革，就是把高校思政课教师的教学内容和大学生的学习内容相结合，把传统的课堂教学和信息化的网络教学相结合，在教学过程中充分体现教师的主导性，也能保障大学生的主体性，通过混合型的教学模式，增强高校思政课的教学效果，让高校大学生在高校思政课中有更多的体验感和收获感。

融媒体教学的核心就是尊重大学生的主体地位，也是信息化技术和教学模式结合的一种教育范式。混合型的教学模式没有弱化传统课堂教学的功能，它使得线上线下的教学方法相结合，充分发展两种教学方法的优点，改变当面传统思政课教学中的一些弊端，比如部分大学生在课堂上注意力不集中，学习态度不端正等一些问题，因此混合型的教学模式是高校思政课教学改革的重要方向和指引。

## 二、主导性和主体性统一的现实需要

教育部在《中国慕课行动宣言》中提到："以教师为主体推广在线学习、翻转课堂、融媒体教学，改革教学内容、方法和模式。要重视学习反馈与评价，促进慕课迭代，提升教学工作的有效度和教学质量的保障度。"教育部的相关政策和会议精神为推进高校思政课信息化建设提供指引，对高校思政课进行融媒体教学改革提供制度保障，有利于高校打造优质思政课网络教学资源，从而推进高校思政课的改革创新。当前随着新技术和新媒体的快速发展，融媒体教学在我国教育领域得到了快速的发展，并得到了社会的充分肯定和认同，特别是在疫情发生阶段的实践中取得了较好的效果。以广东部分本科院校为研究对象开展了融媒体时代高校思想政治理论课教学模式实施效果的问卷调查，聚焦融媒体教学中"大学生参与意愿""大学生参与行为""大学生参与效果"等关键问题，发放调查问卷2100份，回收调查问卷1870份，其中有效问卷1610份。调查结果表明，大多数师生对融媒体教学予以了关注和认可，高校教务部门也大多统筹了校内资源给予支持，大学生参与程度较高，大部分学校的融媒体教学效果明显，受到了师生的欢迎。但是通过调查也发现存在一部分问题，例如部分学校融媒体教学流于形式，教师信息化教学能力不足、大学生参与度较低，课程考核和评价标准不够科学等，这些问题也是当前高校推进思政课融媒体教学改革必须要解决的问题。

### （一）大学生层面：课程参与度和认知程度亟须加强

首先，大学生课程参与度方面有待提升。通过调查问卷和实际调研发现，大学生对融媒体时代高校思想政治理论课教学模式刚开始还能积极参与，认真按照要求完成在线听课和观看线上资源，但是参与程度随着时间推移下降较快，线上学习积极性不高，线上作业完成程度较低，甚至有些大学生依靠网络资源复制粘贴来应付课程作业。其次，大学生融媒体教学认知程度方面有待加强。多数大学生习惯于高校思政课线下授课，对线上授课认为是疫情期间无奈之举或者是额外任务，疫情结束之后就没有必要再进行线上教学，因此部分大学生有些抵触融媒体时代高校思想政治理论课教学模式，导致了教学效果不能达到预期目的。最后，因为大学生的技术水平和家庭条件不同，导致融媒体教学体验感觉不同，一些来自偏远地区的同学由于网络和信号的问题，导致疫情期间融媒体时代高校思想政治理论课教学模式体验感不佳，影响了融媒体教学的效果。

### （二）教师层面：融媒体教学改革的思维和信息化能力需要

首先，融媒体教学意识方面有待加强。高校思政课教师一般习惯于线下授课，这种长时间的线下授课可能会导致部分高校思政课教师出现固定思维模式。因此，面对突然而来的线上授课，很多老师对于融媒体教学缺乏相关经验，而且线上教学带来的是工作量的剧增，高校思政课教师需要花费大量时间去进行在线教学课程准备工作和微视频录制工作，以及线上作业设置和批改等，这些繁重的工作也缺乏相应的评价标准，导致部分教师在进行融媒体教学改革时缺乏相应的驱动力。其次，教师教育信息化能力方面有待加强。融媒体时代高校思想政治理论课教学模式改革对教师的信息化驾驭能力有着相当的要求。在平台使用、课程互动、专题教学、视频录制和作业批改方面都需要教师对线上教学平台有着熟练地掌握，但是很多高校思政课教师在这些方面缺乏经验和培训，导致信息化能力较弱，从而影响高校思政课线上教学的效果和教师的自信心。

### （三）学校层面：融媒体教学资源支持和制度设计有待加强

首先，教学资源支持方面有待加强。在教育信息化2.0时代，自由交互式的教学平台和资源是高校开展融媒体时代高校思想政治理论课教学模式的先行条件。由于当前很多高校资金预算有限，往往在打造高校思政课教学平台方面投入资金不多，导致高校思政课混合教学资源匮乏，影响教学效果。其次，制度设计方面有待提升。部分高校没有制定推动思政课混合教学相关政策和制度，高校思政课混合教学的总体设计还在探索，各个部门的配合还需要进一步协调，资源整合力度和领导重视程度还有待加强，因此影响了新技术、新媒体可以更好、更全面地充分融入高校思政课的教学之中。

### （四）思政课教学方面：教学模式和考核评价要更加合理

首先，融媒体教学有待优化。线上学习缺乏相应的监督条件，只能通过大学生的自觉性来保证。很多大学生在教学平台签到之后就离开电脑，或者挂机在课堂却不参与，这种情况授课教师无法实时监管，线上教学模式的优化和升级势在必行。其次，融媒体教学考核方式方面有待明确。在融媒体时代高校思想政治理论课教学模式执行过程中，部分高校对线上教学的量化标准和评价体系尚未明确，线上线下工作量的计算模式尚不清晰，各个高校的思政课教师融媒体教学的考核标准还不统一，这样造成一些老师对融媒体教学的考核评价有所顾虑，影响了融媒体时代高校思想政治理论课教学模式改革的实际效果。

## 三、主导性和主体性统一的主要路径

思政课是落实立德树人根本任务的关键课程，积极探索基于主导性和主体性相统一导向的教育教学改革具有重要的现实意义。基于主导性和主体性相统一导向的融媒体教学，可以从大学生层面、教师层面、高校层面、思政课程层面等四个维度着手进行改革。

### （一）大学生层面：增加大学生对融媒体时代高校思想政治理论课教学模式的认知

首先，加强大学生对融媒体时代高校思想政治理论课教学模式的了解，把融媒体教学的优势和特点进行讲解，强化大学生对融媒体教学的认知，从而提升大学生的兴趣和学习动机，引导大学生积极投入到融媒体教学的改革中来，增强大学生在高校思政课中的获得感，使大学生在高校思政课中始终保持主体地位。其次，提升高校思政课程大学生参与度，建立思政融媒体教学共同体。在融媒体教学共同体的建设过程中，师生一起学习，一起进行课堂讨论，一起答疑解惑，一起分享心得，最大限度上保障大学生在课堂中的主体地位，促进融媒体教学工作的顺利开展。

## （二）教师层面：提升思政课教师的信息化素养和技术水平

首先，高校思政课教师应强化自身的信息化思维的养成，用改革的精神来创新教学模式，在融媒体教学过程中需要以教育技术作为学习的重点，不断提升教师个人的信息化素养，理解融媒体教学的核心要点和应有之义，要具有驾驭融媒体时代高校思想政治理论课教学模式的能力，在课堂上可以占据主导地位，从而实现课程育人的目的。其次，高校思政课教师应主动学习，提升融媒体教学技术水平。在日常工作中积极参加融媒体教学的相关培训和教育技术类的教学比赛，以赛促学，在高校思政课教学活动中可以采取多种手段提升课堂效果，强化大学生在高校思政课中的主体地位。

## （三）学校层面：制定融媒体时代高校思想政治理论课教学模式的顶层设计

首先，高校应出台融媒体时代高校思想政治理论课教学模式相关制度，建立健全高校思政课教师队伍培养和课程改革机制，制定好融媒体时代高校思想政治理论课教学模式的顶层设计，大力引导和支持高校思政课教师积极开展融媒体教学改革工作，在制度层面为高校思政课顺利开展融媒体教学提供保障。其次，高校应该加强融媒体时代高校思想政治理论课教学模式资源建设。高校应该加大资金投入力度，为高校思政课开展融媒体教学提供必要的网络运行平台和多媒体资源，满足高校思政课改革创新的需要。在软硬件建设方面向高校思政课教师倾斜，建立高校思政课专用智慧教室等相关平台，最大限度满足融媒体时代高校思想政治理论课教学模式的需要。

## （四）思政课程层面：完善课程教学方法和评价机制

首先是积极推进融媒体时代高校思想政治理论课教学模式改革。高校思政课教师应采用最新的教育理念，在传统的教学方法上加以创新，利用新媒体和新技术改变过去的灌输性教学，切实把大学生当作课堂的主体，通过翻转课堂，体验式教学、实践教学等各种教学方法来提升大学生在高校思政课的参与度，不断完善新时代融媒体时代高校思想政治理论课教学模式方法体系，推进高校思政课教学方法不断创新。其次是推动建立科学的融媒体教学评价体系。通过评价体系的建立，可以对融媒体时代高校思想政治理论课教学模式进行科学准确的评价，根据评价的结果动态调整融媒体教学的全过程，从而提高融媒体时代高校思想政治理论课教学模式的整体水平。特别是高校应该建立常态化的评价机制，采取科学规范的评价方法，对融媒体时代高校思想政治理论课教学模式中的教师主导地位和大学生的主体地位进行评估，对教师的满意度以及大学生的满意度等相关资料进行全面收集，通过大数据进行分析，从而推进融媒体时代高校思想政治理论课教学模式方法和评价体系不断完善。

综上所述，基于主导性和主体性相统一的融媒体时代高校思想政治理论课教学模式改革，是信息社会发展的必然要求，也是落实好高校思政课铸魂育人功能的重要着力点。混合教学模式的推进有利于提升大学生在高校思政课中的主体地位，强化高校思政课教师的主导地位，把信息技术和课堂教学积极融合于当前高校提高思政课教学效果和育人效果都有着十分重要的意义。

# 第三节　教学模式创新的知识性和价值性统一原则

高校思政课具有知识与价值的双重属性，其实践展开的过程本身也是知识性与价值性相统一的过程。高校思政课中知识性与价值性的关系不仅是一个理论问题，更是一个实践问题，两者正是在相互作用的过程中走向辩证统一的图景。高校思政课的知识性是其存在的前提，而价值性则是其存在的本质，知识性服务于价值性，价值性引导知识性，两者统一于高校思政课的具体实践。从本体论和方法论的意义上来说，高校思政课"要坚持价值性和知识性相统一，寓价值观引导于知识传授之中"，这也是高校思政课本身的题中之意。

## 一、彻底性的理论知识基础

"思想政治教育相信可以通过科学知识的教育培养出人的价值观念。"这一过程是在高校思政课中知识性与价值性辩证统一的基础上展开和实现的，知识理论的彻底性成为支撑这种辩证统一的重要基础。高校思政课的知识性体现在具有科学性和真理性的知识内容上，这种知识本身也是彻底性的理论。传递这种彻底性的理论知识离不开理论灌输的基本方法，灌输是传递知识内容本身的基本路径，没有灌输的基本方法，知识内容也难以被接受。真理的接受离不开理性本身，受教育者对作为科学真理的彻底性理论的认识往往通过认知理性来实现，认知理性由此成为理论知识被接受的重要条件。高校思政课中知识性的内容、方法和过程都指向彻底的理论知识本身，这是实现高校思政课中知识性与价值性辩证统一的重要前提。

马克思主义是高校思政课的主要内容，其理论彻底性是决定高校思政课说服力的首要因素。马克思指出："理论一经掌握群众，也会变成物质力量。理论只要说服人［adhomi-nem］，就能掌握群众；而理论只要彻底，就能说服人［adhominem］。所谓彻底，就是抓住事物的根本。"马克思主义通过对事物本质和规律的揭示，体现了其本身的科学性和正确性，是一种彻底的理论。从马克思主义本身的科学性来看，马克思主义包括马克思主义哲学、政治经济学和科学社会主义三个组成部分，是对自然界、人类社会和人类思维发展一般规律的揭示和把握。马克思主义的唯物史观从客观物质生产中考察人类社会历史的发展过程，找寻历史发展背后的真正动因在于社会生产关系的发展，抓住了历史发展的根本，揭示出人类社会必然从资本主义过渡到社会主义的发展过程，是关于人类历史发展规律的科学理论。列宁曾指出："马克思的历史唯物主义是科学思想中的最大成果。过去在历史观和政治观方面占支配地位的那种混乱和随意性，被一种极其完整严密的科学理论所代替"。从这个意义上说，马克思主义是抓住事物根本的理论，是能够说服人的彻底性理论。而马克思主义的彻底性还在于对"什么是马克思主义"的正确解答，是作为真正的马克思主义存在的理论。恩格斯在马克思的墓前说道："马克思首先是一个革命家。他毕生的真正使命，就是以这种或那种方式参加推翻资本主义社会及其所建立的国家设施的事业，参加现代无产阶级的解放事业，正是他第一次使现代无产阶级意识到自身的地位和需要，意识到自身解放的条件。"这是从根本上对马克思主义本质和内容的揭示。对马克思主义正确性把握的关键是要把握马克思主义的根本，要准确地理解马克思主义的本质和内容，从而弄清楚什么是真正的马克思主义，识别马克思主义的真伪，做到去伪存真。对高校思政课来说，作为知识性内容的马克思主义是"由马克思、恩格斯开创的，为他们的后继者所发展的，以批判资本主义、建设社会主义和实现共产主义为目标的理论体系，是无产阶级和全人类解放的科学。"马克思主义不仅是高校思政课的重要理论基础，更是其主要知识内容，离开马克思主义就无所谓思政课。高校思政课本身必须以知识理论的彻底性为基础，才能实现知识教育以理服人的效果，也才能实现知识性与价值性的辩证统一。

高校思政课通过理论灌输的基本方法实现对彻底性理论知识的传递，理论灌输实际上就是用彻底性的理论知识"说服人"和"掌握群众"。列宁曾指出，"工人本来也不可能有社会民主主义的意识。这种意识只能从外面灌输进去，各国的历史都证明：工人阶级单靠自己本身的力量，只能形成工联主义的意识"④。"从外面灌输进去"就是向工人阶级灌输他们原本没有的社会主义思想，使他们能够掌握和运用这种思想进而明确自身的历史使命。对于工人阶级来说，这种社会主义的先进思想并不会自发形成，而只能通过理论灌输的方法实现自觉自主的学习，通过知识的学习才能掌握这种彻底性的理论。实际上，"灌输这个范畴是思想政治教育的特定范畴，就是正确、先进的思想体系不可能在头脑中自发产生，只有通过学习、教育、实践才能自觉形成。"对于高校思政课中的知识性教育来说，这种理论灌输是一种知识传递的基本方法，知识性与价值性的辩证统一以知识理论的彻底性为基础，而要实现彻底性理论知识的传递必须通过理论灌输的方法，这是由灌输理论本身的内容决定的。理论灌输有着自身的主体和接受对象，列宁认为进行社会主义思想灌输的主体是"革命的社会主义知识分子"，而社会主义思想灌输的对象是"工人群众"，灌输的过程就是掌握马克思主义知识理论的专家将社会主义科学思想灌输给工人阶级的过程。这种理论灌输的内容是社会主义的科学思想，根本上也是一种彻底性的理论知识。对于高校思政课而言，知识性的理论灌输就是掌握彻底性知识理论的教育者将这种知识理论灌输给受教育者的过程。这种彻底性理论知识的灌输不是单一的机械灌输，而是灌输与疏导的结合。高校思政课过程中马克思主义理论知识的灌输不是单一的理论宣传，而是理论传递和理论疏导的统一，是在灌输理论知识的同时又广开言路和善于引导，这样才能实现彻底性理论知识的有效传递。高校思政课正是通过理论灌输实现这种彻底性理论知识的传播和扩散，同时也为知识性与价值性的辩证统一奠定基础，促进理论知识向价值信仰的转变和发展。

对于受教育者而言，接受高校思政课中彻底性理论知识的灌输是通过人的理性实现的。理性是人类辨别真伪、接受正确知识理论的重要因素，彻底性的知识理论能否被受教育者所接受也取决于受教育者自身的理性。

早在古希腊时期，亚里士多德就提出"人是理性的动物"的经典命题，在他看来，"除了人有理性，别的动物全都没有理性。""人就是这样一类动物，在一切生物之中，就我们所知所识的而言，惟独人为赋有神性，或至少可说，人比之于其他动物为较富于神性。"高校思政课传递的彻底性理论知识只有通过受教育者自身的认知理性才能真正接受，这是实现从知识体系向信仰体系转变的前提。亚里士多德将理性分为认知的和伦理的两部分，前者称为理论理性，也称认知理性，后者称为伦理理性，也称价值理性。认知理性在于辨别真伪，追求和认识真理；价值理性在于判断善恶，指导价值选择。对于高校思政课而言，彻底性理论知识只有通过认知理性的判断和辨别才能被受教育者所接受，并在此基础上通过价值理性的引导实现从理论知识向价值信仰的转变。

总而言之，高校思政课中知识性与价值性的辩证统一离不开彻底性理论知识和理论灌输。人类理性则是认识和追求真理知识的重要因素，马克思主义的彻底性理论知识只有通过人类理性的力量才能被受教育者真正接受。这样，高校思政课知识性的内容、方法和过程都指向彻底性理论知识，并使之成为知识性与价值性辩证统一的基本前提。

## 交融性的主体情感媒介

高校思政课中知识性与价值性的辩证统一离不开主体情感互动的媒介作用，主体情感的交融是连接知识性与价值性的重要桥梁。主体情感是区别于主体认知理性的非理性因素，也是推动高校思政课活动实现知识性与价值性相统一的重要条件。在高校思政课过程中，知识性教育传递的彻底性理论只是教育活动展开的基础，实现知识性与价值性的辩证统一还离不开主体情感的重要媒介。"个体获得某种认知，还只是处在'知善'的阶段，而'知善'并不等于'向善'，就是说，由个体'认知'到'德性'品质的转换，还要有一个中介，那就是情感。"受教育者只有在情感的基础上实现对知识内容的认知和认同，才能形成相应的价值信仰，最终实现知识体系向信仰体系的转变。

从高校思政课本身的过程来看，情感是实现知识转化为价值的催化剂，也是连接知识内容和价值内容的重要桥梁。一般来说，情感是"人对客观事物的态度的体验。是人的需要和客观事物之间关系的反映"。这种情感是主体对客体内容的态度，也是客体内容能否满足主体需要的状态反映。对于高校思政课来说，情感表现为主体对于高校思政课内容中的态度，以及这一内容能否满足主体需要的状态。情感在高校思政课过程中连接着主体和内容，这里的主体既包括传授理论知识内容的教育者，也包括接受理论知识内容的受教育者，双方的情感交融推动着高校思政课中知识内容与价值内容的融合。可以说，高校思政课中的知识性与价值性的统一是在情感交融的媒介作用下实现的，离开了情感的作用，高校思政课的活动过程就没有足够的温度，生硬的知识内容与抽象的价值观念就难以实现有机融合。

高校思政课过程中的知识传递和情感因素本就不是彼此隔绝的，而是相互连接的。从知识传授的主体来看，高校思政课中知识传递的过程就是教育者说理和动情相互统一的过程。教育者对知识内容的有效传递离不开自身情感因素的重要作用，知识内容的传递应该是有情感的，是带有强烈的情感色彩的教育活动。马克思主义作为高校思政课的内容是具有高度理论性和思辨性的知识体系，对这种理论知识的传授就是说理的过程，说理如果没有情感的渲染和催化，理论知识就会成为冰冷生硬的原则教条，整个知识传授过程也成为没有温度的强硬灌输，教育效果也可想而知。教育者只有将情感融入知识传递的过程中，做到寓情于理、情理相融，才能真正触发受教育者对知识接受的情感心理，进而引导价值认同的形成。马克思曾指出："激情、热情是人强烈追求自己的对象的本质力量。"教育者投入情感的知识传授过程实际上就是晓之以理与动之以情相结合的过程。

在高校思政课过程中，教育者对马克思主义理论的传递也是其对马克思主义真理的追求，这种对真理的追求也饱含着教育者自身对真理的热爱之情，马克思主义本身的理论魅力在知识传递的情理相融中得到充分彰显。所谓高校思政课的通情达理，实际上就是教育者在高校思政课过程中通过充分投入自身的情感以保证有效地传递知识理论内容，也就是"情至"而"理达"。高校思政课通情达理的过程也是作为一种有温度的教育活动的展开过程。

从知识接受的主体来看，受教育者对高校思政课内容的认知是通过情感力量推动的，对其内容的真正接受也是通过情感催化实现的。列宁曾指出："没有'人的感情'，就从来没有也不可能有人对于真理的追求。"人类对客观世界的认识活动是受情感因素影响的，人类总是在一定的情感条件下追求某种目的。情感产生于人类的认识活动过程并随着人类认识活动的发展而发展，与此同时也影响着人类的认识活动。"人的行为和认识的需要的内在动因最终是要以情绪的形式来表现"，情感成为推动人类认识活动发展的重要动力。对于受教育者来说，只有通过情感的推动，才能唤起自身对于知识性教育中真理内容的真正热爱和追求，也才能将自身对知识内容的认知过程扎根于深层的精神土壤，推动认识活动的发展。而情感作为人类对客观事物的态度和体验，是人类做出相应行为反应的主要依据。积极的情感活动是受教育者对教育内容和教育目的的肯定和认同，这为受教育者主动参与教育活动和接受教育效果提供良好的催化条件。"这种情感活动，既是教育对象追求、内化、践行思想政治教育目标、内容的推动力量，义是教育对象由教育内容的知识型掌握向信念型掌握转化的中介"。受教育者对高校思政课中马克思主义理论知识的真正接受是通过情感体验产生的对真理的热爱和向往，这种情感推动着受教育者认知活动的发展，更催化着受教育者心理接受的生成。受教育者对高校思政课的接受过程，实际上也是理性认知和非理性情感共同作用的过程，其理性认知越深刻，南之而来的情感也越深刻。

与此同时，高校思政课中的价值性教育也与情感因素紧密相连。情感作为主体对客观事物是否满足自身需要的态度和体验，本身就表现为一种特定的价值倾向或价值活动。"价值本身意味着需要，而情感又是需要满足与否的重要标识，无论在人的存在的抽象还是现实层面，价值与情感之间都呈现出复杂的关系"。人的存在本身成为连接价值和情感的纽带，而人对价值的追求与自身的情感活动也由此紧密相连。对于高校思政课中的价值性教育而言，情感首先是价值性教育活动展开的内在力量。"情感—体验过程注重情调、情绪、心境或接受或拒绝的程度，不仅培养学生对认知惊异、好奇的心向和态度，而且根本的是发展人对是非、善恶、美丑的爱憎喜厌之情，培养人调节行为的精神力量，以解决人对客观事物的态度及行动的价值问题。"对于高校思政课来说，其中的价值性教育基于人的情感活动得以展开。不仅如此，对高校思政课中的价值性教育而言，"价值选择与判断的过程就是一个自我情感表达的过程。"价值性教育的过程是教育者和受教育者双方自我情感的表达过程，同时又促进双方在自我情感体验的基础上实现自身情感的进一步提升。教育者和受教育者在价值教育过程中经情感表达和情感体验产生相应的价值感受，反过来又进一步推动着价值性教育过程的发展。高校思政课过程中，培养马克思主义的价值认同和信仰首先需要关注受教育者对马克思主义的情感反应，促进个体内在情感需要和外在价值要求的连接，通过情感反馈和表征调整价值性教育的方法，促进受教育者在自身情感的体验中实现对马克思主义的价值认同和信仰。

这样来看，教育者和受教育者的情感交融成为连接高校思政课中知识性与价值性的重要媒介，而高校思政课的过程实际上就是通过主体情感的力量实现知识性与价值性相统一的过程。情感是高校思政课的生存基石，正是由于情感的力量，高校思政课才能成为一种有温度的、有灵魂的教育，也正是由于情感的连接，高校思政课中知识性与价值性才能走向统一。

## 发展性的实践过程归宿

高校思政课发生于实践活动之中，知识性与价值性也统一于高校思政课实践过程，脱离实践的高校思政课是不存在的，也是无法实现两者的统一的。发展性的教育实践活动贯穿于高校思政课过程始终，也成为知识性与价值性辩证统一的逻辑归宿。

对于高校思政课来说，马克思主义既是其中知识性的内容，也是价值性的内容，而马克思主义本身的实践性为知识性与价值性的统一提供了现实的必要性。马克思主义的根本特性在于实践性。马克思曾指出："哲学家们只是用不同的方式解释世界，问题在于改变世界。"马克思主义从创立之初就具有鲜明的实践指向，其本意并不在于开展纯粹的理论研究，而是要为无产阶级的革命实践提供理论指导。作为马克思主义的实践展开形态，世界社会主义运动的发展也确证着马克思主义本身价值的实现。十月社会主义革命是列宁领导的布尔什维克党联合俄国工人阶级和贫农发动的社会主义革命运动，也是运用马克思主义指导无产阶级革命运动的典范。

十月革命的伟大胜利建立了人类历史上第一个由马克思主义政党领导的社会主义国家，也为世界无产阶级革命运动的发展铺开了前进的道路，而科学社会主义由理论向现实的转变也成为马克思主义本身价值实现的重要确证。正是在这个意义上，"在看待马克思主义时，既要看到它的理论形态，也要看到它的实践形态"。对于以马克思主义为主要内容的高校思政课来说，马克思主义本身的实践性决定了高校思政课只有通过实践才能将马克思主义知识理论和价值目标联系起来，也只有在运用马克思主义解决现实问题的过程中才能实现由知识向价值的转化。

从高校思政课本身来看，实践性也是思想政治教育的基本特征。"思想政治教育的实践性，就是思想政治教育的现实性和思想政治教育价值实现的有效性。"高校思政课的实践起点首先是现实的人的思想实际，而落脚点则是人们思想政治素质的提升。高校思政课对人们思想政治素质的提升是通过知识理论学习和价值实践的统一实现的，而人们的思想政治素质最终也影响着人们自身的思想政治实践活动。这样来看，高校思政课既要从实际出发提升人们的思想认识水平，同时还要通过思想认识指导人们的实践活动，实现人们从思想认知到价值实践的转化。归根到底，高校思政课是要促进人们在正确认识世界的过程中能动地改造自身的主观世界，这一过程实际上也是知识性与价值性辩证统一的过程。与此同时，检验高校思政课最终效果的标准也不是任何主观的判断，只能是实践本身，而知识性与价值性是否实现统一也只能通过实践本身得到检验。这样来看，高校思政课有效性的实现必须以高校思政课本身的实践性为基础，而高校思政课的实践性也要求着知识性与价值性在实践过程中统一，两者统一的结果反映着高校思政课的最终实效，也在实践活动中得到最终检验。

就发生论的角度来说，高校思政课本身就是马克思主义与革命实践活动相融合的产物，是在共产主义运动和马克思主义政党形成发展的历史过程中自觉生成的马克思主义的知识教育与价值教育相统一的结果。高校思政课正是通过知识教育与价值教育在革命实践中的统一才实现对马克思主义的有效传播，也只有这样才能实现马克思主义由知识形态向信仰形态的转变，将社会主义科学理论变成现实。没有知识性与价值性在实践中的统一，就无法实现马克思主义的有效传播；而没有马克思主义科学理论的指导，中国的革命和建设也无法取得胜利。中国共产党人历来就强调要在革命实践过程中来认识和运用马克思主义，把马克思主义与中国革命的具体实践相结合，用马克思主义的普遍真理指导中国的社会主义革命和建设。

毛泽东曾指出："对于马克思主义的理论，要能够精通它、应用它，精通的目的全在于应用"。马克思主义与中国革命的具体实际相结合的过程，就是马克思主义的中国化过程，这一过程也是以马克思主义为内容的高校思政课在实践中实现知识性与价值性相统一的过程。中国共产党人正是在马克思主义中国化的过程中不断认识和发展马克思主义理论，又不断用发展着的马克思主义指导中国具体的建设和改革，在实践中实现马克思主义理论创新，也在实践中实现马克思主义知识与价值的融合。中国共产党的思想政治理论归根结底是实践的产物也随实践而发展，而高校思政课的知识性与价值性的统一也在新的实践中获得新的时代内涵和实现形式。实践本身是一个不断发展的过程，高校思政课中知识性与价值性在实践中的统一也是不断发展的过程，正是在这个意义上，发展性的实践过程也成为知识性与价值性辩证统一的归宿。

概言之，马克思主义的实践性决定了只有在实践中才能实现从理论向现实的转变，也决定了以马克思主义为内容的高校思政课在实践中实现知识性与价值性的统一的必要性。中国共产党的存在本身和马克思主义中国化的发展创新都是通过高校思政课中知识性与价值性在实践中的辩证统一来实现的，这也都成为高校思政课知识性与价值性统一于发展性实践过程的重要确证。

## 第四节　教学模式的理论性、实践性和历史性统一原则

2018 年 9 月 10 日，习近平总书记在全国教育大会上提出："要把立德树人融入思想道德教育、文化知识教育、社会实践教育各环节，贯穿基础教育、职业教育、高等教育各领域"。2019 年 3 月 18 日，习近平总书记召开学校思政课教师座谈会指出："思想政治理论课是落实立德树人根本任务的关键课程。"并强调，"办好思想政治理论课，最根本的是要全面贯彻党的教育方针，解决好培养什么人、怎样培养人、为谁培养人这个根本问题。"2019 年 8 月 14 日，中共中央办公厅国务院办公厅印发《关于深化新时代学校思想政治理论课改革创新的若干意见》指出，办好思政课，要放在世界百年未有之大变局、党和国家事业发展全局中来看待，要从坚持和发展中国特色社会主义、建设社会主义现代化强国、实现中华民族伟大复兴的高度来对待。新时代高校思政课承担着立德树人的重要使命，事关党和国家事业发展全局，事关实现中华民族伟大复兴的战略高度。立德树人是中国特色社会主义高校的立身之本，也是思政课的立身之本。新时代高校思政课立什么德？树什么人？为何能实现立德树人的根本任务？怎样实现立德树人根本任务？这一系列的问题都需要给予理论阐释和实践回应，需要在高校思政课的历史发展脉络中厘清内在原则。文章将从理论原则、实践原则、历史原则三个维度阐释新时代高校思政课立德树人的内在原则，并探讨三者之间的关系，促进新时代高校思政课立德树人目标的实现。

### 一、培养什么人：融媒体时代高校思想政治理论课教学模式理论原则

培养什么人是教育的首要问题，决定着教育的目标和方向。立德树人是新时代教育的根本任务，是对培养什么人的具体回答。习近平总书记指出，培养有理想、有本领、有担

当的时代新人是立德树人目标的具体指向。新时代高校思政课作为立德树人的关键课程，梳理理论线条，挖掘理论资源，厘清培养什么人的理论原则意义重大。

## （一）辩证唯物主义和历史唯物主义是高校思政课的哲学基础

辩证唯物主义和历史唯物主义是马克思主义哲学中的基本理论，也是马克思主义基本的世界观和方法论。高校思政课正是在这一世界观和方法论的基础上开设的关于世界观、人生观和价值观教育的课程。高校思政课通过系统的马克思主义理论教育，培养大学生运用马克思主义的立场、观点、方法分析问题和解决问题的能力，逐步树立辩证唯物主义和历史唯物主义的世界观、认识论和方法论。马克思说："作为确定的人，现实的人，你就有规定，就有使命，就有任务……这个任务是由于你的需要及其与现存世界的联系而产生的。"马克思的这一论断一方面指明了人不是孤立的、抽象的人，而是现实的、具体的人，是与世界普遍联系的，所以人"有规定""有使命""有任务"。另一方面也表明了这一"规定""使命"和"任务"是基于"人的需要"与人所处的"普遍联系的世界"。就认识论层面而言，"世界统一于物质，物质决定意识"的辩证唯物主义基本原理为高校思政课奠定了认识论基础。如《毛泽东思想和中国特色社会主义理论体系概论》课，关于正确认识我国基本国情就是坚持世界统一于物质的辩证唯物主义。就方法论基础而言，人类社会发展的根本动力来自人类社会基本矛盾的推动力，即生产力与生产关系、经济基础和上层建筑之间的矛盾，这一历史唯物主义思想是高校思政课的方法论基础。以马克思主义为根本指导思想的高校思政课正是立足辩证唯物主义与历史唯物主义的客观现实基础，通过课程体系、教学内容和教学任务的方式将辩证唯物主义和历史唯物主义贯穿高校思政课的全过程。习近平总书记指出："我们对共产党执政规律、社会主义建设规律、人类社会发展规律的认识和把握不断深入，开辟了中国特色社会主义理论和实践发展新境界，中国特色社会主义取得举世瞩目的成就，中国特色社会主义道路自信、理论自信、制度自信、文化自信不断增强，为思政课建设提供了有力支撑。"这也反映了高校思政课所具有的辩证唯物主义和历史唯物主义世界观的深厚意蕴。

## （二）马克思主义关于人的全面发展理论

马克思主义理论是关于人类解放的学说，"人的自由而全面的发展"是马克思主义理论的重要内容。"人的自由而全面的发展"是一个过程，马克思将其分为三个阶段——"人的依赖关系""以物的依赖性为基础的人的独立性""建立在个人全面发展和他们共同的、社会的生产能力成为从属于他们的社会财富这一基础上的自由个性"。在此基础上，马克思主义从一个全新的视角揭示了人的全面发展的科学内涵和历史必然性，为我们理解立德树人提供了重要的理论依据。马克思主义关于人的全面发展理论具有三个层面的含义：第一，人的全面发展受制于一定的社会关系。人的社会关系是人全面发展的衡量标准，因此需要构建人的全面发展的内在动力，而这种内在动力就是人的需要。而人的需要不是凭空产生的，总是和一定社会的生产力和生产关系联系在一起。马克思指出："人的本质并不是单个人所固有的抽象物，实际上，它是一切社会关系的总和。"并明确指出："社会关系实际上决定着一个人能够发展到什么程度。"人的全面发展离不开一定的社会关系的发展，社会关系成为衡量人全面发展的标准。因此，马克思主义视域下人的全面发展是一个综合判断，包含了人的全面发展和社会的全面进步两个方面：既指每一个作为人的个体的全面发展，更强调人和人联合起来的共同体的发展，当社会为个人发展提供良好的条件和动力支持时，人的全面发展才成为可能。第二，人的全面发展即人的各方面素质和能力全面、充分、自由、协调的发展。这种发展不仅指人对物质需要的满足，而且强调人对精神需要的满足。人的精神需要由人的素质和能力等多种要素构成，这些要素除了生理、心理、遗传、精神等要素外，还包括思想道德素质、身体素质、心理素质、认识能力、实践能力等。1957年，毛泽东在《关于正确处理人民内部矛盾的问题》一文中提出人应该在德育、智育、体育三方面都得到发展。毛泽东同时指出，"要使学生得到比较完全的和比较广博的知识，发展健全的身体，发展共产主义的道德"。改革开放初期，邓小平指出："我们在建设具有中国特色的社会主义社会时，一定要坚持发展物质文明和精神文明，坚持五讲四美三热爱，教育全国人民做到有理想、有道德、有文化、有纪律。"④有理想、有道德、有文化和有纪律是对人的素质和能力的综合要求，也是全面发展的人的具体规定性。新时代，习近平总书记强调，青年一代要成为有理想、有本领、有担当的时代新人。时代新人就是对人的各方面素质和能力全面、充分、自由、协调发展的凝练概括。第三，人的全面发展意味着需要尊重人的个体差异与个体价值。南于每个人的生活环境和受教育程度不同，人的个性具有鲜明的差异性，这种差异性正是人作为个体存在的价值。成为人本身是人的全面发展的根本目的，教育则是使人成为真正意义上的人最根本也是最重要的途径。马克思在《资本论》中提出，"体力劳动同智育和体育相结合"。恩格斯在《反杜林论》中指出，"它不仅是提高社会生产的一种方法，而且是造就全面发展的人的唯一方法"；在《共产主义原理》中指出，"教育将使他们（指年轻人——编者注）摆脱现在这种分工给每个人造成的片面性。"马克思主义关于人的全面发展理论不仅阐明了教育与"树人"之间的必然逻辑，即教育能够提高人全面发展的能力，而且明确了智育、劳动教育、体育相结合的教育方法可以促进人的全面发展。总之，马克思主义关于人的全面发展的理论使得新时代立德树人具有历史性、前瞻性和超越性的深刻理论意蕴。新时代高校思政课要实现立德树人的根本任务，就要通过提高人的全面发展的能力来促进人的全面发展。

### （三）中华优秀传统教育思想的理论滋养

立德树人作为中国特色社会主义教育的根本任务，主要探讨中国特色社会主义事业的建设者和接班人的道德建设问题。在中华优秀传统教育思想中，"立德"作为理想与价值追求，最早出现于春秋时期。据《左传·襄公二十四年》记载，范宣子与叔孙豹在讨论

"身死而名不朽"的问题时，叔孙豹提出，"大上有立德，其次有立功，其次有立言，虽久不废，此之谓不朽"④。意即，人要身死名不朽，方式有三：一是有崇高的品德，泽被后世，这是最高层次的不朽；二是功勋卓著，建功立业，这是第二层次的不朽；三是著书立说，影响世人，这是第三层次的不朽。叔孙豹的这一思想系统而完整地体现了古人的人生理想和价值追求，集中体现了中华优秀传统教育思想的基本内核，即德为先，德居首位。古人在追求"身死而名不朽"时，将"立德"放在第一位，足见古人对于"德性"的重视。

北宋史学家司马迁的"才者，德之资也。德者，才之帅也"，更是对中华传统优秀教育思想的凝练表达。"树人"一词，最早现于《管子·权修》，管仲提出，"一年之计，莫如树谷；十年之计，莫如树木；终身之计，莫如树人。一树一获者，谷也，一树十获者，木也，一树百获者，人也"。

这段话表明了管仲注重对百姓进行道德教化的思想，注重道德培养。而用什么样的道德对百姓进行教化？《管子·牧民·国颂》中指出："国有四维。……何谓四维？一日礼，二日义，三日廉，四日耻。""礼义廉耻"国之四维对于百姓具有价值引领作用，这种价值引领是国家存亡的关键。

正所谓，"四维不张，国乃灭亡"④。"树人"具有长期性和艰巨性。"终身之计，莫如树人"就说明用道德教化人是一个长期的过程，贯穿生命的始终。"一树百获者，人也"，表明道德教化对个人成长和社会发展的积极意义。《论语》记载的"道之以德，齐之以礼，有耻且格"，就说明这种道德教化对于国家治理的积极意义，反映了古人朴素的治民以德的治国思想。

从以上关于"立德树人"的概念溯源可以看出，中华优秀传统教育思想注重道德教育，强调道德修为，欲将人培养成道德高尚的人。

## 二、怎样培养人：融媒体时代高校思想政治理论课教学模式的实践原则

高校思政课作为立德树人的关键课程，有其自身的实践原则。需要回归教学本真，遵循教书育人规律，遵循大学生成长成才规律，形成立德树人协同效应。高校思政课作为一门理论性的课程，在其实践的主体性上需要遵循教书育人的基本规律，从其实践的客体性上需要遵循大学生成长成才的规律，从实践的对象性上需要形成高校思政课立德树人协同效应。三者有机结合，遵循新时代高校思政课立德树人的实践原则，实现立德树人的目标。

### （一）遵循教书育人规律

遵循教书育人的规律需要实现教师教书与育人的统一和大学生学习与成才的统一。高校思政课作为系统性课程，需要遵循教学的基本规律。教学必须合教育性。教是知识的学

习，育是价值的引导，教书目的是育人。

高校思政课教师既要做"经师"，更要做"人师"。在教学过程中实现学理性与政治性相统一。这就要求高校思政课教师坚持教学的价值性和知识性相统一，遵循教学与教育相结合的规律。教学是教师教与大学生学的协调，是知识的传递，更多体现为"智育"。教育是教学与育人之间的结合，是品格的培养，主要体现为"德育"。教学是基础，是手段，教育是最终目的，教学必须合教育性。因此，不存在"无教学的教育"，也不存在"无教育的教学"。新时代高校思政课遵循教书育人的规律正是高校思政课立德树人内在的实践原则。高校思政课作为一门理论性的课程，一方面需要传授马克思主义基本理论，传授关于认识世界和改造世界的根本观点、看法。另一方面需要通过高校思政课培养大学生的人生观、世界观、价值观。也就是解决高校"培养什么样的人"的问题。而遵循教书育人规律回答的是"如何培养人"的问题。教书和育人是教育的基本问题。所谓教书育人"是指教师在传授专业知识的同时，以自身的道德行为和人格魅力，言传身教，引导学生寻找自己生命的意义，实现人生应有的价值追求，塑造自身完美的人格"。由此可以看出，教书是让大学生获得知识并将之付诸实践的过程，育人是在此基础上培育大学生的人生观、世界观和价值观，让大学生学会做人，二者在结构上是递进式关系。著名教育学家陶行知曾说，"先生不应该专教书；他的责任是教人做人。学生不应当专读书；他的责任是学习人生之道。"儒家的"学以成人"，苏格拉底的"知德统一"原则等，都是对教书育人的经典阐释，也深刻表明了"智育"与"德育"之间的手段与目的关系。

### （二）遵循大学生成长成才规律

在全国思政课教师座谈会上，习近平总书记强调，青少年阶段是人生的"拔节孕穗期"，最需要精心引导和栽培。我们办中国特色社会主义教育，就是要理直气壮开好思政课。青年大学生正处在生理、心理发展的高峰时期。思想不成熟，且易受外界影响，呈现变动不居和不稳定性的特点。这种变动不居和不稳定性容易受到社会各种思想文化的影响。另一方面，社会变革不断深化，经济全球化带来的国际视野和思想文化多样化，网络化带来的虚拟性、去权威化，科技化带来的高效率与工具理性的过度张扬等，都在深刻影响着当代大学生的思想成长与价值判断。如何从维护国家意识形态安全的高度，培养社会主义建设者和接班人，需要遵循大学生成长成才规律，做好大学生人生的引路人。

### （三）发挥高校思政课立德树人协同效应，实现育人效果。

高校思政课要实现立德树人目标，除了发挥关键课程作用外，还需要从培养目标、教学主体、课程内容等方面形成同向同行，协同效应。第一，学校立足立德树人的教育目标，立足人才培养计划。"推动思想政治工作贯通人才培养体系，发挥融入式、嵌入式、渗入式的立德树人协同效应。"第二，高校思政课教师与其他教职人员相辅相成，同心同德解决育人问题。第三，专业课和思政课同向同行，各有侧重解决立德树人根本问题。习近平总书记在全国思想政治工作会议上指出："要用好课堂教学这个主渠道，思政课要坚持在改进中加强，提升思想政治教育亲和力和针对性，满足大学生成长发展需求和期待，其他各门课都要守好一段渠、种好责任田，使各类课程与思政课同向同行，形成协同效应。"实现育人效果。

## 三、为谁培养人：融媒体时代高校思想政治理论课教学模式的历史原则

党的十九大报告指出，中国特色社会主义进入新时代，意味着近代以来久经磨难的中华民族迎来了从站起来、富起来到强起来的伟大飞跃，迎来了实现中华民族伟大复兴的光明前景。近代以来中华民族从站起来、富起来到强起来这一伟大历史脉络下，高校思政课立德树人的根本任务的实现也经历了从社会主义建设时期培养"又红又专的无产阶级革命事业接班人"，到改革开放新时期培养"有理想、有道德、有文化、有纪律"的"四有"新人，再到中国特色社会主义新时代培养"有理想、有本领、有担当的时代新人"。本部分将从社会主义建设时期、改革开放的新时期、新时代三个阶段梳理自新中国成立以来高校思政课立德树人的历史原则，立足过去，展望未来。

### （一）1949-1976 年："又红又专的无产阶级革命事业接班人"

#### 1. 1949-1956 年：在政治运动和社会实践中开展大学生思想政治教育

这一时期高校的思政课主要是通过开设马克思主义理论课，配合新中国成立初期的政权巩固、经济恢复、社会主义改造等国家面临的形势与任务展开思想政治教育，为社会主义文化发展服务，培养国家建设人才。

《中国人民政治协商会议共同纲领》第四十一条规定："中华人民共和国的文化教育为新民主主义的，即民族的、科学的、大众的文化教育。人民政府的文化教育工作，应以提高人民文化水平，培养国家建设人才，肃清封建的、买办的、法西斯主义的思想，发展为人民服务的思想为主要任务。"新中国成立后，我国高等学校教育逐步由新民主主义教育到社会主义教育的转变，党和政府就把加强思想政治教育作为实现教育培养目标的任务之一，确立了思政课教学在高校教育中的主导地位。这一时期，高校普遍开设了马克思主义理论课，用马克思主义理论改造旧大学，建设新型的人民的大学。这一时期的高校思想政治教育配合新中国成立初期的政权巩固、恢复国民经济、土地改革、实现社会主义改造的各项工作，通过政治运动和社会实践开展大学生思想政治教育，发扬"五爱"教育，即提倡"爱祖国、爱人民、爱劳动、爱科学、爱护公共财物"五项国民公德教育。围绕政权巩固建设方面，在系统理论的基础上，首先进行反对美帝侵略及批判对美帝存在幻想的教育。说明新中国人民在保卫远东和平及世界和平所占的重要地位及巨大任务，培养并发扬与国际主义结合的新爱国主义的精神。这是全国推行思想政治教育的重点之一。新中国成

立初期（1949-1956）高校的思政课取得了一定的效果。一是各高校逐步开设了"马列主义基础""中国革命史""政治经济学"三门课程。二是高校思政课注重时事教育，组织了关于党和国家重要政策的学习，特别是深入地宣传了党在过渡时期的总路线。④在高校思政课中正因为在客观上把握了思想政治教育规律，给予了思想政治教育合理的定位，使得新中国成立初期的高校思想政治理论教育迈上了健康发展之路。

### 2. 1956-1966 年：在曲折中前进的社会主义教育

1956-1966 年，社会改造完成，我国开始进行了社会主义建设。构建社会主义意识形态服务于全面的社会主义建设。在此背景下，高校思政课对大学生进行社会主义教育，大力培养既有高尚的思想道德素质，又有科学文化素质的"又红又专"的社会主义人才，以适应政治上反右斗争扩大化、经济上"大跃进"的国内政治需要。政治上反右斗争扩大化、经济上"大跃进"给高校思想政治教育打上了深刻的烙印，使得高校思政课在曲折中前进。1956 年，我国颁布了第一个关于高校政治理论课的规定《中华人民共和国高等教育部关于高等学校思想政治理论课程的规定（试行方案）》（简称"56 方案"）。这是高校思政课建设自新中国成立以来具有里程碑意义的一个文件。56 方案对高校思政课的开设门数和学时、开设顺序、考核方式等内容做了具体规定。1957 年，《中华人民共和国高等教育部、教育部关于在全国高等学校开设社会主义教育课程的指示》（以下简称《指示》）中明确规定在全国高等学校各年级普遍开设"社会主义教育"课程，全体大学生和研究生必须无例外地参加学习。《指示》规定，"社会主义教育"课程学习的内容，按照中共中央宣传部规定是以毛泽东的"关于正确处理人民内部矛盾的问题"为中心教材，同时阅读一些必要的马克思列宁主义经典著作、党的文件和其他文件。各校应根据中共中央宣传部编写的"社会主义教育课程的阅读文件"，结合本校大鸣大放期间和反右派斗争中暴露出来的政治思想问题，规定切合本校实际教学计划与阅读文件，并确定学习重点，力求学深学透。在学习社会主义教育课程期间，原应开设的四门政治课一律停开。高校思政课受到了政治上反右斗争扩大化的冲击。1958 年制定的《对高等学校政治教育工作的几点意见（草稿）》明确政治课教学的目的，是改造思想，提高社会主义觉悟。随着国内阶级斗争的加剧，政治理论课的任务确定为同资产阶级争夺青年一代，高校思政课呈现阶级斗争的特点。

### 3. 1966-1976 年："无产阶级专政条件下继续革命"教育

1966 年 5 月，"文化大革命运动"开始，在"停课闹革命"的号召下，高校思政课教学被迫中断。1966-1969 年，高等学校停止招生，"广大师生员工经过三年无产阶级'文化大革命'的锻炼，特别是'七二七'以后，在宣传队的带领下，高举九大团结胜利的旗帜，活学活用毛泽东思想，深入三大革命运动实践，与工农兵相结合，接受再教育，提高了阶级斗争和路线斗争觉悟，精神面貌有了很大变化"。1970 年下半年高校恢复招生，高校思政课教学才恢复。但值得注意的是，思想教育出现"左"的失误，教条主义盛行，形而上学猖獗，"文革"中达到了顶点。1958 年开始，高校大力发展"红专教育"，但在"文革"期间，"四人帮"鼓吹"政治可以冲击一切""宁要没有文化的劳动者"，使政治与业务严重分离。严重影响了高校思想政治教育的开展与大学生的全面发展。这一时期的高校思政课遭受严重挫折，高校思想政治教育声望和形象受到了极大的打击。

## （二）1978-2012 年：从德育为先培育"四有新人"，到德育首位"以德治国"，再到"育人为本，德育为先"的历史沿革

1978 年，在揭批"四人帮"的基础上，中央召开了全国科学大会和全国教育大会。邓小平在全国教育大会上指出对"又红又专"要有正确理解，摆正了思想政治教育的位置，为高校思政课的发展奠定了基础。

### 1. 1978-1992 年：从"又红又专"到"德育为先，培育'四有新人'"

1978 年，随着党内的"拨乱反正"，在教育领域内党的思想道德建设领域也开始了"拨乱反正"。第一，提出了德育为先，培养"四有新人"的德育思想，建立了具有中国特色的社会主义道德教育体系。其基本特征一是讲政治、抓根本，二是重建设、求实效，三是分清层次、加强配合。邓小平在全国教育大会上一是否定了"文革"期间"智育第一""宁要没有文化的劳动者""知识越多越反动"等错误言论，指出"四人帮"的谬论流毒，仍需大力肃清。第二，强调思想政治教育与科学文化教育同等重要。"毫无疑问，学校应该永远把坚定的政治方向放在第一位。但这并不是说要把大量的课时用于思想政治教育。大学生把坚定正确的政治方向放在第一位，这不仅不排斥学习科学文化，相反，政治觉悟越是高，为革命学习科学文化就应该越加自觉，越加刻苦。"对"又红义专"做出了正确的阐释。邓小平指出"专并不等于红，但是红一定要专"，要做到"又红又专"，培养"四有新人"。既否定了"以阶级斗争为主课""政治冲破一切"的错误观念，也纠正了"政治无用""专就是红"等错误思想。通过正反两个方面的经验教训，使高校广大师生的认识逐步统一到红与专的辩证关系上。高校思政课建设的 85 方案也在这一时期出炉。1985 年 8 月 1 日，《中共中央关于改革学校思想品德和政治理论课教学的通知》明确规定，学校思想品德和政治理论课教学的迫切任务是培养"四有新人"，即有理想、有道德、有文化、有纪律的建设人才。在高校思政课的教学内容上进行以中国革命史为中心的历史教育，使大学生了解具有悠久历史文化传统的中国，是怎样根据历史的必然走上以共产党领导的社会道路；进行马克思主义基本理论教育……同时又分析地介绍当代其他各种社会思潮……培养大学生运用马克思主义对这些思潮进行鉴别和分析的能力。这是在改革开放以后，面对多元文化的冲击高校思政课在新形势下的具体应对。随着改革开放的发展，特别是经济领域的改革与发展，依法治国的呼声越来越高，高校思政课开设了"法律基础课"。1986 年 9 月 1 日，《国家教育委员会关于在高等学校开设"法律基础课"的通知》发布。

通知规定，按照中央和全国人大常委会在全民普及法律常识的要求，在大学里开设

"法律基础课"，增强大学生的法制观念，为建设具有高度的社会主义民主和健全的社会主义法制的现代化强国而努力。在高校思政课教学中旗帜鲜明地坚持四项基本原则，反对资产阶级自由化。强调在高校思政课教学中要重点阐明社会主义是历史发展的必然，集中精力进行社会主义建设需要强有力的领导核心，要坚持人民民主专政，争取一个安定团结的政治局面，坚持以马列主义、毛泽东思想为指导是我国社会主义现代化建设的根本，全面、正确理解党的十一届三中全会以来的路线等重要问题，培养"四有新人"。

### 2. 1992-2002 年：德育首位，以德治国

十三届四中全会以后，以江泽民为主要代表的中国共产党人对学校思想政治工作给予了高度重视。在坚持德育为先的教育理念下，进一步提出"德育首位"的思想，丰富了高校思政课建设的主要内涵。1989 年，在国庆四十周年大会上，江泽民指出，学校教育不仅要提高大学生的文化素质，构建完备的文化知识传授体系，而且要提高大学生思想道德素质，要"把德育放在首位，确立正确的政治方向"。此时，高校思政课以"德育首位"为建设主线，注重培养大学生的爱国主义、集体主义、社会主义思想。

江泽民在谈到教育时指出："各级各类学校都要全面贯彻党的教育方针，坚持社会主义办学方向，努力培养德智体全面发展的'四有'新人"，"要通过总结经验、改进教学方法，使各级各类学校的政治课上得更好"。

在江泽民看来，思想政治素质是十分重要的素质，各级各类学校都应该把思想政治教育摆在重要地位，"任何时候都不能放松和削弱"。要通过思想政治教育不断增强受教育者的思想政治素质和社会责任感，从而提升受教育者的综合素质。如果忽视了思想政治和历史知识的教育，忽视大学生的人格培养，那就会使教育产生很大的片面性，而这种片面性的教育往往会影响人的一生，所以他特别提醒"教育战线的领导者、管理者和广大教师千万加以注意"。

### 3. 2002-2012 年：育人为本，德育为先

党的十六大以后，以胡锦涛为主要代表的中国共产党人站在"教育是民族振兴的基石"和科学发展教育的高度认识上，提出教育要"坚持育人为本、德育为先，实施素质教育，提高教育现代化水平，培养德智体美全面发展的社会主义建设者和接班人，办好人民满意的教育"，把"以人为本、全面实施素质教育"作为教育改革和发展的战略主题，提出了教育的"核心是解决好培养什么人、怎样培养人的重大问题"。在胡锦涛看来，在教育工作中坚持以人为本，最集中的表现就是坚持德育为先，因为"德是做人的根本，只有树立崇高理想和远大志向，从小打牢思想道德基础，学习才有动力，前进才有方向，成才才有保障"。

## （三）2012 年至今：新时代高校思政课建设历史沿革

党的十八大以来，以习近平同志为核心的党中央将高校思政课放在了突出的位置，把

立德树人的成效作为检验学校一切工作的根本标准。新时代高校思政课主要从三个层次实现立德树人的根本任务。一是突出高校思政课实现立德树人根本任务的主渠道作用。高度重视高校思政课的建设。

2016 年 12 月，习近平总书记在全国高校思想政治工作会议上指出，要坚持把立德树人作为中心环节，把思想政治工作贯穿教育教学全过程，实现全程育人、全方位育人，努力开创我国高等教育事业发展新局面。2018 年 10 月，习近平总书记在全国教育大会上强调，坚持中国特色社会主义道路，培养德智体美劳全面发展的社会主义建设者和接班人，并强调要把立德树人融入思想道德教育、文化知识教育、社会实践教育各环节。2019 年 3 月 18 日，习近平总书记主持召开全国学校思政课教师座谈会，他强调，办好思政课，最根本的是要全面贯彻党的教育方针，解决好培养什么人、怎样培养人、为谁培养人这个根本问题。新时代贯彻党的教育方针，要坚持马克思主义指导地位，贯彻新时代中国特色社会主义思想，坚持社会主义办学方向，落实立德树人的根本任务，坚持教育为人民服务、为中国共产党治国理政服务、为巩固和发展中国特色社会主义制度服务、为改革开放和社会主义现代化建设服务，扎根中国大地办教育，同生产劳动和社会实践相结合，加快推进教育现代化、建设教育强国、办好人民满意的教育，努力培养担当民族复兴大任的时代新人，培养德智体美劳全面发展的社会主义建设者和接班人。二是高度重视学校思政课教师队伍发展。全国学校思政课教师座谈会是我国首个国家主席主持召开的思政课教师座谈会。习近平总书记在会上肯定了这支可信、可敬、可靠、乐为、敢为、有为的思政课教师队伍，也给思政课教师提出了"六个要"（政治要强、情怀要深、思维要新、视野要广、自律要严、人格要正）的素质提升目标，为思政课的队伍建设指明了方向。三是注重推动高校思政课改革创新，不断增强高校思政课思想性、理论性和亲和力、针对性。习近平总书记在全国学校思政课教师座谈会上针对思政课改革创新，还提出了"八个相统一"的具体要求，即坚持政治性和学理性相统一、坚持价值性和知识性相统一、支持建设性和批判性相统一、坚持理论性和实践性相统一、坚持统一性和多样性相统一、坚持主导性与主体性相统一、坚持灌输性和启发性相统一、坚持显性教育和隐性教育相统一。习近平总书记站在实现中华民族伟大复兴的高度，对思政课教学水平和思政课教师素质提升提出了新的要求，进行了战略部署，既是对党高度重视学校思想政治教育优良传统的继承，更是在新的历史方位下对学校思想政治教育工作的创新和发展，为新时代高校思政课教师素质的提升指明了方向。

# 第九章 融媒体时代高校思政课教学模式的实践研究

融媒体时代高校思想政治理论课教学模式突破传统教学局限，更新了教学理念，将"以教师为中心"转变为"以学生为中心"。这一转变不仅肯定了教师与大学生在融媒体时代高校思想政治理论课教学模式中的主体地位，更是明确了教师与大学生在融媒体时代高校思想政治理论课教学模式中的责任与价值。为保证融媒体时代高校思想政治理论课教学模式有效开展，教师必须积极转变角色，提升教学能力，充分发挥其引导、启发、监控、设计教学过程的主导作用；也要求了解大学生的接受心理、亚文化特征等，赋予大学生权利，充分发挥大学生在教学过程中的主动性、积极性与创造性。

## 第一节 融媒体时代高校思想政治理论课教学模式与教师角色

近年来，随着信息技术的迅速发展，融媒体教学的运用受到国内教育界的广泛关注，特别是为高校思政课的教学改革提供了有益出路。2019 年，教育部关于《"新时代高校思想政治理论课创优行动"工作方案》中明确指出："鼓励有条件的高校基于优质在线开放课程应用的线上线下混合式教学模式讲授思政课，激发思政课课堂活力。"而融媒体教学在高校思政课教学中的应用能否获得实效，正确发挥教师的作用至关重要。作为高校思政课教师，不但要了解这一趋势的必然性，更要明确融媒体教学中自身角色的转变与定位，能够与时俱进、积极应对。

### 一、融媒体时代高校思想政治理论课教学模式的背景分析

融媒体教学（BlendedTeaching）是伴随互联网和现代教育技术的发展在全球兴起的一种教学理念和教学模式。国外对融媒体教学的研究始于 20 世纪 90 年代末，起源于美国。2000 年，在《美国教育技术白皮书》中第一次提出融媒体教学的概念，此后，国外有关它的理论和实证研究得到了迅速发展，并已广泛应用于日常教学。数据显示，美国高校开设的在线课程大部分采用融媒体教学授课；英国高校采用融媒体教学占到了 50%；新加坡的高校 80% 以上的教师开展融媒体教学。

近年来，融媒体教学在周内也开始受到越来越多的关注。2019 年中共中央办公厅、国务院办公厅印发了《关于深化新时代学校思想政治理论课改革创新的若干意见》，指出要

大力推进传统教学方式与现代信息技术的有机融合，激发高校思政课的活力。习近平总书记在全国高校思想政治工作会议上强调："要运用新媒体新技术使工作活起来，推动思想政治工作传统优势同信息技术高度融合，增强时代感和吸引力。"融媒体教学无疑为新时代高校思政课的教学改革提供了新思路。

### （一）传统教学模式的不足

传统思政课教学模式利用课堂主渠道实施教学活动，以教师作为活动主体，这一模式在信息化时代开始暴露出越来越多的缺陷与不足。存在课堂容量有限、教学方法单一、学生主体地位彰显不够等问题，难以激发学生的学习兴趣。传统教学模式下的思政课授课效果亟待提升。

### （二）高校思政课教学改革的内生要求

高校思政课是加强高校意识形态建设和思想政治工作的主要渠道，是落实立德树人根本任务的关键课程，其教学模式的创新是教学改革的重要内容之一。融媒体教学一方面能将现代科技应用到教学中，避免了传统课堂的单调与枯燥，使教学变得更加开放、灵活、更具吸引力；另一方面也保留了传统教学中无法被科技替代的优势部分，使大学生直面思想的碰撞与情感的交融，比单一的线上课程更加真实、系统，具有逻辑性。线上与线下的有机整合，将极大地优化高校思政课教学效果，成为高校思政课教学改革的新方向。

高校思政课开展融媒体教学既是教育模式现代化的需要，更是实现高校思政课立德树人根本任务的需要。从传统课堂教学向线上线下融媒体教学的转变，不仅意味着大学生学习方式的转变，同时也是对教师既有的教学观念、方法的挑战与"革命"。在学校思政课教师座谈会的讲话中，习近平总书记强调"办好思想政治理论课关键在教师"，教师作为实施教学的核心角色，只有重新认识与定位自身角色，才能适应未来教育的"新常态"，真正发挥融媒体教学的优势，切实提升高校思政课的实效性。

## 二、高校思政课教师角色的多维转变

真正行之有效的融媒体教学并非网络教学与传统教学的简单叠加，而是信息技术与课堂教学的深度融合。与传统课堂教学对照，高校思政课教师首先要正视融媒体教学中发生的角色转变与定位。

高校思政课承担着针对大学生成长过程中面临的思想、道德和法律等问题，开展马克思主义的世界观、人生观、价值观、道德观、法治观教育的重要任务。目前，在已开展融媒体教学的高校，尽管在具体做法上，如选用的线上平台、资源及线上线下的课时分配等存在差异，但基本一致的是由线上网络教学、线下课堂教学和课后实践教学三部分共同构成融媒体时代高校思想政治理论课教学模式。课前教师通过网络教学平台发布学习任务，引导大学生自主完成网络学习和主题研讨，实现知识性学习目标；线下课堂教学中教师在收集大学生网络学习水平的基础上进行学情分析，结合教学重点制定参与式主题活动方案，组织大学生参与课堂活动，在师生、生生互动中实现情感态度价值观养成；课后实践性教学以小组协作形式开展，要求大学生完成主题调研、作品制作等实践活动，促成知行合一、学以致用的教学目的。三部分环节互为依托、有序延伸，打造相互联系的"在线课堂""传统课堂"和"实践课堂"，形成真正"以学生为中心"的融媒体教学，教师角色在这一模式中也发生了重要转变。

### （一）从教学形式来看，教师由课堂讲授者变为教学环节的整体设计者

传统思政课教学中，教师实施教学的主要渠道是课堂，主要职责是利用有限的课堂时间讲授教材知识。由于教学的时空局限性，教学内容与形式的拓展亦非常有限。在融媒体教学活动中，教师通过设计课前的在线学习、课上的线下学习、线上和线下的实践和检测等环节，并利用各环节中主题模块的教学功能，开展丰富多彩的教学活动。例如线上环节教师设计依托超星学习通教学平台，开展课前复习、微课堂、知识拓展、主题讨论；课堂环节教师设计包括线上知识巩固、参与式主题活动及教师总结归纳；课堂教学结束前教师向大学生发布课后实践性学习任务，并利用线上平台展示大学生作品、投票评比。不难看出，融媒体教学中，教学活动极大丰富，教师的阵地不再局限于讲台、教室，也不再局限于传统课堂时间，这在一定程度上超越了时空局限。线上、线下的各个教学环节如果不能有效衔接，就会造成形式大于内容，丧失融媒体教学的真正意义。新模式下，教师不仅要会上课，更要注重整体课程的教学设计，成为所有教学环节的统筹规划者。

### （二）从教学内容来看，教师由知识传递者变为创新开发者

某种程度上，传统思政课教学中的教师，更像是知识的搬运工。在融媒体教学中，用于线上教学的课程资源，既无法从书本知识照抄照搬，也不可直接从网络迁移，而是需要教师团队借助在线课程平台，结合所教授大学生的学情，进行课程内容的设计与二次开发。高校思政课承载的教学内容既多且杂，这便要求教师对教学内容高度凝练地把握与整合。以某高校的《思想道德修养与法律基础》课（以下简称"基础课"）慕课建设为例：最终以人生选择、理想信念、精神状态、价值理念、道德觉悟、法治素养六大模块为主要内容，以习近平新时代中国特色社会主义思想为指导，精选了50余个知识点，有效地推进了教材体系向教学体系的转化。如此有创新性的线上教学内容对大学生才真正具有吸引力，教师则要成为具有创新开发能力的师者。

### （三）从教师作用来看，教师由课程教学的主导者变为交流对话者

传统课堂中，教师是课堂的重心，课堂教学以教师讲授、大学生听课为主，课后学习以大学生作业为主，重在知识传递，轻视能力培养。融媒体教学则注重"教、学、做"的一体化，凸显以学生为中心的教育理念，由原来围绕教师如何有效开展以教学为落脚点转

向如何以大学生的有效学习为中心，充分尊重大学生的主体地位。例如，融媒体时代高校思想政治理论课教学模式中，在线学习环节可设置专门的课程讨论区，促进师生互动交流。线下课堂教学则要突破传统灌输式、被动式学习的不足，灵活运用专题讲授、主题讨论、答疑解惑、合作学习等形式，帮助大学生消化课程内容。线下教学内容不是对线上内容的简单重复，而是对课程在教学目标上的深化、拓展与延伸，特别要回应大学生关切，引导大学生讨论交流，真正为大学生答疑解惑。这需要教师在课前充分了解大学生的思想困惑、学习兴趣、专业特点以及现实需要，进行有针对性的、个性化的教学。这样一来，网络平台不但为师生交流提供了便捷，更在深层次上改变着传统师生的关系，两者不再是单向度地"统治"与"被统治"的关系，而是通过融媒体教学中有效的交流学习机制共同致力于课堂建设的合作者。融媒体教学中所展现出和谐平等的教育氛围，使教师真正成为大学生的良师益友。

### （四）由课程评价来看，从成绩的最终决策者变为学习过程的实时督导者

传统教学中对大学生的评价，单一而绝对。融媒体教学中，由于教学环节的多样性与学习资源的丰富，教师的引导与监督至关重要。特别是在线学习，缺乏课堂氛围与有效监督，大学生极易出现学习兴趣弱化，学习参与度不高的情况，难以达到预期的教学目的。这就需要教师在准确把握各教学环节特点和目标的基础上，树立知识与品德并重的评价理念，建立知识掌握、道德认知、价值判断、分析能力等多元化的评价体系，把考核重点从单纯考查知识储备情况，转变为全面客观考核大学生的思想道德认知，以及运用马克思主义立场、观点、方法分析解决问题的能力，注重各教学环节对大学生的实时监督与公正评价，对高校思政课教学形成正确导向，以此促进大学生自我反思和主动学习，充分发挥融媒体时代高校思想政治理论课教学模式的优势。

教师角色的内涵随着社会的进步而不断发展，富有鲜明的时代性。信息化背景下，融媒体教学对高校思政课教师的能力提出了更高的要求，其角色由传统教学中相对单一的课堂讲授者变为教学环节的整体设计者、由知识传递者变为教学资源的创新开发者、由课堂的"统治者"变为大学生的平等对话者和学习过程的引导监督者等，这些角色转变为高校思政课教师的发展指明了方向。

## 三、高校思政课教师角色的重塑路径

融媒体教学中高校思政课教师角色的重新定位并非对传统教学模式中教师角色的全盘颠覆，而是继承式发展。在新教育技术面前，教师的作用不是减弱，而是增强了。作为高校思政课教师，在明确自身角色定位的同时，必须采取措施，促进自身角色的发展与完善。

### （一）坚定信念，严守意识形态网络阵地

习近平总书记强调，互联网是我们面临的"最大变量"，搞不好会成为我们的"心头

之患"。无论教学模式如何改变，高校思政教学的内核与目标是不变的，就是用马克思主义科学理论引领大学生树立正确的三观，发挥高校思政课铸魂育人的重要功能。信息化时代，高校思政课教师要自觉树立网络安全与信息防范的底线思维意识，严守主流意识形态网络阵地，保证线上教学内容与高校思政课统编教材精神保持高度一致，确保用正确、积极、健康的思想、文化和信息占领网络思想高地；引导大学生依法上网、文明上网，不信谣、不传谣、不造谣，防范西方意识形态隐性传播，抵制各种错误思潮，筑牢大学生的"精神家园"。

## （二）加强学习，坚守课堂教学主渠道

习近平总书记在全国高校思想政治工作会议上强调要用好课堂教学这个主渠道。信息技术再发达，也不能完全取代传统大学教育，线下课堂教学始终是高校思政课教学中不可或缺的重要环节。融媒体教学中，基础性知识一般通过线上慕课等形式得以解决，遗留到课堂教学环节的，往往都是教学的重难点，也是大学生的疑难点。这就对教师课堂教学的水平提出了更高的要求。一堂生动精彩的高校思政课需要教师在课下花费大量的时间和精力进行教学设计，实现教材体系向教学体系的转变。不但要注重课堂教学形式的更新，还要注重教学内容的创新性和实践性，增强学科知识的系统性和逻辑性，确保高校思政课程的科学性和思想性，要能及时回应大学生的疑问，提高大学生的听课兴趣，同时激发大学生深度思考。这需要思政教师经年累月、持续不断的学习和探究，不断提升业务能力和理论水平，来保障课堂教学的有效供给。

## （三）更新观念，提升信息化素养

融媒体教学对教师的信息化素养提出了新要求。从课程网站建设，到媒介资源的获取、辨别，以及利用媒介资源进行信息化教学等等，都需要教师有较高的信息化素养。但目前不少教师还处在传统的"一块屏幕一张嘴，一只鼠标一堂课"的教学状态中，对网络化教学这种新生事物比较排斥。我们应该看到，技术的进步比人们运用技术的能力要超前，某种意义上，技术引领着时代潮流。面对科技的飞速发展和常新的教学对象，高校思政课教师要保持信息化时代的敏锐度，认识到现代信息技术与教育教学深度融合是大势所趋，必须以"为我所用"的原则，利用好现代教育技术，为高校思政课教学改革进行有效探索与尝试。

## （四）乐于分享，提高团队协作能力

融媒体教学中的高校思政课教师要善于做教学团队的合作者。集线上线下于一体的融媒体教学，要真正得到有效实施，工作量很大，仅仅依靠教师个人是远远不够的，必须依托术业专攻互补的融媒体教学教师团队，发挥团队成员的集合优势，提升整体水平。所谓独行快、众行远，融媒体教学中，每位高校思政课教师都应把自己视为团队中的一分子，

善于合作才能实现共赢，信息化时代高校思政课的教学改革才能久久为功、持续推进。

### （五）把握融合尺度，注重价值引领

在融媒体教学中，高校思政课教师要把握好信息技术和教学内容融合的尺度。高校思政课教学有其自身的特殊性，不仅传授具体知识，更注重对大学生进行思想政治教育。信息技术终究只是一种先进的教学载体和手段，思政教师不可过度依赖信息技术平台和设备，或盲目追求技术的复杂多样，单纯迎合大学生喜好，如此便是喧宾夺主，忽略了真正的内容建设，而无法达成提升高校思政课教学效果的目的，甚至会导致教师教学水平的退化。应该明确信息技术的使用是为了更好地服务于教师的"教"和大学生的"学"，更好地实现立德树人的根本目标。

结语信息化时代，融媒体教学的应用推广给高校思政课的教学改革提供了新机遇，而广大的高校思政课教师则面临着现代技术与高校思政课教学有效融合的机遇与挑战，做好角色定位，适时转变观念，提升本领，是迎接这场教学变革的必要准备。明者因时而变，高校思政课教师应从自身的角色转变与能力提升中，助推高校思政课教学改革，实现对大学生的价值引领作用。

## 第二节 融媒体时代高校思想政治理论课教学模式与教师能力

在推进融媒体时代高校思想政治理论课教学模式改革创新过程中，教师的能力直接影响融媒体教学效果。对标"政治要强、情怀要深、思维要新、视野要广、自律要严、人格要正"六大素养新要求，在融媒体教学中，高校思政课教师在提高政治素质、专业素质和道德素质的基础上，务必提升其融媒体教学能力。分析融媒体时代高校思想政治理论课教学模式改革的三大优势和实施融媒体教学存在的主要问题，教师从融媒体教学设计与研究能力、信息化教学和资源建设技能、教学实施与创新能力等关键教学能力上追求进步和勇于创新，以期全面提升高校思政课教师的教学水平。

### 一、高校思政课教师适应融媒体教学的新要求

随着现代信息技术和教育理念的深度融合，越来越多高校在探索高校思政课教学改革创新过程中，采用了融媒体教学。基于对高校思政课教学网站、MOOC 平台、蓝墨云班课、智慧职教云、雨课堂、超星学习通等移动教学平台的研究和实践，高校思政课教师把传统课堂教学与网络教学实现融合，搭建课堂、网络、实践三大教学空间相结合的融媒体教学，对教学内容、教学方法、教学组织形式、教学评价等方面开展了不同层次的改革和创新探索。

## （一）融媒体教学改革提供了丰富的思政课教学资源，实现课堂教学资源和网络教学资源的有效融合

中宣部、教育部 2015 年印发的《普通高校思想政治理论课建设体系创新计划》指出，要"同上一堂网络思政课"，还要"推进优质网络教学资源建设"。随着"互联网+教育"和融媒体教学改革的发展，进一步推进优质教育资源免费共享。据统计，截至 2019 年 12 月，高校思政课有 12 门 56 个视频资源在中国大学 MOOC 平台，其中本科 4 门核心课程开课 38 个，高职 2 门核心课程开课 6 个，研究生 1 门课程开课 1 个，中国系列开课 6 个，形势与政策开课 5 个。还有许多国家级、省级、校级精品课的不断建设、完善并开放，泛雅平台上搭建的精品资源共享课等为高校思政课教学提供了丰富的教学资源。

2014 年 3 月 15 日我国首个思政课慕课"基础课"正式开讲以来，在中国大学 MOOC 平台上已有 37 个高校开设了网络教学课。来自北京大学、清华大学、南京大学、中南大学、武汉大学、南开大学、华中师范大学、南京大学、南京师范大学、河北科技大学、西南科技大学、华东师范大学、北京化工大学、中央财经大学、南京财经大学、华南理工大学等高校教师团队精心制作、设计并共享丰富的线上网络教学资源。

融媒体教学可将课堂教学资源和网络教学资源实现有效融合，发挥二者的优势，以期达到最佳教学成效。课前，大学生通过网络教学资源开展自主学习，掌握基本知识内容，完成知识类作业，根据课程问题参与在线讨论。在面授课堂教学中，大学生根据课前学习的内容参加课堂讨论，教师对大学生中存在的问题或困惑进行针对性答疑和讲解，遵循从理论到实践的逻辑思路，引导大学生将知识外化为实际行动。在融媒体教学中，教师与大学生互为主体，以增强课程的吸引力，培养大学生的思辨思维，提高大学生分析与解决问题的能力。

## （二）融媒体教学改革倒逼思政课教师角色转变，推动思政课教师团队结构优化融媒体教学必将促使高校思政课教师的角色和功能发生变化

高校思政课教师既是课堂教学的组织者、引导者、设计者，也是网络教学的策略开发者、指导者、合作者、监督者、评价者。融媒体教学改革背景下，教学工作更加繁杂多样。面对教学内容重构、教学资源收集、线上线下教学设计和研究、教学视频拍摄、网络作业批改、在线答疑、组织讨论等繁重的教学工作，高校思政课教师个人无法单独完成，需要依靠教学团队的力量，按照专题或教学过程分工，发挥团队成员中的专业特长，分别承担"主讲教师""导演教师"和"辅导教师"等不同角色及其相应的教学任务，这在一定程度上优化了师资结构，提高专业水平。

## （三）融媒体教学改革凸显学生主体地位，探究教学相长的合作式教学模式

近几年，有教师开始在课堂中使用启发式教学法、讨论式教学法和体验式教学法，大

学生的课堂参与率有所提高，但大学生主动思考和提问题的现象仍然较少，教学效果并未有明显提高。"以教师为中心"的思想，有利于教师对教学目标的实现和教学过程的监控，以确保完成高校思政课立德树人的任务，但其弊病在于忽视了大学生学习的主体作用，往往使得大学生处于被动的接受地位。

"建构主义"融媒体教学理念强调要发挥大学生个体的主观能动性，帮助大学生主动、积极、创造性地学习，用探究和讨论等方法主动建构知识内容和价值判断，以培养分析问题、解决问题和创造性的思维能力，凸显在教学中的主动性和获得感。在融媒体教学改革中，改变大学生被动学习和应试的习惯，大学生成为知识的主动探求者。大学生主动参与到课堂教学和网络教学中，及时交流和反馈学习上的思考和困惑，有利于教师实施针对性的教学安排和改进原有的教学设计，创新教学方法和手段，以合作的方式开展教学，将大大提高教学的有效性。

## 二、高校思政课教师实施融媒体教学存在的问题

融媒体时代高校思想政治理论课教学模式依托现代教学手段对传统课堂进行资源整合和合理化建构，实现课堂教学、网络教学、实践教学i种教学空间相互配合，使高校思政课教学更具多样性、灵活性，时代气息更浓，大大提高了大学生的教学参与度和获得感。融媒体教学给高校思政课提供了机遇的同时也给高校思政课教师融媒体教学能力带来很多挑战。

### （一）融媒体教学设计能力欠缺

仍有部分高校思政课教师按照传统课堂教学设计一门课程，或者直接把课堂教学搬到网络教学中，采用"一言堂"的教学方式，未能准确把握融媒体教学的主要特征和要求。结果导致教学设计不合理，目标定位不明确，教学内容照搬教材，内容分配不合理，线上教学与线下教学没有融合，教学方法单一，缺乏系统性和整体性。

### （二）信息化教学资源建设能力欠缺

部分教师的信息素养能力较低，未能熟练掌握网络教学平台使用方法，信息化技术水平仍停留在多媒体课件制作和播放，无法从互联网获取更丰富的数字资源和对相关视频资源进行优化和再加工，结果导致教学资源大多是文字和图片的简单叠加。教学资源的呈现不够规范有序，课程资源建设很难满足实际教学的需要。

### （三）融媒体教学的实施组织能力欠缺

在开展融媒体教学活动时，教师容易忽视线上教学与线下教学混合、理论教学与实践教学混合、大学生自主学习与教师指导混合、大学生自学与团体合作研讨混合，对三个教学空间的混合教学无法进行有效整合与实施，对大学生线上线下学习需求和学习监控指导不够到

位，课堂、网络和实践教学知识重复，无法实施针对性教学，缺乏深度研讨和互动。

## 三、高校思政课教师实施融媒体教学能力的增强

融媒体教学新模式对高校思政课教师的教学能力提出了新的要求，即增强融媒体教学设计与研究能力、掌握信息化教学和资源建设技能、提升教学实施与创新能力，促进高校思政课的改革创新，提升高校思政课的实效性。

### （一）遵循教育规律，重构教学内容，增强融媒体教学设计与研究能力

高校思政课教师融媒体教学设计和研究需要遵循思想政治工作规律、教书育人规律、大学生成才和思维认知规律、思政课"八个相统一"教学规律，按照融媒体教学的特征和原则要求，对线上线下的教学资源、教学组织模式、呈现方式的选择、教学方法和步骤、大学生答疑和考核评价等要素进行系统设计和研究教学策略。这对教师的融媒体教学设计和研究能力提出了更高的要求。

高校思政课教师具备一定的认知能力、设计能力以及课程整合能力，以便在融媒体教学中对教学内容进行重构，传授理论知识，激发大学生学习兴趣，培养逻辑思维能力，实现教书育人的目标。以"基础课"为例，将六章内容整合为三个教育模块，并以问题为导向开设六个专题教学。

#### 1. 思想教育模块

思想教育模块设"人生观专题"和"理想信念专题"。关键解决以下教学重难点：人是什么？人生是什么？人为什么活着？怎样的人生是值得过的？如何学会与人生环境相处？除了个人理想，我们还需要社会理想吗？为什么说中国特色社会主义共同理想反映了我国最广大人民的共同愿望？如何在实现中国梦的实践中放飞青春梦想？人为什么需要信仰？到底什么样的信仰才是好的呢？我们为什么要选择共产主义信仰？帮助大学生掌握处理各种关系的方法，立志在实践中创造有价值的人生，树立理想信念坚定科学信仰，设定人生理想和目标，为未来发展奠定基础。

#### 2. 精神价值模块

精神价值模块设"中国精神专题"和"社会主义核心价值观专题"。

阐释清楚中国精神对我们意味着什么？为什么说爱国主义是中华民族精神的核心？在中国现实中如何践行改革创新为核心的时代精神？中国人的价值观自信来自哪里？青年学子如何践行社会主义核心价值观？几个重大问题，以激发大学生爱国主义情怀，弘扬爱国主义精神和改革创新精神等，坚定价值观自信，给大学生心灵埋下真善美的种子，引导大学生扣好人生第一粒扣子。

#### 3. 道德法治模块

道德法治模块设"明大德守公德严私德专题"和"尊法学法守法用法专题"。从道德

和法律两大领域探究个人和社会行为规范。我们为什么需要道德，需要什么样的道德？如何看待当前道德领域的突出问题？如何从四个领域开展道德实践？在人类发展史上，法律扮演什么角色？作为一名现代公民，我为什么需要法律？中国的法治发展道路为什么不能照抄照搬西方？如何在法治社会中做一名知法、懂法、守法、护法的好公民，树立法治思维？什么是法律权利与法律义务？我国公民拥有哪些宪法法律规定的权利和义务？如何依法行使权利和履行义务？如何法安天下德润人心？引导大学生掌握学习和掌握社会生活领域的道德规范，自觉加强道德修养，锤炼高尚品格。树立法治理念，培养法治思维，维护法律权威，成为具有良好的法治素养的社会主义建设者和接班人。

教学设计中善于研究大学生的专业特点、人才培养方案和大学生碎片化学习特点以及可能出现的学习问题。部分大学生缺乏自学能力和毅力，容易产生学习倦怠，情感孤寂等情况，高校思政课教师需要加强督学，在融媒体教学中设计问答互动、设置闯关模式，一方面在网络上时常关注大学生的学习统计数据并及时公布学习情况，另一方面在课堂面授中关注大学生的情感需求，给予耐心指导，真诚鼓励和帮助大学生建立信心和兴趣，培养主动学习习惯。

## （二）乐于学习，优化教学资源，全面提高信息化教学和资源建设能力

2016 年 12 月，习近平总书记在全国高校思想政治工作会议上强调："要运用新媒体新技术使工作活起来，推动思想政治工作传统优势同信息技术高度融合，增强时代感和吸引力。"互联网与高校思政课深度融合既是时代发展的需要，也是教学改革的方向。面对教育信息化时代的机遇，融媒体教学的教师要提高信息化教学和课程资源建设能力，对教学资源进行挖掘、提炼，在教学活动实施中，整合利用资源创设情境有效引导学生自主学习，在教学管理时，主动利用教育信息技术。

自媒体平台、信息共享平台、视听平台等丰富的优质教育资源为融媒体时代高校思想政治理论课教学模式提供了重要支持。教师应围绕大学生的学习兴趣点以及资源与专题内容匹配性，优化网络资源，形成结构化、形象化、动态化的教学资源，丰富教学内容。教师将书本知识与网络教学资源相结合，增加教学内容的生动性，增强高校思政课程的吸引力，义满足大学生多元化的学习需求，提高大学生主动学习和团队协作能力，而这些都是建立在高校思政课教师都掌握信息化教学和资源建设技能的基础上。

《新时代高校思想政治理论课教学工作基本要求》中明确提出：高校思政课教师"要深入研究网络教学的内容设计和功能发挥，不断创新网络教学形式，推动传统教学方式与现代信息技术有机融合"。高校思政课教师可以通过在线自主学习、参加专家专题讲座以及校内校外培训等方式，及时掌握最新网络信息技术，提升思政教师信息化教学水平，更好地驾驭融媒体教学。近几年的融媒体时代高校思想政治理论课教学模式文献中显示，高校思政课教师多数认同信息化教学先进理念，采用了 MOOC、爱班云课堂、蓝墨云班课、雨课堂、爱课程、翻转课堂、超星等网络教学平台开展融媒体教学，在实现信息技术与高

校思政课教学融合方面，积累了一些经验。现阶段，高校思政课教师仍需强化融媒体教学理念，主动参加多元化的信息化教学和资源建设能力的培训，同时，高校为保障教师信息化教学能力提升，应重视教学改革，完善相关激励机制，提供信息化教学软硬件支持，实现融媒体教学的可持续发展，增强高校思政课时代感和吸引力。

### （三）解析教学知识点，课堂、网络、实践三个教学空间相结合，提升教学实施与创新能力

融媒体教学需要根据知识结构将教学知识划分为重点知识、一般知识和阅读知识，并针对不同知识特征从课堂、网络、实践三个教学空间设计和创新教学，实行不同的教学方式。

重点知识需要高校思政课教师进行系统性的分析和解答，发挥课堂面授课程的优势，做到以情动人、以理服人，帮助大学生建立知识之间的逻辑结构。在这一过程中，提升教师的课堂教学能力是保证教学效果的关键。从以下几个考量维度提升课堂教学能力：课堂教学内容充实并具有系统性，条理清晰，目标明确，重点突出。教师善于用学理性语言和时代性语言阐述知识之间的逻辑结构、历史背景等问题。教师需要结合教学知识点和大学生的关注点，以问题导引教学，启发大学生思维，调动大学生思考和探究问题的积极性。

一般知识和阅读知识采用网络教学的形式，即大学生课前在网络学习平台上按照教师安排的学习任务进行学习，教师需要随时了解每位大学生基础知识掌握程度和困惑点、思想变化，及时有针对性地在线上进行解答、鼓励或纠偏，除此之外还需在课堂上概括总结、解决大学生课前学习中存在的共性问题，从而达到充分发挥网络教学优势、培养大学生学习能力、解决高校思政课理论学时不足等问题。

高校思政课教师应结合专题的重难点知识精选实践教学地点开展多样化的实践教学。在实践教学中，高校思政课教师应遵循"全员参与、自由组队；形式多样，展示交流"的原则设计实践项目，分别在网络教学平台或课堂完成展示与交流，实现课堂教学、网络教学、实践教学三者的有机结合。由此把"以学为主"的教学设计和"以教为主"的教学设计结合起来，二者相互补充，从而保证在教学互动中完成教学任务，提高教学的实效性。

教师在知识分类基础上开展三个教学空间的教学实施过程中可以有效促成大学生对学习共同体的归属感，促进线上线下教学中的师生互动，运用多种教学策略提高教学效果，对大学生的学习表现做出积极反馈和评价。

我们正面对一场已经到来的教学革命，教学的变革需要加快脚步，迫切需要教师更新教学理念和提高教学能力。教师融媒体教学设计与研究能力、信息化教学与资源建设技能、教学实施与创新能力等关键教学能力的提升，将大大提高融媒体时代高校思想政治理论课教学模式成效，有利于积极探索和推动高校思政课改革创新。线上线下相结合的融媒体教学成为常态化教学模式，教学组织和管理模式需要不断构建及完善教学组织和管理方

式，发挥教师的积极性、主动性、创造性，在信息技术支持下扩展和延伸教学空间，推进内容重构、流程再造、过程监管和评价革新等方面的发展，扎扎实实把高校思政课改革创新的要求落到实处。

# 第三节 融媒体时代高校思想政治理论课教学模式与大学生心理

新冠肺炎疫情突如其来，不但对我国经济社会发展造成巨大冲击，而且对高校思政课的教学产生很大影响。"战疫"期间，在教育部"停课不停教、不停学"的号召之下，各地高校利用互联网平台积极开展线上教学，取得了较好的教学效果。在全国疫情得到基本控制，高校教育教学基本恢复的"后疫情"时代，利用前期积累的线上教学经验，进一步将线上教学与传统线下教学的优势结合起来，探索"线上""线下"有机融合的融媒体时代高校思想政治理论课教学模式，已经成为当前高校思政课教学的研究热点。融媒体教学有大量的教学任务是通过大学生 E-Learning（即数字化或网络化学习）的方式自主完成的，需要大学生具有较好的主动性、积极性和创造性，而这就要求教师在课程设计上更多地考虑到当代大学生的接受心理特征，结合具体课程特点有针对性地展开教学设计与实施。

## 一、当代大学生接受心理特征

当代青年大学生生活在信息爆炸的网络时代，面对海量信息的不断冲击，逐步地形成了具有一定特征的接受心理。大学生接受心理特征是融媒体时代高校思想政治理论课教学模式设计与实施的重要考察因素。

### （一）要求平等互动，希望深度参与

当代大学生主体意识、平等意识、参与意识不断觉醒．对全面参与教学设计有强烈要求，不仅在授课环节希望与教师平等对话，还要在课程内容的选取和传播等各个环节上展开全过程的深度参与。这也验证了苏联文艺理论家、批评家米哈伊尔·巴赫金对这一问题的判断，他说："人类必须平等对话才能保障生命的健康延续，而对话必须在两个以上的'声音'之间进行，单一的声音什么也解决不了！"大学生在教学中深度参与，与教师形成无固定的传、受角色，并且传、受角色适时地在参与课堂的人员之间转换，实现师生平等的互动对话，是大学生基本的心理诉求。

### （二）关注宏大叙事，体察日常生活

当代大学生渴望了解关于人类、人生、宇宙、社会、历史等宏大事件的本质规律、永恒真理、终极价值、终极目标的宏大叙事，同时也关注普通民众日常的柴米油盐、衣食住

行。他们希望了解中国崛起、民族复兴的伟大征程，也关注亿万民众物质和精神生活的总体提升。教学中将大学生自身日常生活的"小叙事"与国家民族历史发展走向的宏大叙事相融合，更容易被其接受和理解，从而使得他们能够看得更高一些、更远一些。

### （三）回避强行填鸭，主张自主选择

网络时代获取知识的途径越来越多、难度越来越小，伴随着主体意识的增强和自我意识的完善，大学生在接收信息时也越来越关注自己的主体地位和权利。课堂中教师居高临下、简单粗暴的填鸭式教学，已经被越来越多的大学生所回避。当代大学生渐渐地倾向于对知识信息进行自主选择，要求教学活动的所有参与人员之间以"平视"而不是"俯视"的姿态进行互动。

### （四）冷淡居间传递，推崇零距关注

所谓"零距关注"是指作为认知主体的大学生要求尽可能接近"零距离"地接触、感受、了解作为认知对象的学习内容，期望最近距离地与实际生活直接"对话"。这是人类探究外部世界的基本诉求。随着生产力水平的提高和社会边际的扩展，人类探索世界空间和时间距离在不断扩大，个体近距离直接接触和关注外部世界的可能性越来越小，在很多情况之下，依靠一个甚至多个中介进行传递知识的"居间传递"成为必要环节。

不过，人类希望直接感知事物的本质并没有改变，特别是当"自媒体"等新兴网络传播形式能够逐步"去中介化"，且被大学生迅速接受之后，对认知对象可能产生"失真""扭曲""转换"的居间传递越来越被其冷落。

### （五）厌烦枯燥说教，热衷生动实例

网络世界的直观性使得当代大学生越来越容易选择接受生动具体的新闻性事件，而对于枯燥说教的"空谈"越来越提不起兴趣。生动实例的故事性叙述往往第一时间就能够吸引大学生的目光，特别是能够把他们的"命运"与社会历史发展联系起来的新闻性叙述。生动具体的故事把人类过去同现在联系起来，把大学生自己同他人联系起来，并在这种联系中把握现在，筹划未来。

### （六）注重理论深度，兼具视听快感

网络传媒通过具体、生动、逼真和不断流动的形式，图文、声画并茂地呈现出人类社会丰富多彩的生活画卷，使得知识传递走向了通俗化、娱乐化和休闲化，增强了受众在接收信息过程中的快感。但是，这不能完全替代口耳和纸笔在传递知识信息过程中的作用，传统的声音和文字媒介在课程教学中仍然占据不可替代的地位。大学生所获取的主要知识是人类社会不断发展所凝练出的抽象知识，这类知识的理论深度要求必须以文字和声音媒介为主要传播载体，才能保证其概括性、逻辑性、严谨性。

# 二、融媒体时代高校思想政治理论课教学模式的线上平台选择

融媒体教学的线上教学环节需要使用到专业的网络平台。此类平台较为丰富，经过对比分析决定采用 Blackboard 作为此次融媒体时代高校思想政治理论课教学模式改革的实验平台。Blackboard 网络学习平台是由美国 Blackboard 公司推出的一款互联网教育教学平台，是目前为数不多拥有千万级用户的教学平台之一。Blackboard 平台具有成熟、稳定、易用、多语言支持、高交互能力等特点，已经在国内外近 2 万所大学及其他教育机构中得到广泛应用，功能也在不断完善和扩充之中。

## （一）Blackboard 平台的主要功能

Blackboard 平台依托课程信息、课程内容、互动专区、学习评价、控制面板 5 项模块的组合，实现课程教学的课程管理、师生互动、学习评价、工具管理 4 项主要功能。师生可以根据教与学的实际需求，选择部分或全部模块开展课程教学。

### 1. 课程管理功能

课程管理是 Blackboard 的基本功能，其他功能的实现需要以此功能为依托。使用这一功能，教师能够上传和管理课程内容，大学生则可以在网络覆盖范围内的任何时间和地点通过终端设备使用学习资源。教师还可以对大学生上传的各类资源进行筛选、评判、加工之后，更新系统内的已有教学资源，使得教学资源能够不断迭代和完善。

### 2. 师生互动功能

为了能够实现随时随地的通信交流、传递资源、解答问题、分享体会等互动要求，Blackboard 开发了多种类的交流工具，不但能够实现师生之间的交互沟通，还使得生生之间、师师之间的及时沟通成为可能。

### 3. 学习评价功能

Blackboard 有着完整的学习评价体系，能够将教师上传的作业、习题、考卷、考核标准等资料安全地保存在系统之中，并在教师指定的时间开放给大学生完成。测试或考试完毕之后，系统自动生成统计数据报告，供师生查阅。教师可以对大学生的完成情况进行跟踪，便于敦促大学生保持合理的学习进度。最终，教师可以调整大学生平时表现和期末考成绩的权重，形成终结性评价并出具报告。

### 4. 工具管理功能

Blackboard 创设了网络教学中常见的多种工具，包括评价考核的评分工具、实时沟通互动的网络交互工具、大学生小组用户的分组工具、资源和档案管理的实用工具等。教师可以对自己常用的工具进行筛选和归集，并借助这些简单易用的工具，高效地完成教学任务。如果教师对工具的使用存在困难，还是可以借助平台提供的"帮助课程"及时寻找解

决办法。

### （二）Blackboard 平台与融媒体时代高校思想政治理论课教学模式的适配性

高校思政课突出的特征为"点多、线长、面广"。"点多"是指课程涉及的知识点多，从人生观到世界观、从理想信念到中国精神、从社会主义核心价值观到法律意识、从中国革命与社会主义建设到中国特色社会主义，知识点众多且分散。"线长"是指课程讲授的主线较长，要将世界观、人生观、价值观、道德观、政治观等部分的线索有机地联系起来讲授，形成有较强关联的逻辑主线。"面广"体现为课程涉及的学科广泛，需要从哲学、伦理学、心理学、政治学、法学、经济学、历史学等多个学科层面获取素材和原料，才能使课程丰满且深入。

正是基于以上特点，线上线下高效融合的融媒体教学模式特别适合高校思政课的教学改革，而 Blackboard 平台的多功能、宽覆盖、易操作等特性与融媒体时代高校思想政治理论课教学模式又有着良好的适配性。能够满足融媒体时代高校思想政治理论课教学模式对媒介与资源、课堂讲授与在线学习、教师主导与学生主体等深度融合教学要求，使得不同的学习资源、参与者、方式、工具等有机地整合到教学过程中来。

## 三、基于大学生接受心理的融媒体教学设计

在完成对大学生接受心理特征的梳理和线上教学平台的选择之后，可以对融媒体时代高校思想政治理论课教学模式进行设计。在教学设计中需综合考虑大学生接受心理特征、思政课知识点、Blackboard 功能模块这三项核心因素，对融媒体教学资源、教学活动、教学评价展开如下设计。

### （一）基于大学生接受心理的融媒体时代高校思想政治理论课教学模式资源设计

融媒体时代高校思想政治理论课教学模式资源由线上教学资源和线下教学资源两部分组成。其中线上教学资源主要通过网络资源的筛选获得，线下教学资源包括课堂教学和实践教学中所涉及的教学资源。

#### 1. 线上教学资源设计

高校思政课内容"点多、线长、面广"，与之相关的网络资源非常丰富。

这些线上教学资源包括 MOOC 课程、课堂讲授录像、教学课件、经典回顾、热点新闻、工具书籍等。线上教学资源的设计不是简单地将原有的线下课程资源照搬到网络上，而要兼顾学习内容的有效性与趣味性，前者保证课堂的效率，后者有助力于大学生的深度参与。例如，将"基础课"中的第三章"弘扬中国精神"的线上教学资源进行了如下设计，见表9-1。

表 9-1 "基础课"第三章"弘扬中国精神"的线上教学资源设计

| 线上教学资源 | "基础课"知识点 | Blackboard 功能模块 | 大学生接受心理特征 |
|---|---|---|---|
| MOOC 课程（知名高校"基础课"链接网址） | 弘扬中国精神 | 提供资源链接 | 同避强行填鸭， |
| 课程讲授录像（前期该章节讲授录屏或录像） | | 发布课程内容 | 主张自主选择 |
| 经典回顾（报告文学《谁是最可爱的人》、电影《红河谷》等） | 以爱国主义为核心的民族精神 | 上传教学资料 | 厌烦枯燥说教，热衷生动实例 |
| 热点新闻（"战疫"精神、女排精神、大国工匠等） | 新时代的爱国主义 | 提供资源链接 | 冷淡居间传递，推崇零距关注 |
| 相关视频（热血出征"这一战"我们一定能赢；中国女排激荡 40 年！） | | 上传教学资料 | 注重理论深度，兼具视听快感 |

在"基础课"第三章"弘扬中国精神"线上教学资源的设计中，既提供了国内知名高校 MOOC 的链接网址，又上传了本校任课教师的讲授录屏或录像，使大学生有了更多的选择；在经典回顾板块上传了反映抗美援朝精神的经典报告文学《谁是最可爱的人》和反映藏族同胞反抗英国殖民者的电影《红河谷》，使大学生通过形象的文字和电影感受民族精神；在热点新闻和相关视频中生动地展现了有关"'战疫'精神""女排精神""大国工匠"等新时代爱国主义精神，通过生动实例突出观看体验并挖掘理论深度。

### 2. 线下教学资源设计

高校思政课线下教学资源包括课堂教学资源和实践教学资源两部分。

课堂教学资源是传统课堂教学的基础，不但要严格按照教材和大纲规定准确、科学、合理地准备，而且要有"大课堂"的视野，获取更多的教学资源充实课堂教学。实践教学资源是课堂教学资源的扩展和补充，需要更多考虑资源的可获得性，应有效利用校内外的实践资源。例如，将"基础课"中第三章"弘扬中国精神"的线下教学资源进行了如下设计，见表 9-2。

表 9-2 "基础课"第三章"弘扬中国精神"线下教学资源设计

| 类别 | 线下教学资源 | "基础课"知识点 | 大学生接受心理特征 |
|---|---|---|---|
| 课堂教学 | 讲座与课程：书记与校长的思政第一课、"家国情怀与现代科技"系列讲座、"改革创新与先行示范"系列课等 | 实现中国梦必须弘扬中国精神 | 回避强行填鸭，主张自主选择 |
| 资源 | 选读著作：《求学·探索·报国——我的人生选择》《海归记》《立德树人创新筑梦——南方科技大学教师故事》等 | 新时代的爱国主义 | 厌烦枯燥说教，热衷生动实例；关注宏大叙事，体察日常生活 |

| 类别 | 线下教学资源 | "基础课"知识点 | 大学生接受心理特征 |
|------|------------|--------------|------------------|
| 校内实践教学资源 | 马克思主义经典文献阅读空间、新时代思想学习书房等 | 做忠诚爱国者 | 注重理论深度，兼具视听快感 |
| 校外实践教学资源 | 莲花山公园、太子湾邮轮母港、东江游击队指挥部旧址纪念馆、深圳创新产业园、中英街历史博物馆、深圳蛇口改革开放博物馆等可选 | 中国精神是民族精神和时代精神的统一 | 冷淡居间传递，推崇零距关注；要求平等互动，希望深度参与 |

在"基础课"第三章"弘扬中国精神"线下教学资源的设计中，充分考察高校所在地的校本和校外的教学资源，使大学生在线下课堂和实践学习中都有较多的可选择性。大学生可以选择倾听高校思政课教师的课堂讲授，也可以选择倾听校长和书记的"思政第一课"等讲座和课程。阅读材料可以是"基础课"教材，也可以是反映本校归国教授"家国情怀"的自传。校内外实践教学资源也很丰富，不但有马克思主义经典文献的阅读空间和新时代思想学习书房，还有本地的红色景区、现代科技园区、各类场馆可供大学生选择进行实践教学。这些线下教学资源可以很好匹配"基础课"知识点，同时满足大学生接受心理的需要。

## （二）基于大学生接受心理的融媒体时代高校思想政治理论课教学模式活动设计

教学活动是教学设计的重要环节。教学活动的分类有多种，本文基于大学生接受心理特征和高校思政课的特点，借鉴了新型融媒体教学活动分类。将教学活动分为学习支持类、反思评价类、交互分享类、学习指导类和理解创建类。学习支持类旨在诊断、导航、交互、评价反馈等；反思评价类用于评价、总结反思；交互分享类用于师生交互、生生交互、资源交互；学习指导类在于课程导学、营造基调与氛围、增强学习兴趣与明确努力方向；理解创建类可以现场指导实践活动。同样以"基础课"中第三章"弘扬中国精神"为例展示融媒体教学活动设计，见表9-3。

表9-3 "基础课"第三章"弘扬中国精神"融媒体教学活动设计

| 类别 | 教学活动 | "基础课"知识点 | Blackboard功能模块 | 大学生接受心理特征 |
|------|---------|--------------|-------------------|------------------|
| 学习支持（线上） | 从网络中寻找"战疫"英雄事迹并上传 | 做忠诚爱国者 | 上传教学资料提供资源链接 | 厌烦枯燥说教，热衷生动实例 |
| 反思评价（线上） | 思考并成文：抗美援朝精神对今天中美博弈有何意义？ | 中国精神是民族精神和时代精神的统一 | 线上考核测试 | 关注宏大叙事，体察日常生活 |

续表

| 类别 | 教学活动 | "基础课"知识点 | Blackboard 功能模块 | 大学生接受心理特征 |
|---|---|---|---|---|
| 交互分享（综合） | 线上线下师生、生生就"111 国精神"主题交互、分享 | 创新创造是中华民族最深沉的民族禀赋 | 小组讨论展示课程相关讨论 | 注重理论深度，兼具视听快感 |
| 学习指导（线下） | 课堂教学中教师就"中国精神"给予大学生即时指导 | 改革创新是时代要求 | | 冷淡居间传递，推崇零距关注 |
| 理解创建（线下） | 在实践教学现场，引导大学生就"中国精神"展开实践 | 做改革创新生力军 | | 要求平等互动，希望深度参与 |

## （三）基于大学生接受心理的融媒体时代高校思想政治理论课教学模式评价设计

教学评价的目的是检验教学目标的实现情况，测查大学生在知、情、意、行等方面的学习效果。高校思政课相较于主要传授知识和技能的课程，更加注重大学生情感、意志和行为的塑造。冈而在进行融媒体教学评价设计中除了注重考查形式要满足大学生接受心理特征以外，内容上要更加注重"情、意、行"的表现。而且，也要借助 Blackboard 学习评价功能模块的优势，更加准确地了解到大学生的学习效果。以"基础课"中第三章"弘扬中国精神"为例展示融媒体教学评价设计，见表 9-4。

表 9-4 "基础课"第三章"弘扬中国精神"融媒体教学评价设计

| 类别 | 评价手段方法 | "基础课"知识点 | Blackboard 功能模块 | 大学生接受心理特征 |
|---|---|---|---|---|
| 线上 | 打膏作业："战疫"中体现出的中国精神 | 中国精神的时"知" | 发布习题作业评分中心设置 | 冷淡居间传递，推崇零距关注 |
| | 考核：录制"战疫"感受并上传 | 做忠诚的爱国者 | 设置线上考核测试评分中心 | 回避强行填鸭，主张自主选择 |
| | 征询期末考试意向 | 弘扬中国精神（"知、行"） | 征询考核意向解答考试问题 | 要求平等互动，希望深度参与 |
| 线下 | 自拟主题课堂展示并自行评分 | 弘扬中国精神（"情、行"） | | 厌烦枯燥说教，热衷生动实例 |
| | 观察日常生活，自选主题撰写小论文 | 弘扬中国精神（"知、情、意、行"） | | 关注宏大叙事，体察日常生活 |

## 四、基于大学生接受心理的融媒体教学实施

基于大学生接受心理特征的融媒体时代高校思想政治理论课教学模式设计的目的是实施，而实施的关键是处理好线上网络教学与线下课堂教学、实践教学的关系，注重发挥两种教学形式结合的优势，避免二者之间产生重复与干扰。

同时，融媒体教学实施务必基于大学生接受心理特征，教学实施的方式、方法、载体、手段乐于被大学生所接纳。整体教学实施如图3-2所示。

### （一）基于大学生接受心理的融媒体时代高校思想政治理论课教学模式主导

教师是融媒体时代高校思想政治理论课教学模式实施过程中的主导，对大学生线上和线下学习负有主持和引导职责。教师需要了解大学生接受心理特征，熟悉高校思政课的课程特点和内容，掌握 Blackboard 平台的使用方法和技巧。教师的教学实施具体如下：

在线上教学中，教师需要遴选出适合高校思政课教学的网络课程资源，并上传到 Blackboard 平台的相应模块之中，结合高校思政课教学大纲的要求发布学习任务，按照教学进度安排教学活动，适时在平台上与大学生互动，对大学生提出的问题给予解答，每一阶段的专题教学结束之后，教师可以发布在线习题和测试，考察大学生的学习效果并给予反馈。

在线下教学中，教师需要完成课堂教学和实践教学。教师按照"传统"教学模式开展课堂教学和实践教学时，应该兼顾与线上教学的有效融合，发挥更好的育人效果。首先，发现大学生在线学习中的疑难问题、普图3-2 基于大学生接受心理特征的融媒体时代高校思想政治理论课教学模式实施遍问题后，在课堂教学中解答疑惑，并鼓励大学生课堂互动或组织分组讨论展示；其次，可以形成专题教学，按照不同专题组织大学生将线上线下的学习整合起来，开展探究性、开放性教学；还有发掘校内外实践教学资源，明确实践教学主题，带队走访调研，并指导大学生形成实践报告。

### （二）基于大学生接受心理的融媒体时代高校思想政治理论课教学模式主体

大学生是融媒体时代高校思想政治理论课教学模式的主体，在教学实施的过程中务必考虑其接受心理特征。特别是线上教学实施环节，由于缺乏教师"面对面"的敦促与鼓励，更需要调动他们的积极性和主动性。

在线上教学中，大学生首先需要在教师指导下自学 Blackboard 平台的帮助课程，掌握线上学习的基本理念和方法。之后就可以在平台中接收并完成教师布置的学习任务。在线上自主学习的过程中，大学生学习的时空自主选择得以扩展，可以随时随地通过网络设备进行学习。为了保证按照既定进度展开学习，大学生需要按时完成"打卡作业"等线上学习任务，并通过上传"读（观）后感""短视频""问卷调查"等方式参与线上教学活动。规定时段的学习完成后，可以选择自己喜欢的考试方式进行线上小测验，了解自己的学习情况并得到教师的评价。

在线下教学中，大学生需要融入教师主导的课堂教学与实践教学。除了在现实的课堂中学习课程内容外，还可以将线上学习中发现的问题与困惑带到现实课堂中与教师及其他大学生展开互动讨论，参与相关专题的研习。开展的小组讨论与展示，也是大学生需要完成的重要学习环节。在教师的带领下，大学生还需要走入校内外的实践教学基地，通过参观访学、走访调研、社会实践等形式，将课堂教学与生活实践联系起来。

# 第四节　融媒体时代高校思想政治理论课教学模式与大学生亚文化

在 2016 年 12 月召开的全国高校思想政治工作会议中，习近平总书记指出："要提升思想政治教育亲和力和针对性，满足大学生成长发展需求和期待。"2017 年 2 月，中共中央、国务院《关于加强和改进新形势下高校思想政治工作的意见》，对当前全国高校思想政治工作进行了全面部署，对高校思政课提出了新的要求。2019 年 3 月 18 日，习近平总书记在思政课教师座谈会上指出："要坚持主导性和主体性相统一，思政课教学离不开教师的主导，同时要加大对学生的认知规律和接受特点的研究，发挥学生主体性作用。"

当前，高校思政课的大学生课堂参与性不高，教学难以引起大学生的思想共鸣，从而导致教学的实效性低下。究其根源，其中一个重要原因就是我们并没有真正了解当代大学生的身心特点和思想特征。准确地说，对以"00 后"为主体的当代大学生所形成的亚文化知之甚少，更难谈得上围绕大学生亚文化进行有针对性的教学设计，开展有针对性的课堂教学。因此，认识并理解大学生的亚文化成为改进高校思政课教学的重要突破口。围绕大学生亚文化，有针对性地调整教学内容，有目的性地改变教学手段，有策略性地改进教学设计，已经成为当前高校思政课改革的必由之路。

## 一、当代大学生亚文化的研究设计

### （一）研究内容与研究思路

本研究主要围绕认识和理解以"00 后"为主体的大学生亚文化的主要特点和表现，并以此为依据进行有针对性的教学改进，最终评估教学改进的实效性。因此，本研究的主要研究内容包括以下三个方面：

首先，针对教学目标群体——"00 后"为主体的大学生——进行调查研究。设计一套专门针对"00 后"大学生的调查问卷，内容涵盖大学生的价值观念、媒介生活、流行语偏好、休闲娱乐、身体文化等内容，深入了解大学生亚文化的基本形态，并总结主要特点。其次，围绕当代大学生亚文化的主要特点进行教学设计。将高校思政课的教学内容与大学生亚文化的特点相结合，适当地调整教学目标、教学内容和教学方法，有侧重地改进当前的教学设计。最后，运用教学评估工具对改进后的教学设计进行评估。从同行评议、大学生评教和自我反思三个方面对改进后的教学设计的实效性进行全面评估，总结本研究的优点与不足，进而进一步改善高校思政课教学。

### （二）研究方法与实施过程

本研究主要采用行动研究的研究方法，主要基于高校思政课教学改革的目标和行动研究的特点。从高校思政课教学改革的目标来看，教学改革要从教学实践中出发，发现并解决教学实践中的现实问题，最终提高教学效果。从行动研究的特点来看，行动研究以提高行动质量，改进实际工作为首要目标；强调研究过程与行动过程的结合，注重研究者与行动者的合作；要求行动者参与研究，对自己从事的实际工作进行反思。可以说，以行动研究的方式开展高校思政课教学改革具有必要性和可行性。

在研究的实施过程中，按照行动研究的基本逻辑，研究者选择了勒温（KurtLewin）和克密斯（S. Kemmis）的经典理论，认为行动研究是一个螺旋式上升的发展过程，每一个螺旋发展圈包括四个相互联系、相互依赖的环节：计划—行动—考察—反思。

（1）计划：这一阶段主要是对当前高校思政课教学中存在的突出现实问题之一，即高校思政课教学中忽视了对大学生亚文化的理解和认识，进而造成了教学效果较低的现状。针对这一问题，准备以高校思政课为切入点，先调查了解大学生亚文化的现状，然后进行有针对性的教学改革。

（2）行动：据研究设计的具体安排，本次调查研究主要采用问卷调查和访谈调查的方法。其中问卷调查累计发放调查问卷635份，回收问卷626份，有效回收率为98.6%，符合有效数据的要求。本次调研的性别比例基本上为符合1：1，其中男生占比51.5%，女生占比48.5%。本次调研在院系选择上，基本上遵循文理合理分配的原则，其中文科院系320人，理科院系306人。

（3）考察：根据调查结果，从大学生的媒介生活与流行文化、大学生的人生观与价值观、大学生的政治立场与政治观念对大学生的亚文化进行分析，结合高校思政课教学的课程内容和教学设计，对高校思政课教学进行有针对性的调整。

（4）反思：在重构教学设计之后，采用新的教学模式进行新一轮的教学实践，经过一学期的教学实践之后，在学期末对教学成效进行评价。教学评价方式采取大学生评教、同行评议和自我评价三种方式，根据评价结果再次调整教学设计，进入教学改革的下一个阶段。

## 二、当代大学生亚文化的主要特征

### （一）数据呈现与数据描述

大学生的亚文化是大学生真实存在方式的直接体现。了解大学生的思想动态必须要从了解大学生的亚文化开始，改进高校思政课的教学效果也必须从分析大学生的亚文化开始。此次调查着重从大学生的媒介生活与流行文化、大学生的人生观与价值观、大学生的政治立场与政治观念三个维度实施调查。在每一个维度之下，根据大学生的实际情况和教学内容结合，又细分出不同的问题。以下，我们将以数据描述的方式呈现此次调查的主要数据。

**1. 大学生的媒介生活与流行文化**

现代社会中，个体的媒体生活构成其日常生活的重要部分，并深刻地影响了个体的价值观念和群体的流行文化。了解大学生的思想动态必须要认真分析大学生的媒介生活。本调查从信息渠道和媒介偏好、文化偏好和价值倾向两个方面对当前大学生的媒介生活与流行文化进行调查分析。

（1）在信息渠道与媒介偏好部分，主要关注大学生了解信息的渠道、关注的新闻类型、主要的课外活动几个方面进行分析。具体调查数据如下：当前大学生了解信息的主要渠道是手机，比例高达91.21%，其次是电脑，只占比5.75%。而作为传统媒介的电视、图书、报纸、杂志和广播都没有超过1%。大学生关注的新闻类型比较多元化，娱乐八卦、社会新闻、体育比赛、时事政治等都超过了10%。具体来看，关注社会新闻和娱乐八卦的占比最多，达到了29.71%和28.

12%。关注时事政治的大学生只有15.65%。大学生闲暇时间的活动排在前五位的是上网（22.04%）、玩游戏（14.22%）、运动健身（13.9%）、睡觉（10.70-/0）、阅读自习（9.go-/o）。

（2）在文化偏好与价值倾向部分，调查主要从大学生喜爱的电影类型、歌曲类型、电视节日和影视剧类型以及大学生玩游戏的动机。具体调查数据如下：大学生最喜爱的电影类型排名靠前的是科幻片（21.73%）、喜剧片（20.77%）、动漫片（10.380-/0）、动作片（10.38%）和悬疑片（7.83%）。大学生最喜欢的歌曲类型是流行歌曲，超过了60%（63.74%），其次是民谣（11.02%）和摇滚（4.79%）。大学生最喜欢的电视节目类型为综艺类和影视剧，分别占比31.31%和29.55%。调查显示，大学生最喜欢的影视剧类型为欧美剧，占比33.71%，国产影视剧和港台影视剧仅占比19.65%和10.7%。有将近八成的大学生喜欢玩电子游戏，玩游戏的主要目的是增添乐趣（44.25%）和消磨时间（17.41%）。

**2. 大学生的人生观与价值观**

人生观和价值观是大学生认识自我和理解社会的重要基础。分析大学生的人生观和价值观也是我们了解大学生的重要内容。本次调查从人生理解与人生选择、理想信念与未来发展两个维度重点剖析大学生的人生观和价值观。

（1）在"人生理解与人生选择"这一部分，调查主要分析了大学生对于成功标准的理解，大学生的择友标准，大学生的偶像崇拜及其原因，大学生对幸福的理解。具体调查数据如下：大多数（79.07%）的大学生将成功的标准定义为"按自己喜欢的方式生活"，只有不到10%（9.58%）的大学生认为成功的标准是"为社会做贡献"。大学生在择友上更加倾向于个人品质（53.99%）和性格特点（30.51%）。大学生最崇拜的人中主要是政治领袖、家长、商业精英和科学家等。调查显示，大学生偶像崇拜的主要原因在于偶像有人格魅力（59.580-/0），其次是才华横溢（18.37%）。

大学生对于幸福的理解是多元的，既包含了家庭美满（83.55%）、自由自在（77.96%）、锦衣玉食（23.320-/0），选择有权有势的仅占5.11%。

（2）在"理想信念与未来发展"部分，调查问卷设计了大学生是否有明确的理想信念，是否为未来感到担忧，大学生奋斗的动因。具体调查结果如下：超过一半的大学生（55.75%）有明确的理想信念。调查显示，大多数的大学生（77.32%）对前途感到担忧。大学生奋斗主要是为了获得更好的个人发展（69.01%），尽早报答父母的养育之恩（17.89%）和推动国家发展、社会进步（8.31%）。

### 3. 大学生的政治立场与政治观念

高校思政课的重要教学目标之一就是要帮助大学生树立正确的政治立场和政治观念。因此，了解大学生当前的政治立场和政治观念显得尤为重要。此次调查着重了解了大学生对时事政治的关注程度，对社会主义核心价值观的重视程度，对高校思政课的理解等。具体调查结果如下：只有不到一半的大学生（44.57%）经常关注时事政治。与此同时，大多数的大学生（84.82%）认为上高校思政课很有必要。调查显示，大多数的大学生（76.68%）认为学习"社会主义核心价值观"很有必要。

## （二）主要结论

### 1. 大学生信息偏好的娱乐化倾向

个体的信息选择和信息偏好，反映了个体的价值倾向。同时，个体的信息选择和信息偏好，也反映了个体在认知和情感层面更容易接纳的形式。调查显示，大学生最关注的新闻类型为社会新闻和娱乐八卦，最喜爱的电视节目类型是综艺节目和影视剧，上网和玩游戏成为大学生最常见的课外活动。可以说，当前大学生的信息偏好存在着娱乐化的倾向。这就反映了大学生在价值倾向上更偏向享乐主义或具有娱乐性质，在信息接纳上容易接受娱乐化的形式。

### 2. 大学生人生观的"利己主义"倾向

不管是人生目的还是人生价值，个体都会面临着个人与社会之间关系的平衡问题。如何去平衡个人与社会的关系，对每一个大学生确立自己的人生观是十分重要的一关。偏向个人的选择是一种利己主义的表现，容易导向极端的个人主义。偏向社会的选择是一种利他主义的表现，体现了集体主义的要求。调查显示，大学生在人生选择上存在着"利己主义"的倾向。具体而言，在问及如何定义成功时，大多数（79.07%）的大学生将成功的标准定义为"按自己喜欢的方式生活"，只有不到10%（9.58%）的大学生认为成功的标准是"为社会做贡献"。在问及如何理解幸福时，有近八成的大学生认为自由自在是重要内容之一。在问到奋斗的原因时，选择"为了获得更好的个人发展"接近七成（69.01%）

. 而选择"推动国家发展、社会进步"只有不到一成（8.31%）。由此可见，大学生在人生观上的"利己主义"倾向是较为明显的。

### 3. 大学生政治关注度偏低

让大学生关注政治、参与政治是高校思政课的教学目标之一。大学生关注政治、参与政治的方式是多样的，既可以通过积极学习与政治相关的知识内容，也可以关注时事政治的新闻话题。事实上，让大学生关注政治、参与政治最终是为了促进大学生政治社会化。但是，调查显示，大学生对政治的关注度偏低，参与政治的热情偏低。只有不到一半的大学生（44.57%）经常关注时事政治。在与大学生的日常交流中，也发现相当一部分大学生对政治相关的话题并不热心，甚至部分大学生认为政治与自身无关，不值得关注。这都说明当前大学生对时事政治的关注度是偏低的，对参与政治的热情是不够的。

## 三、当代大学生亚文化的问题分析与教学改进

### （一）问题分析

通过调查反映出的大学生亚文化所呈现出的主要动向和主要特点，既是当前大学生现实生存状态的真实反映，也是当前社会发展与社会思潮的具体映射。如何去面对这些问题，需要我们进行深入的分析，从更加复杂的社会层面和更加深刻的价值层面对其进行解读，才能够找到高校思政课教学的应对策略和应对方式。

### 1. 娱乐化时代的挑战

大学生在信息偏好上存在着娱乐化的倾向，实质上主要是社会环境带来的影响。虽然大学生长时间在学校中生活和学习，但学校并非"独立王国"，学校始终无法完全摆脱社会环境的影响和制约。一方面，学校受制于社会的发展，另一方面社会以全方位立体化的方式影响着学校。当前的社会弥漫着娱乐的气息，互联网上更是"娱乐当道"的局面。此次调查对象基本上是 2000 年之后出生的一代，按照生源结构来看，城市生源的大学生占多数。可以说，当代大学生是"互联网一代"，是受到互联网信息的影响最为显著的一代。在信息技术的支持下，新媒体的各种娱乐功能发挥到了极致，娱乐信息充斥着社会的方方面面，也影响了社会的价值导向。

以电视节目为例，近年来电视选秀类的节目一再走红，"一夜成名"的明星故事~再刺激着社会大众对名利的追逐，这无疑也影响着大学生的人生观和价值观。更令人担忧的是，在娱乐化时代成长起来的一代人，无形之中会形成以"任何值得学习的东西都可以采用娱乐的方式出现，而且必须这样"的一种观念。

可以说，娱乐化时代正在深刻影响着大学生的世界观、人生观和价值观。同时，这也对当前的高校思政课教学产生了极大的挑战。首先，单一的以讲授为主的教学方式并不能满足大学生对教学的期待，也不能实现理想的教学效果。其次，以思想道德、法律基础为

主要的教学内容，在传统的叙事逻辑之下，并不能引起大学生足够的学习兴趣，甚至会使大学生感到枯燥和无趣。如何将教学内容以合适的教学方式教授给大学生成为当前高校思政课教学面临的重要课题之一。

### 2. 价值多元化的挑战

改革开放四十年来，与经济发展、社会变化的翻天覆地相比，个体在思想价值上面临的冲击同样十分显著。一直以来，社会主义和集体主义是高校思政课教学倡导的价值取向，也成为社会所认同的主流价值观念。但是，近些年来，个人主义、享乐主义、拜金主义等价值观念不断助长，甚至成为某些大学生效仿、跟风的对象。这对于当代大学生的成长是不利的。在价值多元的背景下，大学生对核心价值的认同往往容易从"自我"出发，按照自己认可的标准对价值做出富有个性化的理解和诠释，从而在价值判断和价值选择时容易倾向于私人化。

如何在价值多元化的背景之下，实现高校思政课教学中有效的价值引导，成为本课题发现并需要解决的重要问题之一。价值多元化对高校思政课教学提出了新的挑战。首先，如何帮助大学生在多元价值中确立自己的价值观。青年一代有必要也必须通过自我学习和教育引导逐步确立自己的价值观。在这一过程中，思想道德教育发挥着重要的作用。但是，以何种方式来实现是难点。其次，如何让大学生在多元价值中能够自觉地接受并认同我们所倡导的社会主义核心价值观，同样是值得思考的问题。调查显示，大多数的大学生（76.68%）认为"学习社会主义核心价值观很有必要"。从接受到认同，从学习到践行，这一过程还需要所有高校思政课教师的共同努力。

### 3. 政治冷漠倾向的挑战

纵观当今世界，不少国家和地区的公民均出现了不同程度政治冷漠现象。政治冷漠主要是指公民对政治活动的冷漠和对政治问题的漠视，对政治参与的疏远和逃避。政治冷漠现象主要是发生在青年群体中间。在此次调查中所呈现的大学生政治关注度较低的情况，这一现象值得我们警惕，务必要警惕大学生出现政治冷漠的倾向。针对青年政治冷漠的现象，有学者坦言："如果长期任其一味地政治冷漠或只对密切关系自身利益的政治现实感兴趣的现实持续下去，势必导致其社会责任感、政治责任感愈加缺失，难以唤醒对政治乃至对社会的必要热情，形成政治人才的匮乏。"

一旦在大学生群体中出现政治冷漠的倾向，就会对当前高校思政课教学提出更加严峻的挑战。如何让青年一代产生对政治关注的热情，提高政治参与的程度，成为高校思政课教学的重要引导方向之一。首先，如果大学生对政治的关注度下降，就意味着我们政治教育的吸引力也面临着障碍。其次，如果大学生的政治参与热情不高，加强高校思政课的政治引导，则会引起大学生在情绪上的反感，甚至在效果上事倍功半。因此，如何避免大学生的政治冷漠倾向进一步加剧，如何让高校思政课成为大学生讨论政治、参与政治的场域，是我们教学改进中尤为关注的重要问题之一。

## （二）教学改进措施

### 1. 力求教学形式多样化

不同的教学形式会让同一教学内容形成不同的教学效果。对于高校思政课而言，教学内容按照课程标准和统一教材的规定，基本上趋于一致。

针对相同的教学内容，采用何种教学形式就显得尤为重要。转换教学方式、更新教学手段的前提是要改变教学观念。基于前期调研情况，本次教学改革的方向是要建立一种"参与式教学"的理念，核心就是要强调师生在教学过程中的共同参与，让师生在"教"与"学"之间相互参与、相互激励和相互促进，充分发挥教师"教"和大学生"学"的"双主体"作用，以实现师生双方主体角色的"交往"。根据同行评教和大学生评教的反馈，研究者不仅从教材人手，更要从贴合大学生实际的社会现实问题人手，尝试综合运用视频、图片、音频等多媒体手段，让自己的教学准备更加丰富，这样才能避免言之无物、教学枯燥。同时，在讲授方式之外，增加问题讨论、案例分析、情境模拟等多种教学方式，使得师生互动的频次增加、效率提高。值得注意的是，在教学形式上"求新求异"，不等同于一味地采用新方法、新形式，完全抛弃传统的教学形式，更不是一味地迎合大学生的口味。

### 2. 坚守核心价值不动摇

尽管当前社会发展出现了价值多元化的问题，但作为高校思政教育来说，我们依然要坚守核心价值不动摇，积极落实和践行社会主义核心价值观。首先，要坚持价值观念的正确引导，让大学生在认知层面对社会主义核心价值观有正确的价值判断。同时，价值引导要结合具体的事实，做到既有方向性又有具体性，避免虚无主义和形式主义。其次，要将理论学习与社会实践相结合。鼓励大学生积极参加社会实践，利用社会实践的方式将社会主义核心价值观落到实处。比如，在讲解社会主义核心价值观的"友善"价值时，就提醒大学生日常生活中需要倡导友善价值，作为当代大学生，应当积极响应社会号召，积极参与志愿活动，以此来增加大学生对社会主义核心价值观的认同感。

### 3. 提高时事政治关注度

针对大学生对时事政治的关注度偏低的问题，在教学过程中加强正面引导，适时增加时事政治的相关信息。首先，结合相关的教学内容，适时增加时事政治的信息，引导大学生关注社会现实，关注社会进步与国家发展。比如，"基础课"第二章中涉及"以爱国主义为核心的民族精神"的内容，增加了近年来我国在航天领域取得的进步，增加大学生的民族自豪感。其次，在讲解和讨论相关社会热点问题和时事政治新闻过程中，多加强正面引导，鼓励大学生从更加积极、正面的角度进行思考和分析。鼓励大学生采用辩证思维的方式，对待问题进行一分为二的分析和思考，避免片面理解和负面解读。比如，在法律基础部分涉及"依法治国"的内容，尽量从时代发展的角度去解释当前的法治建设进程，让大学生认识到我国在法治方面所取得的成就与进步。